汉籍知新

第二辑

山东大学国际汉学研究中心 主办

聂济冬 主编

上海古籍出版社

《汉籍知新》编辑委员会

编　　委　（以姓氏笔画为序）

　　　　　　王小盾　王承略　石　祥　[英]司马麟（Don Starr）
　　　　　　刘心明　杜泽逊　张西平　杨海峥　郑杰文　单承彬　武传刚
　　　　　　金程宇　聂济冬　[美]倪豪士（William H. Nienhauser, Jr.）

主　　编　聂济冬

编　　辑　武文杰　陈肖杉　孙红苑　高佳蕾　任增强

英文编辑　张　莉　刘　端

编　　务　葛　超　李淑娜　刘逸淼

《汉籍知新》改版说明

因各种历史原因,境外存藏有很多汉籍,其中不乏中国大陆缺藏的品种和版本。2017年,山东大学启动"汉籍合璧工程"项目,旨在将境外所藏中华古文献的流传情况调研清楚,并对大陆缺藏的品种和版本进行编目、复制、整理和研究。该项目由山东大学讲席教授郑杰文先生任首席专家,山东大学儒学高等研究院单承彬教授、刘心明教授、王承略教授、聂济冬教授分别为海外汉籍编目团队、数字回归团队、整理团队、研究团队的学术带头人。

《汉籍知新》是2022年依托"汉籍合璧工程"创立的集刊,曾由山东人民出版社出版发行,已出版第一辑,介绍了山东大学"汉籍合璧工程"研究成果。从第二辑开始,改由上海古籍出版社出版发行。

为了能更好地推动汉籍与汉学研究的发展,为海内外汉籍与汉学研究者提供一个交流汉籍研究心得的学术平台,以期在东西方文化对话交流中实现多元文明互鉴。我们将本刊作全面提升,扩大论文收录范围,不仅专注于海外汉籍流布、存藏和珍稀本研究,发布汉籍与汉学研究前沿动态,而且拟总结海外汉籍研究的理论和方法论。本刊主要设置有"海外汉籍流布研究""海外汉籍存藏研究""汉籍与汉学研究新动态""海外珍稀本研究""海外汉学家访谈""中国书籍史研究""海外汉籍图书馆评介"等板块,一年两期。敬希海内外从事相关研究的学者赐稿支持,共同推动汉籍与汉学研究。

目　录

《汉籍知新》改版说明 ………………………………………………………… 1

❋ 汉籍接受研究

《碧岩录》德文译本简介 ……………………………………… 戴　晖　3
《中国哲学家孔夫子》对《周易》的译介 ……………………… 黑永健　17
理雅各英译"四书"引用汉唐注疏述论 ………………………… 曾晓莹　39
朝鲜正祖御纂朱子文献叙录 …………………………… 袁　成　张　旭　58
"修身济物"
　　——安井息轩《论语集说》研究 ………………………… 谢应敏　76

❋ 海外汉籍收藏与利用

日传汉籍《玉烛宝典》在刘桢集辑校中的价值考论 …… 徐传武　闫苏豪　99
浅谈日藏汉籍的收藏与利用 …………………………………… 王晓静　115
太平天国印书的刊刻与海外存藏 ……………………………… 武文杰　129

❋ 珍本汉籍研究

加拿大不列颠哥伦比亚大学图书馆藏《南迁录》及《南迁录》的
　　价值重探 …………………………………………………… 黄　莞　149
加拿大藏易学清《有是楼藏书目》述略 ……………………… 蒋思睿　163

❋ 珍本书志

俄罗斯国立图书馆藏珍本书志十则 …………………………… 陈肖杉　173

法国国家图书馆藏珍本书志九则 ……………………… 陈肖杉 178

大英图书馆藏珍本书志十则 ………………………… 陈肖杉 182

日本东北大学藏珍本书志十三则 ………… 李若楠 解树明 刘心明等 188

日本国立公文书馆藏珍本书志六十则 …… 解树明 武文杰 李若楠等 193

日本名古屋大学和蓬左文库藏珍本书志九则

……………………………… 解树明 武文杰 刘心明等 214

❈ 海外汉籍图书馆评介

东亚同文书院与日本爱知大学所藏汉籍考 ……………… 宋晓晨 221

伦敦大学亚非学院图书馆与巴黎东方语言文化学院图书馆

馆藏汉籍情况概述 ………………………… 徐巧越 高佳华 230

本期论文英文简介 …………………………………… 张 莉 243

海外汉籍与汉学研究动态 …………………………………… 282

《汉籍知新》征稿启事 …………………………………… 292

Table of Contents

Revision Description ··· 1

❈ Research on the Reception of Chinese Ancient Books

Introduction to the German Translation of *The Blue Cliff Record*
　　··· Dai Hui　3
The Translation and Introduction of *Book of Changes* in
　　Confucius the Philosopher of China ················ Hei Yongjian　17
Study on the Citation of Han and Tang Commentaries in James Legge's
　　English Translation of the "Four Books" ············ Zeng Xiaoying　39
An Introduction to Zhu Xi's Works Complied by Jeongjo of
　　Joseon Dynasty ································ Yuan Cheng　Zhang Xu　58
"Cultivating Moral Character and Helping Others": Study on
　　Collected Interpretations of the Analects by Yasui Sokken
　　··· Xie Yingmin　76

❈ Overseas Collection and Utilization of Chinese Ancient Books

Study on the Value of *Yuzhu Baodian* in the Collection and
　　Collation of Liu Zhen's Works ········ Xu Chuanwu　Yan Suhao　99
A Brief Discussion on the Collection and Utilization of Chinese

Ancient Books in Japan .... Wang Xiaojing 115

The Block-Printing and Overseas Preservation of Books Printed

　　by the Taiping Heavenly Kingdom .... Wu Wenjie 129

❉ Research on Chinese Rare Books

Revisiting the Value of *Nanqianlu* in the University of

　　British Columbia Library, Canada .... Huang Wan 149

Overview of *The Catalogue of Youshilou Collection* by

　　Yi Xueqing Collected in Canada .... Jiang Sirui 163

❉ Descriptive Catalogues of Chinese Rare Books

A Descriptive Catalogue of Ten Chinese Rare Books

　　in Russian State Library .... Chen Xiaoshan 173

A Descriptive Catalogue of Nine Chinese Rare Books

　　in French National Library .... Chen Xiaoshan 178

A Descriptive Catalogue of Ten Chinese Rare Books

　　in British Library .... Chen Xiaoshan 182

A Descriptive Catalogue of Thirteen Chinese Rare Books

　　in Tohoku University, Japan

　　　　......... Li Ruonan　Xie Shuming　Liu Xinming et al. 188

A Descriptive Catalogue of Sixty Chinese Rare Books in the

　　National Archives of Japan

　　　　......... Xie Shuming　Wu Wenjie　Li Ruonan et al. 193

A Descriptive Catalogue of Nine Chinese Rare Books

　　in Nagoya University Library and Hosa Library

　　　　......... Xie Shuming　Wu Wenjie　Liu Xinming et al. 214

✽ Review on Overseas Libraries Housing Chinese Ancient Books

A Study on Chinese Ancient Books Collected in the East Asian
　　Common Culture Academy and Aichi University, Japan
　　　　………………………………………………… Song Xiaochen　221
Overview of the Chinese Ancient Books Collected in SOAS
　　Library and Inalco Library ………… Xu Qiaoyue　Gao Jiahua　230

English Introduction to the Research Papers ………………… Zhang Li　243
Overseas Chinese Nationality and Sinology Research Trends …………… 282
Call for Papers ………………………………………………………… 292

汉籍接受研究

《碧岩录》德文译本简介*

戴　晖[①]

摘　要：威廉·贡德特翻译的《碧岩录》是二战后德国学界具体而微地深入研究中国禅宗的杰作。20世纪出版的另两个译本，或者是对贡德特的译本所做的精简，或者被看作是对贡德特的译本未完成部分的补充。进入21世纪，《碧岩录》有新的德文翻译，但是新出版的德译本仍然借道于日本禅学，由此可见中国现代禅学的传播所面临的问题。

关键词：威廉·贡德特；《碧岩录》；德文译本

---

* 本文为国家重大文化工程"全球汉籍合璧工程"（项目编号：HBY201805）研究成果。
① 戴晖，1965年出生于南京，现任教于陕西师范大学哲学学院，曾执教于浙江大学外语学院德语中心（副教授）、南京大学哲学系（教授，博士生导师）、卢森堡大学哲学系（欧盟伊拉斯谟世界计划/Erasmus Mundus"欧洲哲学项目"教授）、上海交通大学人文学院哲学系。南京大学人文与社会科学高级研究院研究员，上海交通大学欧洲文化高等研究院研究员。

《碧岩录》迄今有五个德文版本,威廉·贡德特的译本不仅是最早的,也最忠实于原著的精神,堪称二战后德国学界具体而微地深入研究中国禅宗的杰作。之后,在20世纪出版的另两个译本处在这部杰作的光环之下,或者是为了方便流通而对贡德特的译本所做的精简,或者即使是完整的译著,其功能似乎也止于对贡德特的译本未完成部分所做的补充。2002年出版的《碧岩的录——古典公案集新解》倚重日文版本以及山田口荣居士(Yamada Koun,1907—1989)的禅学思想,译作未能如期在德语世界打开新的参学公案的路径。2013年出版的《碧岩录——百则公案》的译者虽然皈依了日本临济宗,但是重视学习汉语典籍,致力于提升对中国禅的研究和评价。下面我们以威廉·贡德特翻译的《碧岩录》为核心,简明扼要地介绍不同的德译本,并且以文本对观的方式为读者比较不同的版本提供方便。

贡德特(Wilhelm Gundert,1880—1971)[①]翻译的《碧岩录》的德文书名为 *Bi-yän-lu: Meister Yüan-wu's Niederschrift von d. Smaragdenen Felswand*,Verfasst auf dem Djia-schan bei Li in Hunan zwischen 1111 u. 1115,im Druck erschienen in Sitschuan um 1300/Yüan-wu. Verdeutscht u. erl. von Wilhelm Gundert. — München:Hanser。书名翻译得很仔细,先根据中文用音译,接下来用意译,其中"碧岩"二字德语意为"如锦缎的岩壁","录"为"记录",然后说明写作和刊印的时间和地点,最后注明作者和译者——《碧岩录》:圆悟禅师碧岩录,1111年至1115年间写于湖南澧州夹山,约1300年于四川印刷出版,作者圆悟,威廉·贡德特德文翻译并解说。

《碧岩录》德译本由慕尼黑的卡尔·汉瑟出版社发行,分为三册,总共1111页,分别于1960年、1967年和1973年面世,出版的时间跨度长达十三年之久。第一册译至第三十三则公案,第二册从第三十四则开始译至第五十则公案,《碧

[①] 威廉·贡德特是二战期间德国著名东亚学者,旅居日本30年,曾任东京日德文化研究所主任,汉堡大学日本语言文化教席教授,东亚自然和民族协会丛刊主编,主要著作有《日本文学》(1929)、《日本宗教史》(1935)、《日本与德国的日本研究的意义》(载于《德国东方协会杂志》1936年,第248—265页)、《日本历史中的理念和现实》(载于《东亚周刊》1940年总第21期,第44—247页),主持《东方抒情诗选》(1952)的编辑和翻译出版,翻译《碧岩录》(1960、1967、1973)。贡德特的研究著作至今堪称欧洲汉学和日本学的经典。

岩录》的翻译工作方才完成一半，而贡德特已届88岁高龄，此后，他则将译事集中于圆悟垂示和雪窦禅师的本则颂古。虽然省略了圆悟的著语和评唱，译者自己的解释和评论仍为德语读者保留下来，译事最终停留于第六十八篇。《碧岩录》第三册是贡德特的遗稿，由德国汉学家冈特·德邦（Günther Debon，1921—2005）[①]整理出版，德文译本第三册书名于是增加了这样的说明：Aus dem Nachlass herausgegeben und durch weitere Beiträge ergänzt. 1973, Carl Hanser Verlag München. Herausgeber: Günther Debon。根据遗稿整理出版并且补充了更多文稿，慕尼黑，卡尔·汉瑟出版社，1973年，出版人：冈特·德邦。

冈特·德邦为贡德特的遗稿《碧岩录》德译本第三册作序，他写道：

> 以下的内容不曾尝试去遮掩这位半盲者与时间的战斗。在越来越简短的篇章里，仅于万分必要处有所补充或者改变；读者应该会再度听见威廉·贡德特的声音并且参与他最后岁月的工作中去。因为《碧岩录》的翻译和解释与他的人格如此紧密地联系在一起，以至于我们避免人为地介入百则公案留下的部分。此外，多年孜孜以求的耕耘已经是这里所要求的了；而几乎所有篇章都涉及的核心问题，对于读者兴许已经足够清楚。[②]

德译本第三册补充的文稿有：

（一）关于《碧岩录》的德语翻译（Zur Übertragen des Bi-yän-lu ins Deutsche），此文最早由日本学者上田闲照翻译，1968年于东京发表于《禅学》丛刊第8辑《当今世界的禅》。

[①] 冈特·德邦是德国战后新一代汉学家，任教于海德堡大学，曾参与翻译由威廉·贡德特主持出版的《东方抒情诗选》（1952），他翻译的《湖上秋光——中国唐诗选》（1953）、《素袍灰巾——公元前12—7世纪中国诗歌》（1957）、《道德经》（1961）和《沧浪诗话》（1962）等普遍得到高度评价，其中《道德经》于1985年、1987年、1992年、1994年和2001年重印。

[②] 《碧岩录》德译本，第三册，慕尼黑：汉瑟出版社，1973年（Bi-yän-lu: Meister Yüan-wu's Niederschrift von der Smaragdenen Felswand, Verdeutscht und erläutert von Wilhelm Gundert. 3. Band, Aus dem Nachlass herausgegeben und durch weitere Beiträge ergänzt. 1973, Carl Hanser Verlag München. Herausgeber: Günther Debon），第7页。以下简称《碧岩录》德译本，第三册。

（二）《香蕉树——金春禅竹的能剧》(Die Bananenstaude, Das No-Spiel *Basho von Konparu Zenchiku*)，首次刊登于德国东亚自然和民族协会周年纪念特刊，东京，1933年，威廉·贡德特翻译和注释。收录此书时，来源于中国的名字和术语在日文之外补充说明了中文发音。

（三）《纪念威廉·贡德特》("Wilhelm Gundert zum Gedenken")，此文由狄特里西·泽克尔(Dietrich Secke)所作，最早发表于《新苏黎世报》1971年12月11日，第33页。

冈特·德邦认为贡德特关于《碧岩录》德语翻译的自述①为读者洞察他的工作态度和工作方法提供了捷径，贡德特说明了翻译准则和翻译艺术，这里不妨突出贡德特在翻译金春禅竹的能剧《香蕉树》时对译事的思考："准确的语文学分析，对音节数、词序、双关语和其他微妙之处的重视是必不可少的前提条件。可是在这一切都满足了的地方，看起来为自由的翻译远比盲从字面的翻译更为忠实。"②显然语文学的考量还不能够等同于精神内涵的传达，后者得自于对作品广泛深入的学习和研究，只有已经获得对作品思想境界的理解，翻译时才能产生精神意蕴的一致性。贡德特在译本的每一篇章中对垂示、本则、著语、评唱、偈颂所做的解释和评论充分说明了这一点。

冈特·德邦指出能剧与禅的不二本性。他运用日本最著名的能剧演员、剧作家和戏剧理论家世阿弥(Zeami Motokiyo, 1363—1443)③对表演艺术品级的具体论述，说明禅对语言的基本态度，亦即道本无言，因言显道；在体用不二的意义上无相亦无不相。翻译若能够真实地呈现原著，其工作就和艺术一样，重神似而轻形似。

狄特里西·泽克尔的悼词《纪念威廉·贡德特》令《碧岩录》德译本第三册成为对贡德特的完整纪念。第三册附有威廉·贡德特的学术著作、论文和评论文章的目录。全书最后的人名、篇名和地名索引由贡德特的妻子海伦·贡德特

---

① 另见于[德]威廉·贡德特著，戴晖译：《关于〈碧岩录〉的德语翻译——论禅与基督教的几点一致性》，《世界宗教文化》2022年第1期，第82—90页。
② 《碧岩录》德译本，第三册，第143页。
③ 德邦在此提到，世阿弥既是金春禅竹的老师，也是其岳父。在世阿弥对表演艺术的九个段位的论述中，"银碗盛雪"高居第三，而"话尽山云海月情"位居第五。

(Helene Gundert)和孙女欧文嘉德·贡德特(Irmgard Gundert)共同完成。

冈特·德邦以东方文化的方式表达了对威廉·贡德特的崇敬和感激。德邦追忆 1951 年因《东方抒情诗集》的编译工作与贡德特相识的场景,说了三个小故事,让这位前辈学者深厚的学养、严谨却又自然的生活方式乃至谦虚而不失黠慧的性格历历在目。他们多年保持通信往来,谈论的内容多半涉及语文学问题。两人最后一次见面是在贡德特九十寿辰的庆典上。为了说明贡德特的语言驾驭能力和译文的精妙,德邦也从亲身经历谈起。德邦曾为"快人一言,快马一鞭"的德文翻译而苦恼,挑选出两打词语都未能满意,自以为只好放弃这项努力了;一日在审阅《碧岩录》第二册时,他发现这句话已经有恰当的德语翻译①。这件事极大地鼓舞了这位当时已经成功地把《道德经》和《沧浪诗话》翻译为德文的汉学家。

威廉·贡德特的译本在文学境界和思想内涵上所达到的成就是《碧岩录》其他译本所望尘莫及的。冈特·德邦曾向对《碧岩录》中尚未译成德文的公案感兴趣的读者推荐英译本:R. D. M. Shaw, *The Blue Cliff Records*, The Hekigan Roku, London 1961。他紧接着说:"这部译著在整体筹划上简短得多,在细节上并非总是令人满意并且把所有名称都转写为日语。"②最后这一细节并非小事,在《关于〈碧岩录〉的德语翻译》里贡德特强调,应该用中文说出《碧岩录》里大师们的名字。在当时的历史条件下,贡德特虽然清楚对中国佛教特别是对禅宗的了解主要是通过日本,他也承认就佛教传统而言中国与日本之间没有绝对的民族界限,但是他明确地指出知识源泉的唯一性并且就此说明:"日本佛教从中国接受的典籍至今在那里仍旧用中文来研读,自己的祖先所依据的祖先是中国人。"③这里没有数典忘祖之嫌。

威廉·贡德特的《碧岩录》德译本中未翻译的公案确实成为德语读者的遗

---

① "快人一言,快马一鞭"见于《碧岩录》第三十八则垂示:"Munterem Mann ein Wort, munterem Pferd ein Peitschenstreich."(《碧岩录》德译本,第二册,第 97 页)形容词"munter"有神清气爽之意,与句中的"快"字暗合。
② 《碧岩录》德译本,第三册,第 163 页。
③ [德]威廉·贡德特著,戴晖译:《〈碧岩录〉德译本〈前言〉》,《汉语言文学研究》2022 年第 3 期,第 73 页。

憾。在赫尔曼·博纳（Herman Bohner，1884—1963）[1]翻译的《茶室挂物禅语通解》[2]里经常引用《碧岩录》，笔者在《茶室挂物禅语通解》德译本网页版的"传记栏"[3]中读到了这样的轶事：

> 阿希姆·赛德出版过一本在贡德特的工作的基础上明显简化了的《碧岩录》翻译，他回忆到：我最后一次与贡德特的经历是在他圆寂——却是原始基督教的——前不久。他仍然以毫不动摇的态度兢兢业业地追究每一个细节，而卡尔·汉瑟托我去说服这位九十高龄的老人，现在把所有的科学琐事放到后面，只还把公案的关键问答译成德语；因为否则世上就没有人能够用这种方式做这件事了。
>
> 贡德特聆听这个建议，过了一会儿说：这么说，老汉瑟要我还翻译出所有未译的公案……好啊，他是怎么想得出来的……因为我得至少再活七周！

---

[1] 赫尔曼·博纳像许多20世纪上半叶的汉学家和日本学家一样出身于传教士家庭，1884年12月4日出生于黄金海岸加纳东加首府Abokobi，1963年6月24日卒于日本神户。曾在图宾根、哈勒、埃尔朗根和斯特拉斯堡读大学，学习神学和历史，1907年通过神职考试成为教师。1913年就职于赫尔曼利茨高级文理中学（Hermann-Lietz-Schule Haubinda）。出于对《易经》译者卫礼贤（Richard Wilhelm，1873—1930）的敬仰，博纳1914年初在埃尔朗根获得哲学博士学位之后，去青岛成为礼贤书院的教师，书院的德文名称是：Deutsch Wilhelm Schule, Höhere Knabenschule des Allgemeinen Evangelisch-Protestantischen Missionsvereins（德国礼贤书院，普通福音新教传教协会高等男童学校），博纳任职于"德华神学校"（Deutsch-chinesische Seminar）。一战爆发，博纳成为普通海军士兵，1914年11月7日青岛沦陷，11月14日博纳作为战俘在日本松山战俘营，后转至坂东。1920年1月获释，暂居东京，在卫礼贤的后继人到达之前临时代理青岛的书院。大约1922年早春获得大阪外国国学园（Osaka Gaikokugo Gakko）的聘任，成为德语教师，也为高年级教授历史、文学和希腊文。博纳一生都在这个职位上服务，仅在1929年和1937年回德国短暂度假，1923年夏季他与卫礼贤的妹妹汉娜·布鲁哈德（Hanna Blumhardt）结婚。博纳在大阪生活了41年，他的译著广泛涉及日本艺术和文化的不同领域，有古籍《地藏菩萨灵验记》《日本国现报善恶灵异记》《神皇正统纪》等，也有活跃于15世纪的戏剧家世阿弥的大量作品、禅茶园艺类书籍等。威廉·贡德特的悼词《纪念赫尔曼·博纳》（"Hermann Bohner zum Gedächtnis"）刊登在1964年《远东杂志》（*Oriens Extremus*）第1—8页上。

[2] *Zen-Worte im Tee-Raume*（茶室挂物禅语通解）von Akaji Sōtei（赤路宗贞），Einführung und Übersetzung von Hermann Bohner, Supplementband XX der Mitteilungen der deutschen Gesellschaft für Natur- und Völkerkunde Ostasiens (OAG)，Tokyo 1943.

[3] https://im-tee-raume.zenwort.de/zw2_htm/zw2_00.html（Stand：7. Mai 2020），https://im-tee-raume.zenwort.de/zw2_htm/zw2_bio.htm。

完全出乎意料,因为老者贡德特就活生生地站在我面前,这番话像从爽朗的涅槃落下的闪电击中我;我丧魂落魄同时又极度地坦荡。我们端详彼此。而在禅里,当心跳如击鼓时,与其大哭,毋宁朗声大笑:于是我们俩不由地笑出了眼泪。

阿希姆·赛德曾把贡德特生前出版的前50个公案加以"精炼",只剩下四分之一的篇幅,他希望这样会更加通俗易懂。此书名为《禅的智慧书》,由汉瑟出版社1988年于慕尼黑发行(Achim Seidl, *Das Weisheitsbuch des Zen*, Hanser, München 1988)。

贡德特没有译出的部分,德语读者可以求助于恩斯特·施瓦茨(Ernst Schwarz, 1916—2003)①的译本。书名的音译同样是《碧岩录》,意译部分并没有因循旧译,不是《圆悟禅师碧岩录》,而是《碧岩禅师录——公案集》,由科赛尔出版社1999年于慕尼黑发行(Ernst Schwarz, *Bi-yän-lu: Aufzeichnung des Meisters vom Blauen Fels — Koan Sammlung*, Kösel, München 1999)。在德语中,贡德特遵循"公案"的中文语用,将之译为德语"*Beispiel*",有引以为则的示范之意。而施瓦茨的公案译名"Koan"来自日本式的汉语,在德语中少了书卷气,更接近流行语。据《茶室挂物禅语通解》德译本网页版的"传记栏"的相关资料,施瓦茨也是于高龄才开始这项译事。他对圆悟禅师的偈颂评唱做了删减,译者撰写的解释部分远远不像贡德特那样做得深入细致,翻译用语也完全散文化了。尽管不及贡德特的译本,可整体上仍不失为中规中矩的译著。

同样是慕尼黑的科赛尔出版社,它于2002年出版了彼得·伦斯费尔德

---

① 关于奥地利汉学家施瓦茨,请参见金弢撰写的《回忆施瓦茨》,发表于《中国新闻周刊》2021年5月3日总第994期。目前国内可购买恩斯特·施瓦茨的德文原版著作《智者:三千年来的中国人》(Ernst Schwarz, *So sprach der Weise. Chinesisches Gedankengut aus drei Jahrtausenden*, Rütten und Loening, Berlin 1981),插图精美,为中国思想史选辑,包括《尚书》《诗经》《易经》《道德经》和诸子百家等丰富内容。另一本在豆瓣上可见到的封面装帧精美的原版译著是《镜中菊·中国古典诗歌》(Ernst Schwarz, *Chrysanthemen im Spiegel · Klassische chinesische Dichtungen*, Verlag Rütten & Loening, Berlin 1969)。

(Peter Lengsfeld，1930—2009)①的《碧岩录》译本。这个译本没有中文音译的书名，取而代之的是日文名称的拉丁语转写，书名意译部分则省略圆悟禅师的称谓，直接叫作《碧岩的录——古典公案集新解》(Yamada Koun, Peter Lengsfeld, *Hekiganroku, Die Niederschrift vom blauen Fels — Die klssische Koan Sammlung mit neuen Teishos*, Kösel, München 2002)。据上述网页的相同资料来源，对伦斯费尔德翻译的《碧岩录》的一般评价是：不可作为文献来源。从书名上已经能够看出端倪，译本倚重日文版本以及山田口荣居士的讲解，一方面在中国祖师禅留下的公案与此译本之间插入了两个翻译步骤，亦即从唐宋汉语经过古典日语再到德语，另一方面在"neue Teishos"("新解")的形式下掺杂了个人的现代阐释。此外，人们认为伦斯费尔德的翻译语言也过于枯燥，与禅宗古则公案的生动意趣完全不相应。可以看出，此译本的目的显然是传播山田口荣的思想，山田口荣有《二月集》流行于世，学生们在文集里公开描述了他们的"悟境"。

为了比较三种德文译本，《茶室挂物禅语通解》德译本的网页分别列举了贡德特、施瓦茨和伦斯费尔德对《碧岩录》第五十二则的翻译节选，笔者特意把不同译文再译成中文，以飨读者。借助笔者在《威廉·贡德特与〈碧岩录〉》一书中所翻译的"《碧岩录》德译本选文"，读者已经比较了解贡德特的《碧岩录》译本中每一章的安排，这里所举的第五十二则选自德译本第三册，也就是说，基于前文所述的原因，贡德特的译文总体上省略了圆悟对公案和颂古的著语和评唱，在第五十二则译文中出现的偈颂评唱节选是一个例外。然而，例外并非孤例，类似的例外很多，比如第五十一则《雪峰问：是什么？》开首即超出四页的"预先备忘"，第五十二则《赵州石桥略彴》开首是长达三页的"定向性说明"。译者仿佛随时照顾着读者的需求和感受，灵活的小标题也信手拈来。再如，在第六十二

---

① 彼得·伦斯费尔德是德国天主教神学家，明斯特大学教授和禅师。他出生于波兰奥得河畔的布雷斯劳，二战后举家逃往西德，1950 年至 1956 年在罗马天主教神学院学习神学，1955 年被授以神职。在梵蒂冈(Campo Santo Teutonico)神学院继续学习，1958 年获得博士学位。后于柏林和明斯特任神父。1962 年于明斯特大学天主教普世研究所做研究助理，1964 年以关于亚当和基督的类型学论文获教授资格并任普世神学正教授，同时被任命为天主教普世研究所所长，1992 年退职。

则《云门中有一宝》中,紧随公案和颂古的不是通常的《文句解释》,而是"对此则的赞誉",以表译者对云门禅师的特殊敬意。

我们首先按照尚之煜校注的版本列出与三种德文译本的译文相对应的中文句子:

雪窦举公案

僧问赵州:"久响赵州石桥,到来只见略彴。"州云:"汝只见略彴,且不见石桥。"僧云:"如何是石桥?"州云:"渡驴渡马。"

雪窦颂古

孤危不立道方高,入海还须钓巨鳌。堪笑同时灌溪老,解云劈箭亦徒劳。

圆悟评唱

……不见僧问灌溪:"久响灌溪,及乎到来,只见个沤麻池。"溪云:"汝只见沤麻池,且不见灌溪。"僧云:"如何是灌溪?"溪云:"劈箭急。"……

以下是第五十二则公案的不同译本之比较,圆括弧()和其中文字属于网页原文,贡德特的译文中的圆括弧()和其中文字是贡德特的夹注。伦斯费尔德译文中的日语名称之后的圆括弧()和其中文字为笔者所加。

1. 贡德特

(预先做三页"定向性说明"。)

公案

举:学僧带着问题(这意味着带着期待回应的短评)到赵州面前:"我早就听闻赵州石桥。现在来到这里,发现除了简陋地搭建起来的独木桥,这儿什么也没有。"

赵州回答:"你刚才只看见木彴,却看不见石桥。"

学僧说:"石桥究竟如何呢?"赵州回答:"驴子从上面过来,马儿从上面过去。"

颂古

没有树立任何孤危的东西,他的道是高处。

海上垂钓,他只意在巨鳌。

你兴许会笑,来自灌溪的老者同时

称之为"箭急"。请领解! 这也意味着挥霍精力。

选自圆悟对偈颂的评唱

学僧来到灌溪这里,这位住在灌溪山谷的老人,僧说:"久闻灌溪;现在来到这里,我发现没有别的,只有几个能用来洗麻布的水坑。"

老人回答:"你适才只看见水坑,但看不见灌溪。"

僧说:"灌溪如何呢?"

灌溪回答:"水如箭一般疾射而下。"

(接下来是超过三页的《文句解释》和参考《碧岩录》第一册第61页赵州公案的提示。)

2. 施瓦茨

学僧对赵州禅师说:"赵州石桥自古闻名。现在我来到这里,发现除了临时便桥之外什么也没有。"

"你刚才只看见临时便桥在那儿,看不见石桥",赵州回复。

"这座石桥应该是什么?"学僧问。

"让驴和马从上面走过的东西",禅师回答。

诗行

没有高攀那孤危者,

言语方才贵重。

谁潜入那深深海底,

他会捕得巨鳌。

可笑灌溪僧却说,

心飞似箭,胜似箭

此言从未令人迷惑。

如此徒劳。

诗行的解释

(雪窦写道:)没有高攀那孤危者,言语方才贵重。为了显示佛法的奇特和灵验,人们兴许建起千尺高台。可是尽管所有的孤危和超逸,这种态度没有达到"不攀孤危",不如用寻常自然的手段行事。没有建立什么特殊的,却挖掘出特殊的;没有执着于孤危者,却创造出高逸者。为了达成神奇的作用,他的机锋当然必须通过自身特质和慈悲显露出来。雪窦这么写道:谁潜入那深深海底,他会捕得巨鳌。你们看,他青睐教理,于是能够轻松地找到适当的言辞。他这样来设机锋,并非为了捕捞虾蚬螺蚌,而是意在钓得巨鳌。这表明他能够算作他的行业里的大师。

(雪窦写道:)可笑灌溪僧却说,心飞似箭,胜似箭。你们一定了解灌溪的故事——灌溪禅师,曾有学僧问他:这是怎么回事?灌溪禅师久负盛名,而我现在看见他本人,只还找到刚刚足够洗麻布的小溪。你只看见洗麻布的溪水,看不见真正的灌溪!学僧问:如何是真正的灌溪呢?他得到的回答是,飞驰的疾箭……虽然孤危也是他合理的权利,但是这难免自身带着某种造作,以至终于达不到赵州的简朴。

(最后是一页《译者说明》和三个脚注。)

3. 伦斯费尔德

事件(公案)

学僧对 Joshu(赵州)说:"我早就听说,Joshu(赵州)石桥多么地著名。现在我在这里,却只能看见残破的木栈道。"

Joshu(赵州)回应道:"你只看见木栈道,你看不见石桥。"

学僧于是问:"什么是石桥?"Joshu(赵州)回答:"石桥让驴从上面走过,让马从上面走过。"

Setcho(雪窦)的诗行

没有什么非同寻常,没有什么危险——

然而他的道路却高远。

潜行入海,钓得巨鳌。

多么可笑！时人老灌溪！

尽管能说"飞箭"也徒劳。

TEISHO(讲解)

这个事件(公案)就像其他一些事件(公案)一样也没有垂示。但是因为涉及 Joshu(赵州),关于 Joshu(赵州)公案的其他垂示也适用于这个公案,例如 Hekigan-roku(《碧岩录》)第九则事件(公案)的垂示。我想把它唤入你们的记忆：

明镜当台,

研丑自辨。

镆铘在手,

杀活临时。

汉去胡来,胡来汉去。

死中得活,活中得死。

且道这里又作么生？

若无透关的眼、转身处,

到这里灼然不奈何。

且道如何是透关底眼、转身处？

试举看！

当我谈到 Joshu(赵州),正如我已经常常说,他放下 Satori(开悟)经验的所有痕迹,放下一切禅的魅力,他已经变为地道平常但却完美的人。谁获得顿悟经验,开始就体验到众多 Satori(开悟)光环闪耀的辉煌。人们能够将之与竹笋相比较,竹子苍翠欲滴,开始熠熠生辉。当他更加成熟老练时,青青翠竹则变化为茁壮稳健的主干。加工竹子的工匠对青枝没有兴趣。(接下来是对 Joshu 的生活经历的评论性注释。最后是长达三页的《论事件(公案)》和近四页的《论诗行》。)

笔者对《碧岩录》德译本的说明所涉及的人和事基本上属于 20 世纪。德语世界中,《碧岩录》的译事在 21 世纪的新动向同样值得关注。2013 年迪特里希·霍罗夫(Dietrich Roloff,1934—)①翻译和评注的《碧岩录——百则公案》由德国艾特朗的温德普弗德出版社发行(*Bi-yan-lu: Aufzeichnung vor smaragdener Felswand — die 100 Koan des Hekiganroku*,Windpferd Verlag,Aitrang 2013),2018 年重印。霍罗夫也是茶艺师,承接了起源于日本广岛地区的武士茶道流派上田宗个流的茶艺②。霍罗夫的一系列新作以提升对古老的中国禅的评价为使命,并且他也重新评估了始终活跃在世界舞台的日本禅。由此可见,直至今日,禅在欧美传播的主要途径仍然借助于日本。这是值得我们深思的。

---

① 迪特里希·霍罗夫于 20 世纪 80 年代为柴山全庆(1894—1974)讲解的《无门关》所吸引,加入日本临济宗。他学习汉语并且逐渐能够以《无门关》的汉语原典来勘验柴山全庆点评的《无门关》德译本,指出后者的不足之处。1999 年他完成第一部作品《无门慧开禅师·禅的无门关》(*Meister Wumen Huaikai,Die torlose Schranke des Zen*),2008 年霍罗夫翻译中文版本的《从容录》并且做了详细解释。
② "www.teezeremonie-zen.de"是霍罗夫的茶道教学网站,其中也可以看到霍罗夫的一系列新作品,例如:《禅——百花香,僧璨〈信心铭〉与宏智正觉语录》(Dietrich Roloff,*ZEN — Der Duft Hunderter von Blumen,Das Shinjinmei des Seng-can/Sôsan und die,Lehrreden 'des Hong-zhi Zheng-jue/Wanshi Shôgaku*,Verlag:Books on Demand,Erscheinungsdatum:2019)、《禅与时光,变易之洪流——如来岁月的思索》(*Zen und Zeit,Der breite Strom Veränderung — Nach-Gedanken eines in die Jahre Gekommenen*,Verlag:Books on Demandm,Erscheinungsdatum:2020)、《禅——白玉假金·赞美和批评》(*Zen — Weiße Jade,falsches Gold,Lobpreis und Kritik*,Verlag:Books on Demand,Erscheinungsdatum:2022)。

Introduction to the German Translation of *The Blue Cliff Record*

Dai Hui

Abstract: The German translation of *The Blue Cliff Record* by Wilhelm Gundert is a masterpiece of post-war German in-depth academic study of Chinese Zen Buddhism. The other two translations published in the 20th century either represent an abridged version of Gundert's translation or considered as supplement to the unfinished parts of Gundert's translation. There is a new 21st century German translation of *The Blue Cliff Record*, but this new edition still relies on Japanese Zen studies, illustrating the problems faced by the dissemination of modern Chinese Zen Buddhism.

Keywords: Wilhelm Gundert; *The Blue Cliff Record*; German Translation

《中国哲学家孔夫子》对《周易》的译介

黑永健[①]

摘　要：17世纪欧洲正式出版的西文文献中，1687年出版于巴黎的《中国哲学家孔夫子》，首次对《周易》进行了较为详尽的译介。其译介集中在该书《序言》中由意大利传教士殷铎泽所撰写的部分。主要内容包括：对八卦与六十四卦生成的描述，八卦生成图与先天八卦方位图，自乾卦至大有卦共十四卦的卦序、卦名及卦辞的介绍，以及从天主教的"谦德"出发，对谦卦的详尽分析。在此之前，西文文献中仅有曾德昭《大中国志》、卫匡国《中国上古史》等少数著作，对《周易》作过简单描述，其详尽程度与准确性都无法与《中国哲学家孔夫子》相比。《中国哲学家孔夫子》的《周易》译介，对巴耶尔、杜赫德等欧洲汉学家产生了明显的影响。

关键词：《周易》；《中国哲学家孔夫子》；殷铎泽

[①] 黑永健，男，南开大学历史学院博士研究生，研究方向为西学东渐与明清儒学。

关于《周易》在西方早期传播的历史,学界以往已经有不少研究,较具代表性的成果有:林金水《〈易经〉传入西方考略》(《文史》第二十九辑,中华书局,1988年)、张西平《〈易经〉在西方早期的传播》(《中国文化研究》1998年冬之卷)、李伟荣《英语世界的〈易经〉研究》(中国社会科学出版社,2018年),以及德国学者柯兰霓(Claudia von Collani)的《〈易经〉与西方的第一次相遇》("The First Encounter of the West with the *Yi Jing*," Monumenta Serica,Vol. 55,2007)。这些已有的研究都不约而同地提到了,出版于1687年的《中国哲学家孔夫子》(*Confucius Sinarum Philosophus*),是17世纪《周易》西传的最重要成果,甚至有学者将其称为"《易经》的第一本西方译本"(李伟荣,第38页)。但对于《中国哲学家孔夫子》译介《周易》的详细内容,以上诸家尚未展开具体分析。梅谦立(Thierry Meynard,1963—)著、陈岗翻译的《〈易经〉在西方的第一次介绍和翻译》(《国际汉学》第二十辑,大象出版社,2010年)节译了《中国哲学家孔夫子》中有关《易经》的部分论述,但亦非全部。2021年,《中国哲学家孔夫子》全译本出版,极大地便利了学界的研究。本文即以此译本为基础,结合前人成果,尝试对《中国哲学家孔夫子》译介《周易》的情况,作一较为系统的论述①。

一、《中国哲学家孔夫子》之前的西文文献对《周易》的描述

目前所知,16世纪西班牙人和葡萄牙人介绍中国的西文著作里,几乎没有提到过《周易》。西班牙传教士门多萨(Juan Gonsales de Mendoza,1545—1618)所著《中华大帝国史》(1585),提到曾来过中国的马丁·德·拉达(Martin de Rada,1533—1578)带回了数量繁多的中国书籍,其中包含"世界的起源……他们统治国家的方式……对他们视之为上帝的偶像及对偶像所举行的祭拜仪式……被他们视之为圣人的生活,圣人所游历的地方"②等内容。今人研究认

---

① 本文所引用的《中国哲学家孔夫子》皆出自汪聂才、齐飞智等译该书第一卷《前言》,大象出版社,2021年。为求简洁,以下仅随文注出页码。
② [西]门多萨编撰,孙家堃译:《中华大帝国史》,中央编译出版社,2009年,第92页。

为，其带归的应是一种明代通俗类书①。其中可能有涉及儒家经典的内容，但不会太多，也未引起西人的重视，故在西文文献中没有反映。

真正开始注重包括《易经》在内的儒家经典的西方人是来华耶稣会传教士，他们有着了解中国文化、会使用汉语的优势，并对儒家经典抱有研究兴趣，故开始向欧洲译介儒家经典并引发了一定反响。但最早的一批耶稣会士，译介的重点在于四书而非五经。如第一位到中国内地传教的意大利传教士罗明坚（Michele Ruggieri，1543—1607），在回到罗马之后，曾向教会中人讲述了其在中国生活的历史，其中提到中国哲学24册书，可能即是儒家经典。但只有"前面四本书已经为神父所翻译"②，所指的大约是其用西班牙文与拉丁文翻译的四书的部分内容，而未及五经。另一位广为人知的耶稣会士利玛窦（Matteo Ricci，1552—1610），在《耶稣会与天主教进入中国史》中向欧洲读者简要介绍了"四书五经"的情况，谓："孔子曾重订过四部古书，又亲手写了一部，合称五经。其中所涉及的或是古代统治者的德行，或是记述这些德行的诗歌，或是中国的礼法，或是一些警世的训诫。除五经外，有三四位作者辑录了很多没有联系的道德箴言，并编纂成书，受到人们的青睐，这些书被合称为四书。"③但其仍旧只是把四书翻译成拉丁文，而未及五经。在利玛窦与中国士人合作撰写的《天主实义》等中文著作中，有引用《周易》的例子，但在利氏所著西文文献中看不到此种情况。实际上除《周易》之外，五经中的其他经典，在利氏的西文著作中也极少出现，较为明确的只有《诗经》被引一次④。故林金水教授认为："利玛窦可以算是西方最早读《易经》的一个人，然而未必是最早介绍、传播《易经》的人。"⑤

至于17世纪初，来华传教士需要学习的主要儒家经典，仍是四书与《尚书》⑥，

---

① 刘捷：《明末通俗类书与西方早期中国志的书写》，《民俗研究》2014年第3期。
② 谢明光：《从新发现文献再探罗明坚及其在华传教》，《国际汉学》2020年第4期，第80页。
③ 参见［意］利玛窦著，文铮译，［意］梅欧金校：《耶稣会与天主教进入中国史》，商务印书馆，2014年，第23页。
④ 参见［意］利玛窦著，文铮译，［意］梅欧金校：《耶稣会与天主教进入中国史》，商务印书馆，2014年，第444页。原文为："从大树上下来而迁入幽谷。"译者注："此句出于《诗经·小雅》中的《伐木》一篇：伐木丁丁，鸟鸣嘤嘤，出自幽谷，迁于乔木。但此处是反其意而用之。"
⑤ 林金水：《〈易经〉传入西方考略》，《文史》第二十九辑，中华书局，1988年，第366页。
⑥ ［法］梅谦立：《中文版序言二》，［比］柏应理著，汪聂才、齐飞智等译：《中国哲学家孔夫子》第一卷《前言》，大象出版社，2021年，第4页。

但此时西文文献中已经开始出现有关《周易》的内容。约于明代中后期来华的葡萄牙耶稣会士陆若汉(João Rodrigues，1561—1634)的西文著作中，有一些关于乾坤、无极、太极等概念的记述："天地人，他们叫做'三才'，也就是三种才能，三种最优秀的东西。""在中文里他们把天叫做'乾'，地叫做'坤'。""它在中文称作'太极'(*taikyoku* and *taiji*)，意思是巨大的极限或跨度……还有中文的'无极'(*bukyoku* and *wuji*)，意思是无限或没有限制。"①此处陆若汉不仅指出了"天地人"在中国称为"三才"，还提到了"乾"和"坤"，指明这两个重要的卦名象征着"天地"。他试图对天地生生不息的本性即"生生之谓易"提出自己的理解，但他的描述比较抽象晦涩，是用经院哲学的思路去理解"生生"，没能完全表达出天地永远运动不息，继而成就万物生灭之意。他还介绍并诠释了《易》学的两个重要概念"太极"和"无极"，其理解应是基于《太极图说》"无极而太极"而来。总的来看，尽管陆氏只提到了一些零散的名词和概念，但仍可被视为较早以西文记述《周易》相关内容的西方传教士之一。

　　葡萄牙耶稣会士曾德昭(Álvaro de Semedo，1585—1658)1613年来华且在华多年，在其著作《大中国志》(1653)中介绍中国的书籍和学术时留下了对《周易》的记载："开始这样做的，是伏羲、神农和黄帝。这三位皇帝最早使用神秘方式——奇数和偶数，及其他图画和符号，阐述他们的道德和伦理的科学，为他们的臣民制定法规。……《易经》(*Yechim*)，其中有许多道德训诫和有关整个国家的文献和法令。他们遵循其祖先哲人的教导，按斯多噶规律生活，始终很关注如何治国和公共利益。最后是孔夫子，他撰写了5部有系统的书(他们叫做'经')，至今仍被认为是神圣的。"②这段记载表明他注意到了《周易》中蕴含的奇偶数字变化，他所说的"奇数和偶数"大致就是阳爻和阴爻。另外，他还提到《周易》是由伏羲、神农、黄帝最早创造，后经文王、周公、孔子不断修订而成。此观点与中国传统的说法略有出入。以朱子为代表的"四圣作《易》"说，只讲到伏羲画卦、文王作卦辞、周公作爻辞、孔子作《易传》，而不及神农、黄帝。这可能是

---

① 笔者译，原文参见 Micheal Cooper, *João Rodrigues's Account of Sixteenth — century Japan*, London: Hakluyt Society, 2001, pp.362-365。
② [葡]曾德昭著，何高济译：《大中国志》，中国旅游出版社、商务印书馆，2017年，第69页。

因为曾德昭对中国文化的理解还不到位,神农、黄帝二人经常与伏羲并称"三皇",导致他认为最早是三人一起创立的八卦。他指出以《周易》为代表的儒家经典"至今仍被认为是神圣的",强调儒家经典的"神圣性"意在寻找《周易》等经典与《圣经》的相通之处,便于传教。他在之后介绍"五经"时,将《周易》放在首位,"这些书的第一部叫做《易经》,论述自然哲学,及事物的盛衰,也谈到命运,即从这样和那样的事情作出的预测,还有自然法则;用数字、图像和符号表示哲理,把这些用于德行和善政"①。他承认了《易经》属于哲学范畴,包含事物盛衰的哲理和自然法则,并可以用于培养道德和治理国家。他将《周易》置于儒家经典第一位,也与中国传统经学以《周易》为群经之首相合。但他对以《易》占卜,还是与大多传教士一样持反对态度②。

意大利耶稣会士卫匡国(Martino Martini,1614—1661)1643年来华传教,他在慕尼黑出版的《中国上古史》(1658)中比较详细地介绍了《易》学的"阴阳"概念以及六十四卦的形成过程:

> 他们认为混沌是一切事物的开始和起源,非物质存在,或者叫至高的气,从混沌中创造了关于万物起源的神奇的理论。但混沌本身分成了两个性质,称为"阴"(Yin)和"阳"(Yang)。阴的意思是遮盖住的、缺失的,阳的意思则是敞开的、完满的。我们将称他们为两个起源。从这彼此结合的两个起源中产生了四个图像或图形,又从这四个中创造了八个形式或符号……人们称同为敞开的一种为完满的,一种为缺失的;同为遮盖住的,一种为完满的,一种为缺失的。八个形式中的每一种都有自己的特征,它们也由各自的特征被画出,并象征各类别的事物。所有事物的诞生和消亡都取决于这八种形式……这八个形状彼此相乘,就得到了六十四个符号或图像,而六十四是某个集合的数字。由此,人们说从两个起源中,也就是我们上文中提到的"阴"和"阳",产生了四个形式;从这四个于"阴"和"阳"中产

---

① [葡]曾德昭著,何高济译:《大中国志》,中国旅游出版社、商务印书馆,2017年,第71页。
② [葡]曾德昭著,何高济译:《大中国志》,中国旅游出版社、商务印书馆,2017年,第124—125页。

生的形式中,产生了八个;从这八个自身融合的形式中,所有事物令人欣喜的变化从中绽放。①

　　此段叙述可以看作卫氏对"易有太极,是生两仪。两仪生四象,四象生八卦"的理解。此外,卫氏还对八卦的卦象和含义进行了描述:"它们被这样画出:第一个形式为'☰',指天;第二个形式为'☷',指地;第三个形式为'☳',指雷;第四个形式为'☶',指山;第五个形式为'☲',指火;第六个形式为'☵',指云;第七个形式为'☱',指河;第八个形式为'☴',指风。"并列出了六十四卦图,有学者评价"这是欧洲最早出现的卦图之一,使欧洲人对《易经》有了较为直观的理解"②,但并没有标注卦名。此外,他还首次明确将《周易》的作者指为伏羲:"在中国有一本被称为《易经》(Yeking)的书,即中国人最古老的书……确定的是,这本书起源于伏羲(Fohius)。"他还注意到了易数之学:"数字也被用来解释这些形状的神秘之处。……九是至高、至完满的属阳的数字,人们认为一、三、五、七、九是天的数字,而二、四、六、八、十则是地的数字。人们分给天的是奇数,它们的和是二十五,天的数字是完满的;分给地的是偶数,合起来一共是三十,地的数字是缺失的。"当然,卫匡国身为传教士,也对中国人用《周易》算命的行为进行了抨击,其认为《易》本有治理国家、规范道德等作用,而当时的中国人误用其来算卦③。总的来看,尽管卫匡国的记述还存在许多疏漏,却是《中国哲学家孔夫子》之前,欧洲正式出版的西文文献中,对《周易》最为详尽的介绍。

---

① Martino Martini, *Tridentini E Societate Jesu Sinicae Historiae Decas Prima: Res à gentis origine ad Christum natum in extremâ Asiâ, sive Magno Sinarum Imperio gestas complexa*, Typis Lucae Straubii, Impensis Joannis Wagneri Civis & Bibliopolæ Monacensis, Monachii, 1658, pp.5-7.原文为拉丁文,由北外欧语学院李正宇翻译,特此致谢。下文所引卫匡国说同。李伟荣《英语世界的〈易经〉研究》(第34页)亦有部分译文,乃据柯兰霓文所引法文版转译,可参看。
② 李丹:《明清之际耶稣会士〈易经〉与〈圣经〉会通研究》,山东大学博士学位论文,2020年,第62页。
③ 卫氏认为:"《易经》书中有许多关于诞生和消亡、命运、占星术和一些自然起源的内容。这本书还在文字书写之前就包含了用于国家管理和道德规范的数字和形状,但现在人们主要用它来作预言和算卦,而忽视或者不知道那本书的真实意义。他们在这样的认识下使自己对表象之下事物和事件产生了偏见。奇怪的是,在这种情况下他们还是对这本书如此的重视。"

总之，16—17世纪上半叶来华的西人，或因《周易》较为深奥晦涩，或因对《周易》的占卜功用较为抵触，故总体而言并不太重视《周易》。尽管约在1626年，金尼阁就已经将《周易》的部分内容翻译成拉丁文，收入《中国五经》(Pentabiblion Sinense)中，但该书乃在杭州刊印，且今已散佚。而这一时期在欧洲出版、面向西方介绍中国的西文文献中，对于《周易》的介绍还十分简略。直至《中国哲学家孔夫子》出版，才在很大程度上改变了这一局面。

二、《中国哲学家孔夫子》译介《周易》的总体情况

《中国哲学家孔夫子》是17世纪来华的耶稣会士的儒家经典译本中最具代表性的成果。该书由柏应理(Philippe Couplet，1623—1693)、殷铎泽(Prospero Intorcetta，1625—1696)、恩理格(Christian Wolfgang Herdtrich，1625—1684)、鲁日满(François de Rougemont，1624—1676)共同翻译，最终由柏应理整理编辑，并于1687年在巴黎出版。其主体内容虽是"四书"，但在该书的《序言》里，传教士花费大量笔墨介绍了《周易》的历史、结构及思想等。汉学家孟德卫指出："序言署名是柏应理，但显然不是完全由他一个人完成的。龙伯格先生对巴黎国家图书馆中《中国哲学家孔子》的原稿进行了研究，发现序言中有两个人的不同笔迹，后半部分很可能是柏应理的笔迹。"[①]而涉及《易》学的这部分《序言》应是由殷铎泽所写。他对《易经》的理解并不是无源之水，而是建立在明代胡广主编的《五经大全》《四书大全》《性理大全》，以及明代张居正《〈易经〉直解》的基础上[②]。其主要内容包括两部分，一是卦象的形成与卦图，二是部分卦名、卦序、卦辞的简要翻译与解释。

1. 卦象的形成和卦图

《中国哲学家孔夫子》对卦象与卦图的介绍，集中在《序言》第一部分第六章

---

① [美]孟德卫著，陈怡译：《奇异的国度：耶稣会适应政策及汉学的起源》，大象出版社，2010年，第282页。
② 参见[法]梅谦立著，陈岗译：《〈易经〉在西方的第一次介绍和翻译》，《国际汉学》第二十辑，大象出版社，2010年，第85页。

《新诠释者吸收新哲学的源泉》中。殷铎泽接受了中国传统的"人更四圣"的说法,认为八卦是伏羲观察天、地、人之间的微妙关系及其相互关联与对称时,"自然地描绘出了八卦(Pa qua),即八个悬挂的图像或图征……每个卦象由三条或完整或断开的短线组成。这样就得出了八个组合"(页54)。八卦两两相重,即成为六十四卦,所谓"(六十四卦的)每一个都是由八卦中的两个,按照位置和次序排列,相互组合而成"(页61)。此是从"重卦说"的角度讲卦象生成。但另一方面,其又用更多的篇幅,从"一分为二"说的角度对此问题进行了解说。其首先对"太极"(Tai Kie)进行了描述:

> 它被理解为是一种"混沌",或者某种囊括一切的物质原料。对于中国学者,大多数异教徒以及同享圣光照耀(的基督信徒)而言,他们都将"太极"解释为"元质"或"原初质料"。因而很多诠释者在讨论事物的原初产物时,认为他犹如无边的海洋,包含灵魂及思想。(页55)

此段叙述有些模糊之处,但总体上能看出,殷铎泽应是倾向于从所谓"元气浑沦"的角度去理解"太极"。对于宋明理学家以"理"解释太极的说法,因其有导向无神论的风险,故遭到传教士的竭力反对。(页81—91)

由太极之"无边的海洋"分为两个较小的海,"那些更易变、更轻盈、更完美的东西组成一部分,而那些不易变化、更浑浊、不完美的东西组成另一部分"(页55),即所谓"阴阳"。"阳"为完满,而"阴"为残缺。以卦爻象而言,即阴阳爻。殷铎泽在此处列出了阴阳爻图,并解释说:

> 卦象的整个结构由两种线组成:不断开而完整的线(阳爻)代表完美和坚固的优胜于其同类的东西,也表示一些幸福和幸运的事情。断开而不完整的线(阴爻)则表示相反的东西。因此,断开的线表示"不完美",譬如地、月、水、寒、夜、女,还有我们经常称为过激、疾病和灾难的元气。相反,连续不断的线表示"完美",比如说天、日、火、热、昼、男、原始的火或最初的热,还有健康和幸运。(页56)

阴阳二端虽然对立，但又可相互转化，此点殷铎泽显然也有所了解。其曾举寒热为例，谓："冷在北方达到极致时，在这里热也开始上升，然后，热渐渐向右移动并在东方得到发展，最后在南方获得最强的力量和完善。相反，冷在南方产生，随后向左运动，在西方成长，最后在北方达到完美。"（页57）这大概是据阴阳鱼太极图，讲阴极生阳、阳极生阴之理。又谓金水为寒，而其光为热，火为热，而焰心蓝色为寒，所述者即是阴阳互藏之理。由阴阳又生发出老阳、少阳、少阴、老阴四象，殷铎泽称为"较多完美""较少不完美""较少完美""较多不完美"，并用邵雍以日月星辰配四象之说解之，谓"它们标识了太阳、月亮，以及更大或更亮的星星和更小或不那么亮的星星"（页56）。而八卦又生于四象。《中国哲学家孔夫子》此处还列出了八卦生成图式：

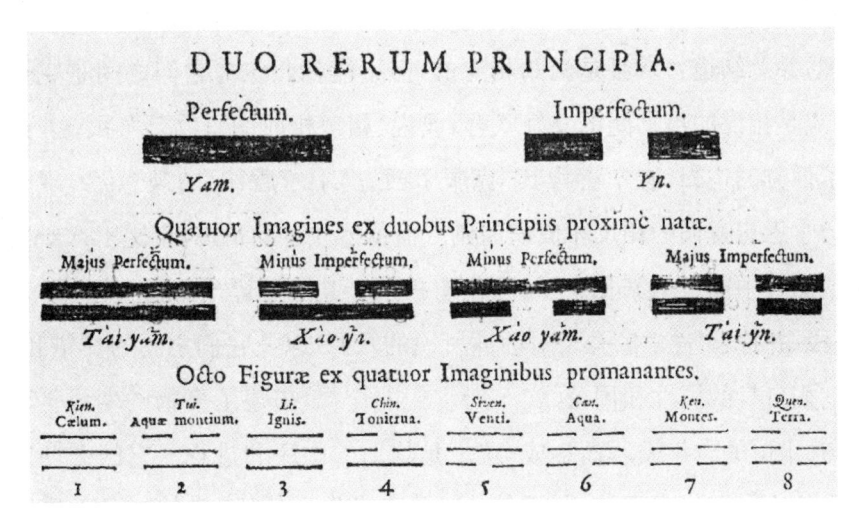

图 1　《中国哲学家孔夫子》八卦图

此图明显源自朱子《易本义》卷前的伏羲八卦次序图（小横图），明清时期坊间编刻的通俗《易》学典籍多有之。《中国哲学家孔夫子》不仅列出了八卦的卦象，还标出了卦名的读音与译义，如乾为天、兑为泽之类。此外还严格仿效中国的图式，标出了乾一至坤八的次序。在此基础上，又进一步列出了伏羲八卦方位图（小圆图），并描绘其形制：

他们（诠释者们）还把八卦描述成一个圆，其中四卦趋于完美，另外四卦趋于不完美，相互协调形成对比，并且朝向四个方向。而且，他们将八卦与黄道的四个点联系起来，即两个至日（夏至和冬至）和两个分日（春分和秋分），再加上几个中间点，以描述黄道八宫和世界的八极。同时，他们这样描述卦象：从第一卦出发往左，经过四个卦后形成一个半圆；同样，从另一边的开端或者第五卦开始往右，经由同样数目的卦形成另一个半圆，这样就构成一个完整的圆。（页58）

由此段叙述可以看出，殷铎泽对于小圆图的特征是大体清楚的。即此图源于小横图，左半边四卦生于阳，右半边四卦生于阴。左半边由乾卦起右行，为乾一至震四；右半边由巽卦起右行，为巽五至坤八。其图可配节气。此外，其还依据《说卦传》"天地定位，山泽通气，雷风相薄，水火不相射"，说明了小圆图卦位的原理，并总结道："八卦是两两相对的，但不能就此认为它们之间是完全对立的，而应是相混的事物间的友好联合，或说'相辅相成的事物'。"（页59）此叙述跳出了西方的逻辑，有学者称其"克服了西方'不矛盾律'的观念"[①]，理解了中国《易》学思想遵循的相反相成的原则。但值得注意的是，对于文王八卦次序图和方位图，《中国哲学家孔夫子》并没有提及。其也翻译了《说卦传》中"帝出乎震"一段，并称："哲学家孔子对前面所说的八卦，以及它们之间的交错和分离，按照它们自身的属性和周公、文王对它们的诠释，描述了事物的生成。事物通过均匀、永恒的全年循环而生成，这正是均衡的次序和进程。它的循环往复经过四季与八个方位或区域。"（页60）但并未像朱子一样，将其与后天诸图联系起来，也未列出相应的图式。

八卦既成之后，在此基础上又以一分为二法逐节生去，至六画则成六十四卦。《中国哲学家孔夫子》描述此过程说："当八卦被重叠时，就成为十六卦，十六卦同样演化成三十二卦，三十二卦演化为六十四卦。"（页61）此处"重叠"之说似不确切，因十六卦乃是在三画的八卦上又各生一阴一阳，由此变出四画的十六种组合，并非是八卦重叠而成。但总体而言，其理解大致还是准确的。其

---

① ［法］梅谦立著，陈岗译：《〈易经〉在西方的第一次介绍和翻译》，《国际汉学》第二十辑，大象出版社，2010年，第85页。

还列出了六十四卦图,每卦均标出上卦与下卦的卦名译义与次序,但未标注总卦名。如第三卦的卦象,其标出上卦为水(Aqua),下卦为雷(Tonitrua),但没有注明该卦总名"屯"。其图的形制是,按照《周易》上下经六十四卦的次序排列,每列八卦,总共八列。如第一列从乾卦至比卦,第二列从小畜卦至豫卦。从外观上来看,与所谓伏羲六十四卦方位图中的大方图类似,但各卦位置完全不同。

对于六十四卦的情况,殷铎泽也作出了一些简要的描述。例如,其指出:"文王是第一个试图诠释这六十四卦——即上面的图表——的人,每一个卦都有解释,极为简洁,但有点费解……随后,文王的儿子周公致力于阐释这些卦中的每一条线(爻)。"(页63,下同)这大约是指文王作卦名与卦辞、周公作爻辞。其余讲到的还有:六十四卦三百八十四爻,当闰年一年之日数。各卦之爻自下数,由初至上。此外,其还初步接触到了爻位关系的问题,谓:"上面和中间的线能确定卦象的具体连接、次序和关系。此外,这些线条之间或多或少有着联系,并由此共享'完美'(阳)或'不完美'(阴)。"所谓线条之间的联系,大约指各爻乘承比应、当位失位的关系而言。而所谓"上面和中间的线"云云,疑指中爻,即《系辞传》"二与四同功而异位"云云一段。在叙述过程中,殷铎泽甚至还涉及了天地之数的问题,谓:"天为三,地为二,得到五,再将五翻倍得到十。确实,所有数字都可以被归约为十这个基础及其补数。"据译者注释,《中国哲学家孔夫子》的手稿中本来还有一段讲奇偶之数与河图的内容,后被删去。但其说也有一些不很清晰的地方,如其谓"他赋予每一条线(爻)以数值,完整的线(阳爻)是九,是短线(阴爻)的数值的三倍",此大约是指阳爻称九、阴爻称六而言,但九并非是六的三倍,所论似有不确。

2. 前十四卦的卦名与卦序

在《周易》六十四卦中,《中国哲学家孔夫子》特重谦卦。为了介绍排在第十五位的谦卦,其特意在《序言》第一部分,设立第七章《演示六十四卦图实例》,讲乾至大有的前十四卦作为铺垫:"因为之前的十四卦如拾级而上般向这一卦靠近,我们需要介绍其中的每一卦,至少简要地介绍其位置和在整个卦中的排列。"(页66)

《中国哲学家孔夫子》对前十四卦的介绍,基本只包括卦名的含义及排序的原理。其说应主要来源于《序卦传》,故在论述诸卦之前,还特地翻译了"有天地然后有万物"至"有上下然后礼义有所错"一段。此段文字本来是讲下经次序,但被殷铎泽拿来描述上经,且将"礼义有所错"翻译为"出现了义务与正义上的等级与次序"(页66),体现了传教士作为西方人的"他者"视角。其在具体解说诸卦时,也是采用《序卦传》与西方知识相结合的方式。如其论蒙卦说:"在子宫中的种子逐渐活跃,变成胚胎,并通过自己物种特有的生产方式,显现于世,如同一颗葡萄藤从萌芽生长出来展露自己一样。教导我们这些的第四卦被称为蒙卦。"(页67)此处其对蒙卦的理解,应是来源于《序卦传》"蒙者,蒙也,物之稚也",但葡萄藤的比喻可能来源于西塞罗①。但也有理解不确的地方,如其论需卦曰:"为了使出生后不致干枯,首先它'需要'——正如第五卦需卦所表明的——乳汁和滋养,其次还需要更有营养的食物以及生活的调剂品与日用品,这样事物才能顺利地生长,直至成熟完善。"(页67—68)《序卦传》谓:"物稚不可不养也,故受之以《需》。需者,饮食之道也。"殷铎泽据此理解需卦的卦义为饮食以养蒙,大体准确。但其以"需要"解释需卦卦名则不妥。

在前十四卦中,《中国哲学家孔夫子》唯一涉及卦辞的即是乾卦,其说曰:

> 孔子从天与地引申主要是为了确立一种君王与属臣的模式,描绘一种永恒的稳定、一种万物平衡的秩序和趋势。这一秩序可以用四个字来表达——"元、亨、利、贞",也就是伟大永恒、清楚明白、和谐满意、正确完美。而且,哲学家(即孔子)努力通过四个重要美德来以此解释:仁、礼、义、智,亦即虔诚、礼仪、正义和智慧。(页67)

《文言传》讲乾卦卦辞"元亨利贞",解作四德,谓:"元者,善之长也;亨者,嘉之会也;利者,义之和也;贞者,事之干也。君子体仁足以长人,嘉会足以合礼,利物足以和义,贞固足以干事。"朱子则从卜筮的角度,将其解为"大亨而利于正",不以为四德。殷铎泽的解说明显更偏向于《文言传》,但也兼采了朱子的以

---

① [古罗马]西塞罗著,王焕生译:《论老年》,商务印书馆,2011年,第26—27页。参见《中国哲学家孔夫子》译者注释。

元亨利贞配仁义礼智的说法①。其将仁义礼智解释为天主教的虔诚、正义、礼仪、智慧四种美德,乃是故意强调儒家四德与天主教的主要德行之间具有某种相似性,体现了其寻求儒耶共通之处的写作思路。

三、《中国哲学家孔夫子》对谦卦的解说

在《中国哲学家孔夫子》的《序言》部分,殷铎泽专门设立第八章《第十五卦的诠释》,以译介谦卦。他在书中给出的如此详解谦卦的原因是,"单单第十五卦就可以清楚地向读者们展示所有其他卦的模式"(页77),此前的十四卦与此后的四十九卦,都可以"用同样的道德与政治意义来解释"(同上)。为此其还举谦卦之后的豫、随卦而言,以豫卦为"轻松愉悦,因为君王那节制与低调的美德会扩散到臣民身上",随卦则是"教导臣民在每一件事上都要执行君王的命令"(同上)。总之是以谦卦作为六十四卦的代表。

实际上,殷铎泽之所以大谈特谈谦卦,是因为在这一点上,天主教的谦德与《周易》的思想有结合的可能。天主教的"罪宗七端"说中,骄傲排在第一位,而克骄傲者即是谦让。此教义早在耶稣会士最早翻译为中文的要理书《圣经约录》等中就已有收录。其后西班牙传教士庞迪我的《七克》,进一步将中国文化中的谦虚与天主教文化的谦卑(Humility)相比附,将"谦"解释为"自居下",认为人在上帝面前要怀谦居下:"人思天主之大,己之眇焉,非主弗生弗成,弗贤弗圣,其心下于天主即下于人,斯谦已。"人做每件事都要保持谦下,才能获得上帝的恩宠,消去上帝之怒:"天主《经》曰:'尔身所居愈高,事事愈谦下,上帝宠尔。'""动上帝之至慈,莫若谦。……消上帝之威怒,亦莫若谦。《经》曰:'自伐者兴讼,自谦者消之。'"②其书刻意模糊了天主教教义与儒家学说之间的界限,而以劝善书的面貌宣扬天主教道德观,为明末士人的理欲之辨提供了新的视角

---

① [宋]朱熹:《易本义》,《朱子全书》第1册,上海古籍出版社、安徽教育出版社,2002年,第146页。
② 参见[西]庞迪我著,叶农整理:《耶稣会士庞迪我著述集》,广东人民出版社,2019年,第33—40页。

与材料,故一出即大受欢迎,成为明清之际西学汉籍中流传最广者之一。

与庞迪我类似,殷铎泽也敏锐地发现在谦德问题上中西文化的相通之处,故不惜笔墨详细解说。对于谦卦卦名的含义,其解释为"心灵的仁慈、谦虚和谦逊",并称此卦"虽然它比其他卦更谦虚,却最为中国人称赞,并且被认为预示着幸福"(页66)。这可能是因为六十四卦中别的卦都有悔吝凶咎,单单谦卦下三爻皆吉,上三爻皆利,总之是为了强调谦卦是六十四卦中的典型代表。继而其列出谦卦的卦象,并加以解说:

> 下卦由三个爻组成,两阴一阳,称作"艮",意思是山。山原本是崇高的象征,因此也是最高、最杰出的美德的象征。然而,这美德像山一样根植于大地之中,或者说谦卑之中,以至于深藏不露就像被埋葬了一样。上卦是三条阴爻,意思是大地,也与特殊的美德谦卑相关,以至于成为它自己的卦象和象征。埋葬在最卑微最不起眼的地方,大地蕴藏着丰富的资源和最珍贵的东西,虽然它将它们聚集在一些不起眼的地方。通过运作和美丽而有益的果实,大地将其力量和美德延伸到整个人类之中。(页70—71)

谦卦上卦坤为地,下卦艮为山,对此殷铎泽的理解并无问题。但其认为如山般的崇高根植于大地的谦卑中,并刻意强调谦卑作为特殊的美德,则有所发挥。在接下来的翻译中,其也始终反复强调谦虚是一种重要的美德。如其将卦辞"谦,亨,君子有终"解释成"谦虚是虚怀宽广的德行。君子即使在一开始深藏不露,最终还是会获得成功,取得成就",以"亨"为"虚怀宽广的德行",下文《象传》又进一步谓"其实质(或说此二字力量和含义)是谦卑、虚怀、宽广"(页72)。"亨"字朱子释为亨通。殷铎泽自言其对《易经》的译介参考了"张阁老"(即张居正)的注释,今法国国家图书馆藏有清顺治刻本《〈易经〉直解》(馆藏号 Chinois 2665),题"江陵张泰岳先生订正"[①],也只说"亨是目前得人乐从","以之待人,而莫不乐吾可亲;以之接物,而莫不乐吾易就。行无不通,施无不利,其亨何如"

---

① 本文所引用的《〈易经〉直解》皆出自此版。为求简洁,以下仅随文注出卷册页码。

（卷三，下同），乃从亨通之义引申，没有虚怀宽广之德之意。又如其释《大象传》"君子以裒多益寡，称物平施"云：

> 首先，通过抑制和控制自己心灵的膨胀而战胜自我；其次，通过抑制自身过度的、出自成功和成就的自大和傲慢而战胜他人。恰恰相反，如果能够认真地补足并增加那些他知道的自己或别人身上所缺乏的东西，进一步，如果能在更大的范围内衡量一切——他自己和他人的成就，那么他会公平地将属于他的一切归于每个人，他将会调整自己以适应每个人，他会小心地鼓励那些谦卑的人，最后，更更重要的是，他会以自己的道德劝慰贬低那些傲慢的人。他将使一切变得平等，并且能非常成功地管理事务。（页73—74）

这一段解说主要是从个人道德修养的角度来阐发谦德的内涵。相比之下，程子谓"以施于事，则裒取多者，增益寡者，称物之多寡以均其施与，使得其平也"①，乃是从君子治世的角度而言，并非讲修德。朱子释为"称物之宜而平其施，损高增卑以趣于平"②，也比较偏向于外在的事功。前引《〈易经〉直解》谓：

> 这《大象》是言处人己而各适其宜，亦能谦之道。裒是减损的意思，多是过于自傲。益是加，寡是歉。物即事，平施是处人己之间，无过不及的弊。孔子说，以卑蕴高，谦之象。君子体之，以为人己之间，本有当然的法则。惟视己的心恒多，视人的心恒寡，是以物我所施，不得其平。故必多者裒之，而凡视有余，而为上人之心者，使之日损焉。寡者益之，而凡视人不足，以为下人之心者，使之日益焉。裒多益寡，这等正所以称物的宜，以平其施耳。盖视己贵犹人，多者既裒则施之，待己者得其宜，而上人的心，殆

---

① ［宋］程颐：《周易程氏传》，［宋］程颢、［宋］程颐著，王孝鱼点校：《二程集》，中华书局，2004年，第775页。
② ［宋］朱熹：《易本义》，《朱子全书》第1册，上海古籍出版社、安徽教育出版社，2002年，第109页。

损之以趋于平。视人贵犹己,寡者既益则施之,待物者得其宜,而下人的心,殆益之以趋于平。

其将"哀多益寡,称物平施"解为损其上人之心、益其下人之心,使心得其平,大约即是《中国哲学家孔夫子·序言》之所本,但也有发挥。如所谓抑制自己的骄傲膨胀,而达到战胜自我、战胜他人的目的之说,《〈易经〉直解》中就没有看到。总之,从各种角度阐发谦德的内涵,强调其重要性,可谓是《中国哲学家孔夫子·序言》翻译谦卦的主旨。

古罗马奥古斯丁在《上帝之城》中也有论证傲慢与谦卑之辩,其后西班牙传教士庞迪我的《七克》,于卷一《伏傲》明确提出"傲如狮猛,以谦伏之",将"谦"解释为"自居贱,自居下",并引录了多条西人语录与事迹以详细解说①。《七克》的重心就是要以七德克服七罪,第一个就是谦让克骄傲,可见庞迪我对谦虚的重视。其思路是将天主教克罪灵修中的"谦克傲"问题,以一种儒家道德修养的形式引入中文语境,有意无意地将其比附于中国的谦德。殷铎泽则反向而行,通过强调谦卦是《易经》中最重要的一卦,并对其进行详细解说,有意无意地将其比附于天主教的"谦卑"观念。这种做法可以给西方读者造成一种印象,即《易经》与天主教有共通之处,而这种共通是基于"中国古代人对上帝有了正确的认识""古代儒家来源于《圣经》"②。尽管殷铎泽"克制自己不用神学观念涵盖原文,而只限定于伦理学层面"③,但还是能看出其借翻译谦卦而为自己的"合儒"传教策略辩护的用意。

总的来说,书中耶稣会士对"谦"卦的理解,基本持肯定态度,且肯定的内容基本近似于天主教"谦卑"的美德或称"谦德"的观念,这一方面体现了他们在中国便于传教的目的,另一方面也体现了传教士想要在欧洲传播中国文化,必须

---

① 参见[西]庞迪我著,叶农整理:《耶稣会士庞迪我著述集》,广东人民出版社,2019年,第33—40页。
② [法]梅谦立:《中文版序言二》,[比]柏应理著,汪聂才、齐飞智等译:《中国哲学家孔夫子》第一卷《前言》,大象出版社,2021年,第16、18页。
③ [法]梅谦立著,陈岗译:《〈易经〉在西方的第一次介绍和翻译》,《国际汉学》第二十辑,大象出版社,2010年,第86页。

有选择性地使用中文材料,且夹带一些西方熟悉的语言和意象方便欧洲读者理解。他们在《中国哲学家孔夫子·序言》中展示了儒家基于道德理性对《易经》的诠释,基本还是恰当的。但他们也表达了对《易经》的担忧,"如果要从所有教训和第一批诠释者们当中发现什么,就会让人想起一些占卜和预言"(页77),他们认识到因为《易经》语言晦涩、神秘莫测,所以很容易被用作占卜之书。而且由于他们对宋明理学的偏见,在向西方介绍中国《易》学时,表现出强烈排斥宋明儒学诠释的态度,"他们认为这完全扭曲了《易经》的原来意思,把儒家思想导向错误(物质主义、无神论、泛神论)"①。但他们在实际译介《易》学材料时又参考带有理学色彩的中文文本,有时还借用理学家的《易》学观点,这更加说明他们对宋明理学的理解不深。或许是他们对《易》学及宋明理学的理解有限,其对《易经》的介绍和研究仍有表面浅陋之处。不过这些更多属于传教士受时代以及传教立场所限,不得不这样做,但瑕不掩瑜,这毕竟是正式出版的西文文献中首次详细介绍《易经》,传教士对《易经》的翻译诠释在中西跨文化交流中不失为一次大胆的尝试。

四、《中国哲学家孔夫子》译介《周易》的特点和影响

大航海时代以来,来到中国的西方人在百余年的时间内,对《周易》的认识,经历了一个从无到有、从少到多的过程。经过几代人的积累,最终在《中国哲学家孔夫子》中,首次实现了对《周易》较为详尽的译介。其特点在于:第一,《中国哲学家孔夫子》是以拉丁文写成的在欧洲正式出版的著作,且1687年即已出版。相比之下,一些以研究《周易》著称的早期西方学者,如白晋(Joachim Bouvet,1656—1730)、傅圣泽(Jean-François Foucquet,1665—1741)等,虽然其研究更加深入,但时代要晚于《中国哲学家孔夫子》,且著述多为长期未出版的手稿,影响力相对较小。第二,在同时期出版的介绍中国的西文著作中,《中

---

① [法]梅谦立著,陈岗译:《〈易经〉在西方的第一次介绍和翻译》,《国际汉学》第二十辑,大象出版社,2010年,第86页。

国哲学家孔夫子》也是对《周易》介绍较多者。一个可与之比较的例子是,1640年来华的葡萄牙耶稣会士安文思(Gabriel de Magalhães,1609—1677),约在1668—1670年间,以葡文写成《中国十二绝》,1688年在巴黎出版时改名为《中国新志》,出版时间比《中国哲学家孔夫子》仅晚一年。其中也谈到《周易》,但将其排在五经的第五位,只有简短的一段介绍:"第五部书叫作《易经》(Ye Kim),据认为它比其余的书更古老,因为中国人认为这是他们的第一位帝王伏羲撰写的。这部书确实值得一读并应受重视,因为它包含警句和道德格言。我认为这部书记录的良好箴言是伏羲帝撰写的,但其余部分则是另一些人以这位著名帝王之名义,来表达自己的观点所增添的。……中国人对这部书格外尊崇,把它视为世上最深刻、最博学和神秘的书,基于同样的理由,他们认为它几乎不可理解,而外国人不应读它或接触它。"①比较之下,《中国哲学家孔夫子》的《周易》译介,内容显然更加丰富。故《中国新志》出版时添加的注释,也特别说明了《周易》部分"可详细参看新近出版的《孔夫子》书的前言"②。

《中国哲学家孔夫子》对《易经》的译介,在欧洲汉学界引起了广泛而深远的影响。比如德国哲学家莱布尼茨(Gottfried Wilhelm Leibniz,1646—1716)对该书所载易图进行了较为仔细的研究,约在1703年致白晋的一封信中,其"提到《中国哲学家孔夫子》中的图像(即《后天次序》)与白晋寄给他的《易经》图像有差异"③。再如德国汉学家巴耶尔(T.S. Bayer,1694—1738)也深受《中国哲学家孔夫子》中《易》学材料的影响,"热衷于系统的巴耶尔更倾向于认为八卦是汉字的摇篮,完整的和断开的线的组合代表了某种系统。巴耶尔说我们应该首先来看备受景仰的著作《易经》里的六十四卦图,这些卦图出现在《中国哲学家孔夫子》一书里"④。巴耶尔在研究汉字时,曾认为八卦是汉字的摇篮,并认为《易经》描述的组合系统与汉字起源有关,另外也关注到了上述白晋和莱布尼茨

---

① [葡]安文思等著,何高济译:《中国新史(外两种)》,大象出版社,2016年,第69页。
② [葡]安文思等著,何高济译:《中国新史(外两种)》,大象出版社,2016年,第70页。
③ [美]孟德卫著,陈怡译:《奇异的国度:耶稣会适应政策及汉学的起源》,大象出版社,2010年,第315页。
④ [丹]龙伯格著,王丽虹译:《汉学先驱巴耶尔》,大象出版社,2017年,第111页。

讨论的《易经》与二进制的关系,还将之更细化为八卦图与二进制的关系①。1735年,杜赫德(Jean-Baptiste Du Halde,1674—1743)主编的《中华帝国全志》出版,其中有一章专门讲《易经》的内容,所载的八卦与六十四卦图,以及对谦卦的详细解说,都能看出沿袭《中国哲学家孔夫子》的痕迹②。当然,其也添加了河图洛书等一些新的内容,但《中国哲学家孔夫子》无疑是其介绍《易经》时重要的资料来源之一。

本书出版之后,一方面有上述直接受其影响的汉学家,另一方面还有一批没有按照《中国哲学家孔夫子》的译介道路,而是选择了另一条道路的索隐派传教士。他们开始以自己的思路诠释《易经》,主要是白晋、马若瑟(Joseph de Prémare,1666—1736)、傅圣泽等人。起初传教士只是因为重视《易经》对传教的作用而开始学习,到法国传教士白晋时继续开展对《易经》的研究和诠释,向西方介绍《易》学。在此过程中以白晋为首的索隐派创造出一种将儒家经典和《圣经》相互印证的方法,特点是用解读隐喻的方法理解《易经》,认为中国人的先祖曾经是信仰天主教的,"基督因解救人类而成为谦卑的象征"③。他的《古今敬天鉴》《大易原意内篇》《易学外篇》等与《易经》相关的手稿作品多且分散,此处仅举几例"万物本于太极本于理而已。其理其太极,可为造物真主乎"④。"古云:太一含三,太极含三。是知万有之本原,必归于一三。"⑤"夫太极有二说,其一乃自始无先,超绝天地阴阳,至尊无上,全能浑乾坤,德备三才,无极而太极。万物真原是也。"⑥白晋用《圣经》里的"圣三一"(Trinity)即三位一体去

---

① 参见[丹]龙伯格著,王丽虹译:《汉学先驱巴耶尔》,大象出版社,2017年,第112—113、162—164页。
② 参见 Du Halde & Jean-Baptiste, *Description géographique, Historique, chronologique, politique et physique de l'empire de la Chine et de la Tartarie chinoise/vol. II* Paris:P.G. Lemercier,1735,pp.288-295.
③ 参见[比]柏应理著,汪聂才、齐飞智等译:《中国哲学家孔夫子》第一卷《前言》,大象出版社,2021年,第71页编者注。
④ [比]钟鸣旦、[荷]杜鼎克等:《法国国家图书馆明清天主教文献》第二十六册,台北利氏学社,2009年,第37页。
⑤ 黎子鹏编注:《清初耶稣会士白晋〈易经〉残稿选注》,台湾大学出版中心,2020年,第281页。
⑥ 黎子鹏编注:《清初耶稣会士白晋〈易经〉残稿选注》,台湾大学出版中心,2020年,第314—315页。

理解《易经》所讲的太极生成万物的过程,并认为"太极"就是基督宗教讲的"万物真原",努力寻求天主教在古代中国留下的痕迹,用他对《易经》的解读支撑《圣经》故事的可信度。白晋也在这一过程中形成自己的解释体系,开创索隐派解读《易经》的先声①。法国传教士马若瑟的《中国古籍中之基督宗教主要教义遗迹》《易经原旨探目录》《太极略说》等著作对《易经》、易图、太极等概念也有详细介绍,其中曾明确提到:"《易》之为书,文字之祖,义理之宗。《易》何止五经之源,其天地鬼神奥乎。《易》者,五经之本源。读经而不读《易》,如木之无本、水之无源也。"②马若瑟的《易》学研究方法源于白晋,但"更加倾向于通过对历史和文字的角度来论说《易经》先天、后天三易之旨"③,同时重视利用图像解读"太极"内涵,试图论证其中蕴含"三位一体"。另外傅圣泽也有《经义精要》《易经诸家详说》《中国经本于天》等译介著作,他的特点是通过对《易经》的诠释找出形而上的核心概念,进行中西思想对比,并引入了他个人感兴趣的道家思想来解读《易经》④。但索隐派译介《易经》的著作很长时间没有在欧洲出版,相比较而言,《中国哲学家孔夫子》要比索隐派译介《易经》的著作在欧洲的影响大。当然也不能完全割裂地看待二者的关系,像白晋也很难说没有看过《中国哲学

---

① 白晋《易》学相关研究请参见张西平:《白晋的易学象数研究及其与康熙帝的互动》,《宗教学研究》2023年第2期,第187—198页。张西平:《白晋〈易经〉象数研究的思路与贡献》,《贵州社会科学》2022年第1期,第19—29页。张西平:《传教士汉学家的中国经典外译研究》,《中国翻译》2015年第1期,第29—34页。张西平:《梵蒂冈图书馆藏白晋读〈易经〉文献初探》,《文献》2003年第3期,第17—30页。张西平:《莱布尼茨和白晋关于二进制与〈易经〉的讨论》,《中国哲学史》2020年第6期,第5—14页。张西平:《儒家思想西传欧洲的奠基性著作——〈中国哲学家孔子〉》,《中国哲学史》2016年第4期,第121—128页。张西平:《索隐派的代表人物白晋沉寂研究》,《甘肃社会科学》2022年第3期,第132—141页。张西平:《中西文化的一次对话:清初传教士与〈易经〉研究》,《历史研究》2006年第3期,第74—85页。

② Joseph de Prémare, *Selecta quaedam vestigia proecipuorum christianae religionis dogmatum ex antiquis sinarum libris eruta*, Bibliothèque nationale de France, département Manuscrits, Chinois - 9248, p5.

③ 陈欣雨:《易学四家论说——兼论耶〈易〉的兴起》,《宗教研究》,宗教文化出版社,2014年,第196页。

④ 傅圣泽《易》学相关研究请参见学者陈欣雨的论文,如陈欣雨:《傅圣泽易学思想研究——以梵蒂冈图书馆中文易学资料为参照》,《基督宗教研究》第十七辑,宗教文化出版社,2014年,第388—407页。陈欣雨:《论傅圣泽的"尊经重孔"思想——以〈傅先生辨析儒理〉一文为例》,《孔子研究》2016年第3期,第147—155页。陈欣雨:《"耶道对话"的新尝试——以傅圣泽〈据古经传考天象不均齐〉一文为参照》,《北京行政学院学报》2015年第4期,第124—128页。

家孔夫子》,索隐派与《中国哲学家孔夫子》之间的复杂关系有待后续研究的跟进。

目前所见,《中国哲学家孔夫子》是首次系统地介绍《易经》并尝试对卦爻辞进行分析的西文文献,其对《易经》的论述比较多,在西方产生了巨大的影响,起到了沟通桥梁的作用。又因其是正式出版物,比其他传教士涉及《易》学材料的手稿传播得更广泛,所以它具有鲜明的标志意义,并且对之后的传教士有关《易经》的写作影响深远。

The Translation and Introduction of *Book of Changes* in *Confucius the Philosopher of China*

Hei Yongjian

Abstract: Among the Western literature officially published in Europe in the 17th century, *Confucius the Philosopher of China* (*Confucius Sinarum Philosophus*) published in Paris in 1687 was the first to provide a relatively detailed translation and introduction of the *Book of Changes* (also *Zhouyi*, *Yijing*, or *I Ching*). The translation and introduction were mainly concentrated in the part written by the Italian missionary Prospero Intorcett in the "preface". The main contents included: a description of the generation of the Eight Trigrams (also Pagua or Pa-kua) and the Sixty-Four Hexagrams, the Eight Trigrams Generation Chart and the Inferior Trigrams Direction Chart, the introduction to the sequence, name, and hexagram name of the first 14 hexagrams from Qian to Da You, and a detailed analysis of the Qian hexagram from the perspective of Catholic "modesty." Prior to this, there were only a few Western works such as *The History of That Great and Renowned Monarchy of China* by Álvaro de Semedo and *A History of China in Ten Parts* (*Sinicae Historiae decas Primas*) by Martin Martini that had briefly described *I Ching*, and their detail and accuracy were unable to compare with *Confucius the Philosopher of China*. The translation and introduction of the *Book of Changes* in *Confucius the Philosopher of China* had a significant impact on European sinologists such as Gottlieb Siegfried Bayer and Jean Baptiste Du Halde.

Keywords: *Book of Changes*; *Confucius the Philosopher of China*; Prospero Intorcetta

理雅各英译"四书"引用汉唐注疏述论

曾晓莹①

摘　要：英国著名汉学家理雅各英译中国典籍讲究"学术型"翻译,将中国历代注疏与欧洲西方治学传统、基督教文化深度互文、融合,是探索中国典籍跨文化传播的一次重要尝试。本文以《中国经典》"四书"译本(第一、二卷)的研究性绪论和注释中的相关文本材料为研究对象,总结其引用汉唐注疏的具体情况,归纳其引用在形式上、偏好上及理解上呈现的特点。理氏能坚持"学术型"翻译策略,在译文注释中引用大量中国历代注疏,不仅是因袭传教士译经传统的结果,更得益于他对晚清及西方学术风气的借鉴。

关键词：理雅各；"四书"英译；汉唐注疏

---

① 曾晓莹,女,北京外国语大学国际中国文化研究院硕士研究生,研究方向为典籍英译。

19世纪英国著名汉学家、翻译家理雅各(James Legge，1815—1897)曾将儒家典籍"四书"翻译为英文，作为《中国经典》(*The Chinese Classics: with a Translation, Critical and Exegetical Notes Prolegomena, and Copious Indexes*)的第一、二卷本出版。理氏遵循"学术型"翻译(Scholarly Translation)，在译作的长篇绪论中多层次交代"四书"相关的历史背景，并在翻译文本下附大量详细的注释，这些注释多引自中国历代注疏，以把握原文内涵和义理，填充译文客观存在的文化缺失。这些引用又以朱熹(1130—1200)的注(以下或简称"朱注")为首选参考，但他并非一味地采用朱熹的观点，而是旁征博引，在部分注释中引用了汉唐注疏。其《大学》《中庸》译本的注释中多次出现了郑玄(127—200)注和孔颖达(574—648)疏，《孟子》译本则使用了赵岐(108—201)注，而《论语》译本的注释更是出现了何晏(190—249)、陈群(165—236)、王肃(195—256)等人的注解。

目前国内外学界对于理雅各生平经历、译本的翻译策略已有全面研究。相比之下，学界对这位汉学家"四书"译本的副文本——长篇绪论和注释关注较少，特别是对理雅各注释中引用的郑玄、孔颖达、孔安国(约前156—前74)等汉唐注家的呈现和分析也十分有限，少有学者以这些文本材料作专题研究。因此，本篇论文以《中国经典》"四书"译本中的研究性绪论和注释为研究对象，总结英国汉学家理雅各引用汉唐注疏的具体情况，归纳其引用特点，并深挖具体历史语境下理雅各英译"四书"引用大量汉唐注疏的原因，以进一步厘清理雅各对中国古代典籍和经学注疏的学术考据。

一、理雅各"四书"注释引用汉唐注疏概况

理雅各在《中国经典》第一卷列出本卷的参考书目("List of the Principal Works Which Have Been Consulted in the Preparation of This Volume")，罗列在首位中国参考书籍是《十三经注疏》，他对汉唐注疏家的引用主要来源于该系列的注疏。根据笔者对材料的统计、比对和分析，简单概括1861年版《中国经典》"四书"注释引汉唐注疏情况如下：

（一）《论语》译本引用汉唐注疏概况

因《论语集解》引用的汉唐注疏不止一两家，而是包括多位汉唐之间的注疏家，故理雅各所引用的古注大多未明确说明具体出处，而是以 the old interpreter/the older/the old commentator/the old explanation 等概括性的表述来表示。笔者将以上古注与《论语集解》原文注疏进行比对，以确认其引用的具体出处和注疏家，得出以下结论：理氏引用汉唐注疏共 127 处，含字词、句意、章旨、官职解释及名物考据、人物考订等方面的注解，所引汉唐注家包括何晏、孔安国、郑玄、马融、陈群、包咸、王肃，其中以何晏、孔安国、郑玄出现的频率最高，马融、陈群、王肃各有几处。另外，邢昺为《论语集解》所疏的《正义》亦能见于理氏《论语》译本，但据笔者考据，理雅各在其《论语》译本第十八章之前不能分清何晏注和邢昺疏，甚至有好几处将邢疏误作何注并放置于注释处，直至第十八章的译文注释才开始出现大量的邢昺疏。如《论语·颜渊篇》首章"一日克己复礼，天下归仁焉"一句，理雅各解释为：

> In Ho An, *kwei* is taken in the sense of "to return"—"the empire will return to perfect virtue", supposing the exemplifier to be a prince. （何晏解"归"为"返回"——"王国将回归完美的美德"，假设君子为君主。）①

《集解》仅有马融之注"一日犹见归，况终身乎"，并未出现何晏注，且根据比对，理雅各应是将邢疏"言人君若能一日行克己复礼，则天下皆归此仁德之君也"翻译以作解释，但并未在文中标注出自邢昺之疏。

（二）《大学》《中庸》译本引用汉唐注疏概况

《大学》《中庸》原属于《礼记》中的两篇，这两篇在汉唐时期并未像后世一般有如此高的地位，直到南宋时期被朱熹提至"四书"，才备受重视。《十三经注疏》中为《大学》《中庸》注疏的汉唐学者没有《论语》多，理雅各译本中出现的汉

---

① James Legge, *The Chinese Classics*. Vol. 1. At the Author's, Lane, Crawford & Co., Trubner & Co., 1861, p.115. 以下版本信息从略。

唐注疏家也仅有郑玄与孔颖达二人。东汉经学家郑玄遍注群经,为汉代经学的集大成者,曾注《礼记》;唐代经学家孔颖达的《礼记正义》是在郑玄注的基础上再作疏,坚持"注不驳疏,疏不破注"之解经原则,阐明和补充郑玄的注,两者注疏可谓一脉相承。

据统计,理雅各1861年版《大学》译本注释中出现郑康成(郑玄,字康成)名字(Ch'ing K'ang-shing)9处,孔颖达名字(K'ung Ying-tă)11处,合计20处;《中庸》译本注释中出现郑玄名字27处,孔颖达名字16处,合计43处。虽然郑玄、孔颖达在理雅各注释中出现的频率并无朱熹高,但其出现的次数相比于其他注家仍属较多。其中,理雅各有单独引用郑注或孔疏的情况:

例如,"自天子以至于庶人,壹是皆以修身为本"一句,理雅各在注释中只引了郑玄解释"壹是":

> 壹是 = 一切 "all". Ching Kang-shing, however, says:壹是,专行是也,壹是 means that they uniformly do this.(壹是 = 一切,然而郑康成曰:"壹是,专行是也","壹是"表示他们一律这么做。)①

另外,理氏也会同时引用郑注和孔疏,孔疏作为郑注的补充和说明,以供读者作进一步的参考。例如理氏注释"中和,天地位焉"中的"位"字:

> 郑玄解释为"正",即"得到纠正"。"天与地"在这里是指宇宙的本源力量。因此,孔颖达进一步解释道:"天和地将恢复到它们正确的位置,产生和结束的过程将按照它们的原则进行,这样万物便得到滋养和培育。"②

(三)《孟子》译本引用汉唐注疏概况

理氏《孟子》译本的参考书目基本上与《中国经典》第一卷的参考书目大致

---

① James Legge, *The Chinese Classics*. Vol. 1, p.223.
② James Legge, *The Chinese Classics*. Vol. 2. At the Author's, Lane, Crawford & Co., Trubner & Co., 1861, p.250.以下版本信息从略。

相同,首要参考书目亦为《十三经注疏》。阮刻版《十三经注疏》中《孟子》使用的是赵岐注、孙奭疏。汉疏中仅剩赵岐一家之注流传至今,理雅各也清楚该情况,因此该译本引用的汉代注疏家以东汉经学家赵岐(Chaou K'e)出现的频率最高:"我在本节的标题中使用了'承认'一词,因为与《论语》不一样的是,汉代学者们似乎在编撰或理解《孟子》文本中没有遇到困难。"①"由于四书已亡佚,我们所能够从古代注家那里查证到引用的《孟子》著作没有几句,因此最好的办法就是同意赵岐的解释。"②根据统计,1861 年版《中国经典》出现赵岐注共 89 处。

值得注意的是,理雅各在该译本的注释中仅有一处注释出现了孙奭(962—1033),对其进行了简单的介绍,并指出他对该句的解释与赵岐有异。但是在一些注释中也不乏出现 Paraphrast of Chaou K'e/Chaou K'e and his glossarist/The glossarist of Chaou K'e 等表述,根据笔者比对,这些注释引自孙奭。据笔者推测,应是理氏认为孙奭《孟子》疏是伪作,故不对其疏多加引用,或者不在文中明确引用孙奭:

> 很少有人质疑孙奭《孟子正义》的真实性,毫无疑问它确实是伪造的,但同时它也涵括了赵岐注的实质性内容,因为它包含了孟子和赵岐的思想。③

另外,该卷《中国经典》也首次出现东汉著名经学家、文字学家许慎的《说文解字》,用以解释汉语的单字释义,并明确指出该汉字的异体字:

> 古代字典《说文》将它与"鼓"的同一个词区分开来,说它由"攴"组成,而另一个是由"支"组成。此处不考虑形式上的差异。④

---

① James Legge, *The Chinese Classics*. Vol. 2, "Prolegomena," p.2.
② *Ibid*, p.10.
③ *Ibid*, p.8.
④ *Ibid*, p.27.

二、理雅各引用汉唐注疏的特点

在注释“四书”的过程中，理雅各会通过肯定或驳斥何晏、郑玄、赵岐、孔颖达等汉唐注疏家的说法，借以展开进一步的文本阐释。另外，他也会采取折中的方式，取舍、调和汉唐旧疏与朱熹的观点，以保留两者对文本解读的特色。在此分类的基础上，理氏引用汉唐注疏在形式上、偏好上及理解上呈现出不同的特点。

（一）经注合编以强化译本权威性

理雅各在《中国经典》的编辑、排版上仿照了中国传统注疏的排列方式，版面的上方为汉语竖排繁体的原文，与中国传统注疏中的“章句”和“眉批”相似。版面中间是中国典籍的英文译文，译文下是大量的英文注释。他对“四书”具体章节的划分也受到中国传统注疏中“章句”的影响，分章大致与朱熹《四书章句集注》相同，在某些章节的分章上亦参考了汉唐注疏。可见，理雅各在出版《中国经典》的过程中，有意在文字分布的形式和诠释的体例上模仿中国传统古典文献，使其更接近于儒家经典的版式，便于中国士人更好地接受和阅读文本内容。

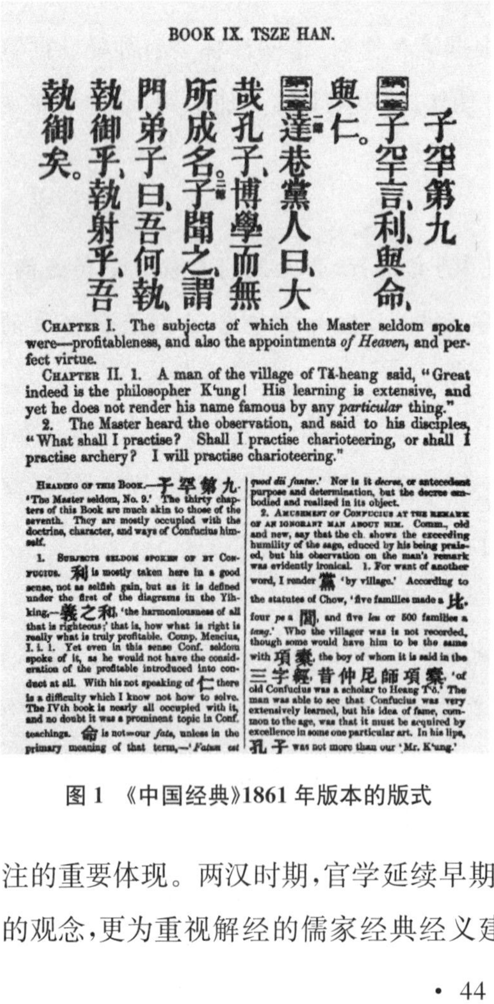

BOOK IX. TSZE HAN.

子罕第九

子罕言、利、與命、與仁。

達巷黨人曰、大哉孔子、博學而無所成名。子聞之、謂門弟子曰、吾何執、執御乎、執射乎、吾執御矣。

CHAPTER I. The subjects of which the Master seldom spoke were—profitableness, and also the appointments *of Heaven*, and perfect virtue.

CHAPTER II. 1. A man of the village of Tă-heang said, "Great indeed is the philosopher K'ung! His learning is extensive, and yet he does not render his name famous by any *particular* thing."

2. The Master heard the observation, and said to his disciples, "What shall I practise? Shall I practise charioteering, or shall I practise archery? I will practise charioteering."

HEADING OF THIS BOOK.—子罕第九. 'The Master seldom, No. 9.' The thirty chapters of this Book are much akin to those of the seventh. They are mostly occupied with the doctrine, character, and ways of Confucius himself.

1. SUBJECTS SELDOM SPOKEN OF BY CONFUCIUS. 利 is mostly taken here in a good sense, not as selfish gain, but as it is defined under the first of the diagrams in the Yih-king,—義之和, 'the harmoniousness of all that is righteous;' that is, how what is right is really what is truly profitable. Comp. Mencius, I. i. 1. Yet even in this sense Conf. seldom spoke of it, as he would not have the consideration of the profitable introduced into conduct at all. With his not speaking of 仁 there is a difficulty which I know not how to solve. The IVth book is nearly all occupied with it, and no doubt it was a prominent topic in Conf. teachings. 命 is not our *fate*, unless in the primary meaning of that term,—'*Fatum est quod dii fantur.*' Nor is it *decree*, or antecedent purpose and determination, but the decree embodied and realized in its object.

2. AMUSEMENT OF CONFUCIUS AT THE REMARK OF AN IGNORANT MAN ABOUT HIM. Comm., old and new, say that the ch. shows the exceeding humility of the sage, educed by his being praised, but his observation on the man's remark was evidently ironical. 1. For want of another word, I render 黨 'by village.' According to the statutes of Chow, 'five families made a 比, four *pe* a 閭, and five *leu* or 500 families a *tang*.' Who the villager was is not recorded, though some would have him to be the same with 項橐, the boy of whom it is said in the 三字經, 昔仲尼師項橐, 'of old Confucius was a scholar to Heang T'ŏ.' The man was able to see that Confucius was very extensively learned, but his idea of fame, common to the age, was that it must be acquired by excellence in some one particular art. In his lips, 孔子 was not more than our 'Mr. K'ung.'

图 1 《中国经典》1861 年版本的版式

除了版本上的相似，理雅各引用不同的中国注疏也是其跨文化经注的重要体现。两汉时期，官学延续早期孔子注经所持“述而不作，信而好古”的观念，更为重视解经的儒家经典经义建构传统，出现“训诂”“笺注”等作品。

汉唐时期又在此基础上形成了更为深厚的注疏传统,清代阮元的《十三经注疏》更是传统注疏的集大成者。因此,中国历代经学家素有解释儒家经典的传统,"诂训传"等注疏实践是将儒家经典化的重要学术范式。而理雅各解经的形式包括解释章旨、训诂字词、考释名物、阐发义理,这与中国传统"训诂传"相类似。

另外,《中国经典》的注释虽为英文,但理雅各在其中引述和英译了大量中国历朝历代的"四书"注家,并将所引用的古代注疏文本进行剪裁、连缀,附以自己的看法和评论,这与中国注经传统有极大的相似处。理雅各在注释中重点引用的《论语》之何晏注以及陈群、王肃一众注家,《大学》《中庸》之郑玄注、孔颖达疏,《孟子》之赵岐注,皆与传统《十三经注疏》的注家不谋而合。他这一随经出注、随文而释的模式也与中国典型的传统注疏"述而不作""疏不破注"的模式极为相似。因此,理雅各吸收汉唐注疏传统,在译本注释中注入除朱注以外的中国历代注解,在形式上做到经注合编,是模仿、继承中国传统注疏体式,并将该话语体系内化为己所用的一种表现。这种带有中国经典诠释话语特征的形式或可强化其"四书"译本的权威性、严肃性和准确性,不仅可以提高西方传教士群体对其译本的重视程度,强调在华传教学习儒家经典的重要性,也可获得中国士大夫及精英阶级的关注,进一步接受和认可传教士的汉学研究。

(二)所引注疏与汉宋学解经方向契合

汉代经学尤其是东汉古文经学派强调对经书文字、人事地物、礼制的训诂,并在训释中引入历史史实和礼仪制度;隋唐的义疏之学与汉代一脉相承,在治经方法上也采用广搜群书、补充旧注、究明原委的方式,重视章句解释,解经介于义理与训诂之间。而以朱熹为代表的宋学不仅注重注释经文,还阐释文本内外的义理之学,将儒家经学作为阐释学说、思想的义理工具。

根据上述章节的数据统计和分析,理雅各"四书"译本注释所引用的汉唐注疏以字词上的解释为主,不仅有不少人物介绍、名物释义、官职解释、句意解释和章旨解释等例子出现,还有多例引用后汉注家的章句训诂。因此,理氏注意到了汉注在汉字解释上的优势,他对汉唐注疏的选择和使用也与汉唐注疏的解经方向相契合。具体至理雅各所引的每则汉唐注疏,他对汉唐古注大多持肯定态度;即使不赞同部分汉唐注疏的观点,他也会详细地分析其不赞同的理由。

以《大学》《中庸》译本下的注释为例，汉学大师郑玄对两部经典的注较为简短，因此理雅各会在郑玄没有阐释清楚的段落加以自己的理解和补充说明。孔疏承接郑注，在郑注后加之义理上的进一步阐释，解释的段落则大多烦冗复杂，理氏即便不赞同也会将整段孔疏翻译出来，以供读者参考。

而从整体来看，理雅各引用中国历代注疏以宋学大家朱熹的注为首要阐释材料，以汉唐注疏作为次要补充。在引用数量上，理氏引汉唐注疏仅次于朱注，远超于清代或与理雅各同时代的中国注家。他所引的字词解释以汉唐注疏为主，义理阐释则多以朱熹为主，符合汉宋两家的治学特点。在具体的中国注疏经典材料的选择上，他对于汉唐注学家作注而朱熹未注的情况，便引汉唐注疏以解释文本；在汉唐注家与朱熹一并作注的经文解释中，理雅各又将汉唐古注与朱注一同译为英文放入注释，互相补充说明，多角度解释经文。

理雅各充分把握了中国经学传统上汉宋学解经的主要特点，并加以采纳。由此可见，理氏本着"学术型"翻译的研究取向和实事求是的原则，不仅只是以朱注解释为首要参考，也多处肯定了汉唐注疏的解经价值。他十分重视、尊重汉唐注家对经典文本的解释，并尽量为读者呈现他所能搜集到的详尽材料，交由读者做进一步的理解和判断。而他在翻译、理解、注释中国经典的过程中融合了许多中国历代注疏家的研究结果，亦体现出他在中国经典注疏文献、中国经学史研究上的深厚功力。

（三）引用汉唐注疏解释宗教核心概念

理雅各之"传教士"身份使其带着传教、宣教的研究目的引用汉唐注疏，在译经过程中需要灵活随机地假借汉唐注疏以表明自身立场，甚至是在翻译活动和行为中做出某些理解上的妥协或让步。这一部分的跨文化互动主要体现在基督教观念的解释上，"四书"文本中出现了不少"神""上帝""天命"等观念，虽然这些观念在原来的中文语境中并不带有明显的宗教色彩，但对于传教士理雅各而言，他在翻译过程中需要审慎对待这些概念和解释其背后的含义，一方面将其利用于自身宣扬基督教的目的之中，另一方面又要适应中国文化传统下的话语体系。值得关注的是，理雅各在部分核心概念的英译和注释中更倾向于选用汉唐注疏，而非朱熹的解释。

例如,在翻译《大学》引用《诗经》的"殷之未丧师,克配上帝"时,他对于"克配上帝"的解释分别引用了朱熹、郑玄、罗仲藩三人的说法,最后表示郑玄的说法是正确的:

>朱熹认为:"他们是皇帝的君主,与(前面的)上帝相对。"郑玄说:"在他们失去人民之前,由于他们的美德,他们也能够出现在天堂之前;也就是说,上天接受了他们的牺牲。"罗仲藩解释为:"他们与上帝和谐,即爱人民。"我认为郑玄的解释是正确的。①

三人的说法差异在于:朱熹认为"克配上帝"是君主面对上帝,与之有联系;郑玄注"未失其民之时,德亦有能配天者,谓天享其祭祀也",即君主德行能与上帝相配,上帝接受其贡献的祭祀;受过洗礼的基督徒罗仲藩则认为是君主与上帝一般爱着人民,这种说法就偏向于基督教的解释。但在这种情况下,理雅各仍选择了郑玄的解释,并将"克配上帝"翻译为"they could appear before God"(他们可以出现在上帝前)。据笔者推测,理雅各此举一方面是基于"学术型"翻译和实证主义治学的态度,在翻译过程中尽量讲究言必有据,于是便根据上下文的解释采用了与原文句意更为匹配的郑注;另一方面,直接引用基督教徒的解释、使用带有基督教教义的表述会引起中国士大夫的反感,引来不必要的争端,而中国传统注家郑玄在此句的阐释又比朱熹更为深入,因此不失为理氏翻译借鉴的好对象。

又如,《论语·季氏篇》第八章有"君子有三畏:畏天命,畏大人,畏圣人之言",理雅各在该章注释下引用朱熹对"天命"的解释:"根据朱熹的说法,'天命'代表着上天赋予人的道德本性。在其他生物的天性之上,它肩负着珍爱和栽培的重任。"②该引用对应朱注原文为"天命者,天所赋之正理也",是为上天赋予人性之道德本性,因为人之所以为人的主体性正是在于"知天命",这应是人成为有德行的君子的先决条件。显然,彼时的理雅各还不太认可朱熹这一形而上

---

① James Legge, *The Chinese Classics*. Vol. 1, p.240.
② James Legge, *The Chinese Classics*. Vol. 1, p.177.

的观念,因为根据基督教的原罪论,人的自由意志中是存在恶的缺陷的,而这一缺陷是需要通过信仰上帝这一外部动力去加以改正。

故在此句之后他便引旧注解释该句的"天命"和"大人",阐释句意,表示赞同,并在翻译中予以采纳。根据《论语集解》中相关对应的条目可知,理雅各该句注释实际上是直接翻译旧注的"顺吉逆凶,天之命也。大人,即圣人,与天地合其德",在此章汉唐旧注的解释明显与理氏的宗教观念更为相近:

> 旧注用这个短语以表示天堂对道德管理的奖励和惩罚。"伟人"是地位崇高、有智慧、有美德的人,是皇家的导师,他们是上天培养出来的,为训练和统治人类而培养的。其他注家也是这么理解的。①

综上,理雅各解释"四书"中与基督教相似的特定字词和与教义冲突的儒家核心观念时,会有选择性地调和朱熹注、汉唐古注以及清代学者注,从中选取最有利于在中国文化语境下阐发基督教义理的解释,以证实基督教和中国经学注疏传统的相关性。另外,因程朱理学在义理上的阐发更为深入和具体,理氏在特定字词的注释中会有意模糊朱熹的阐释,而选用更为简单、注重字义阐发的汉唐注疏,以减少宗教义理解释上的冲突。

三、理氏引用中国历代注疏的原因

相对于注重字词、章句训诂的汉唐注疏,以朱熹为代表的宋学在解经上不囿于先儒的注疏,甚至推翻了先儒的见解,更重视义理的阐发。那么是什么缘由促使理雅各的注释形成了以朱熹为主、兼采多家的特点?因此,需深入考察理雅各译经所处的历史社会背景和个人际遇,以分析其引用中国历代注疏之缘由。

(一)明清传教士:重视朱熹,忽视汉儒

17世纪末,耶稣会传教士以朱熹《四书章句集注》作为中文材料学习语言②,

---

① James Legge, *The Chinese Classics*. Vol. 1, p.177.
② [法]梅谦立:《耶稣会士与儒家经典:翻译者,抑或叛逆者?》,《现代哲学》2014年第6期,第68页。

他们翻译成拉丁文的《中国哲学家孔夫子》(*Confucius Sinarum Philosophus*,1687)以张居正(1525—1582)的《四书直解》为底本,以朱熹《四书章句集注》为补充,多处翻译参考了朱注,版本和标记上也与明朝《四书章句集注》符合①。到了 19 世纪,马士曼(Joshua Marshman,1768—1837)、马礼逊(Robert Morrison,1782—1834)、柯大卫(David Collie,1791—1828)等新教传教士来华参与儒学典籍西译的活动,一方面延续了拉丁语译本参照朱熹的译经传统,另一方面由于适应政策的调整而变得更为接受程朱理学,多处注释更是直接翻译朱本,在疑难字词的理解上也与朱注相同。

由此可见,来华传教士,尤其是新教传教士在英译"四书"的过程中素有重视宋儒而选择性地忽视汉儒的传统。究其原因,其一,可能是朱子学说自元代以来被奉为官方哲学,流行的"四书"版本大都已采用朱熹改动后的新编章句与解释。来华新教传教士受中国官方学术传统之影响,多以朱熹的阐释为参考标准。加之可供他们参考的典籍译本、英文书籍材料有限,便延续早期耶稣会传教士译本对朱熹阐释的借鉴。其二,可能是汉儒的文字更为古奥难解,而当时的传教士汉学功底还不够扎实,难以掌握古文精炼语言背后的深刻含义,因此也未能准确把握汉唐注疏的解经方式。加之孔安国、郑玄、何晏等汉儒多重汉字字形、音韵的训诂,甚至在注疏中引经据典训释字词,这对于对中国传统文化理解不够深入的传教士来讲更是难上加难。其三,汉唐注疏多重字词解释,而朱熹重视对"四书"经典义理的阐发,对一些形而上的概念也有较为系统的讨论,如此便使传教士更有借鉴和发挥的空间,更有利于融入基督教的神学观念和哲学论证体系,以达到传教的目的。

在 1861 年版《中国经典》第一卷绪论第六章《参考书目》中,理雅各首要列出的翻译著作便是拉丁语译本的《中国哲学家孔夫子》、马士曼和柯大卫的英译本,足以可见他是认可且借鉴了耶稣会传教士及其新教传教士前辈的,其译文注释多处引用朱熹注,是延续了明清传教士以来重视朱注的传统。但他相较前人翻译儒经的创新之处就在于,他的翻译没有仅局限于朱注或早期传教士的翻

---

① [法]梅谦立:《耶稣会士与儒家经典:翻译者,抑或叛逆者?》,《现代哲学》2014 年第 6 期,第 68 页。

译。在《中国经典》第一卷1861年版的前言中,理雅各就以第三人称的"著者"身份回顾了译经的过程,强调他没有追随朱熹或任何权威,并且只在自己翻译完成后才去参考其他翻译作品。

此外,理雅各对于汉代学术的认识和研究比明清传教士要深入,具体体现在他对于"四书"在汉代源流演变的历史性概述、汉唐相关注疏家及其著作的介绍等方面,以上可从其绪论学术研究部分找到支撑材料。例如,他专门设立一节("Formation of the Text of *The Analects* by the Scholars of the Han Dynasty")讨论了汉代学者在《论语》文本流传、形成过程中发挥的作用。同样,理雅各也颇为了解"四书"相关的汉代注疏家。在讨论与《论语》相关的注疏一节("Of Commentator upon *The Analects*"),他就罗列了不少曾评注《论语》的汉唐注疏家,逐一介绍他们的生平和代表作品,如包咸(前6—65)、孔安国、马融(79—166)、郑玄、陈群、王肃以及编撰《论语集解》的何晏等几位学者。另外,《中国经典》第二卷《孟子》译本的绪论也花了较长篇幅介绍东汉经学家赵岐的生平经历,甚至还剖析其注《孟子》的心路历程。

因此,理雅各一方面继承了明清以来传教士重视朱熹注《四书》的传统,另一方面又开辟了新的研究领域,在《中国经典》研究性绪论中花了大量的篇幅介绍与"四书"相关的汉唐经学传统,并未如其传教士前辈一般忽视汉唐学术体系下的注疏。相反,他不仅已经清晰地认识到汉代官方经典的重要性和权威性,还对此颇有研究兴趣和认识深度,这也为其后续在注释中使用大量汉唐注疏打下了坚实的学术基础。

(二)晚清学术风气:汉宋学调和兼采

清朝前中期,经学家认为朱熹等义理之学背离先秦儒学的真谛,便着手于语言、天文、地理等实证性研究,通过文字、音韵、训诂等手段阐释古代经典,回避对抽象义理的讨论。考据学至乾嘉年间发展完善,喜汉唐旧注,忌引用宋人的微言大义,成为学术研究的主流。但自嘉庆、道光之后,以汉儒经注为宗的乾嘉学派由极盛走向极衰,宋学又迎来短暂的复兴,学者已不拘束于汉宋学界限,甚至出现了两学派相调和的局面。到了19世纪五六十年代,乾嘉学派早已衰落,学术圈内不再各立门户,反而出现吸取两家所长,义理、考据皆予以采纳的风气,正好对应理雅各着手翻译"四书"、出版《中国经典》的时代,此时清代的学术风气亦可在《中国经典》第三卷的序言中得到印证。在该卷序言中,理雅各回顾了已出版的前两卷的"四书"翻译过程,并指出此时的学术风气:

> 第二,现在官方意识已大不同于宋代之前的官方意识了。即使是当今朝代,大多数最著名的学者和最高级的官员都毫不犹豫地提出并采用不同于官方意识的解释。①

那么置身于如此学术背景之下的理雅各对这种风气又是持何看法,在《中国经典》第一卷绪论学术讨论部分可以发现蛛丝马迹。在关于《论语》的论著("Commentaries upon *The Analects*")一节中,理雅各介绍了朱熹的《论语集注》,强调了朱熹在中国经学历史中地位之高,但也提及部分学者是如何质疑其正确性的:

> 没有什么能超越他(朱熹)文风的优雅和清晰,他对于中国文学的影响几乎是专制的。然而,现今朝代的学者似乎倾向于质疑他的观点和对经典解释的正确性,主要得益于毛奇龄(笔名为西河,1623—1716)。②

理雅各指出,清初学者毛奇龄便是其中一位坚定的反对者(Vehement Opponent)。毛奇龄的著作以批驳朱熹《四书章句集注》为宗旨,理雅各却还盛赞毛奇龄的"四书"研究著作,认为其在学术研究的地位与郑玄和朱熹不相上下(deserves to take rank with Ch'ing Heuen and Choo He at the head of Chinese scholars③)。

同样,理雅各在《〈大学〉的历史及排序上的不同》("History of the Text, and the Different Arrangements of It Which Have Been Proposed")一节也提

---

① James Legge, *The Chinese Classics*. Vol. 3. At the Author's, Lane, Crawford & Co., Trubner & Co., 1865, "Preface," p.7.以下版本信息从略。
② James Legge, *The Chinese Classics*. Vol. 1, "Prolegomena," p.20.
③ *Ibid*.

及了他所处的学术背景:

> 当今朝代有贬低朱熹成果的倾向,郑玄因其文本的完整性而得到了积极的维护,学界提倡他所采用的更简单的解经方法,而不是宋朝学者更为精致和巧妙的学说。①

虽然理雅各对当时学术背景的解释是为了介绍同时期的中国学者罗仲藩,该学者似乎也是朱熹的激烈反对者(He most vehemently impugns nearly every judgment of Choo He②),但从这段简短的描述中足可见理雅各所处时代的学术趋势,可与上一则材料相互印证:学者们倾向于贬低朱熹注,而支持郑玄注。可见,受晚清时期更为包容开放的学术风气影响,理雅各接触到了更多"四书"的中国注疏材料和观点,他一方面认可朱熹及其阐释在中国经学史上的地位,另一方面又欣赏一些批驳朱注的清朝学者。这也就可以解释为何他能批判性地吸纳材料中的观点,所作的注释不囿于朱熹一家之言,立场较为中立,注释的考证能做到具体问题具体分析。

(三)西方语文学背景:实证主义治学研究

自19世纪以来,自然科学在西方世界迅猛发展,人们奉行"科学至上"的原则,并将科学主义所强调的精确性引入其他学科和研究领域。因此,这一自然科学方法论及认识论亦渗透至人文科学研究,宗教学、历史学出现以文献考证作为研究重点的转向,19世纪欧洲由此兴起了客观主义史学和实证主义哲学思潮。客观主义史学以利奥波德·冯·兰克(Leopold Von Ranke,1795—1886)为代表,强调通过"外证"和"内证"的研究方法确定真伪以达到历史的客观性,其中"内证"即分析不同著者所著同一题材的史料,以确定史料的可信度。实证主义哲学思潮则以孔德(Auguste Comte,1798—1857)为代表,按照"实证"词义的要求审慎地考察自然界和人类社会,并以真实的事实为依据、保持价值中立的立场挖掘事物发展的规律。

---

① James Legge, *The Chinese Classics*. Vol. 1, "Prolegomena," p.25.
② *Ibid*, p.26.

在以上学术研究思潮的影响下,西方汉学研究的方法论有所创新,汉学研究也由传教士汉学逐渐转向专业汉学。法国专业汉学家雷慕沙(Abel Rémusat,1788—1832)翻译了大量中国典籍,并在研究过程中利用多语种文献综合地考察中国历史,如将满文本的《中庸》翻译为拉丁语,并附拉丁文、法文注释①。儒莲(Stanislas Julien,1797 或 1799—1873)师承雷慕沙,尤为重视版本校勘的实证考据,在《孟子》《道德经》的翻译中便使用了不同版本的文献进行校勘,其中也参考了多家中国注疏的内容。

这批法国汉学家虽从未踏足中国,但在客观主义史学和实证主义思潮的时代浪潮之下,严格且审慎地评估中国典籍文献的价值,在中国史料的发现与考释、典籍文本的整理与注释等领域有较大贡献,为后续专业汉学的学术研究与发展奠定了坚实的基础。理雅各不仅是接受了西方精英教育的汉学家,亦是传教士汉学过渡到专业汉学的关键人物。他与法国专业汉学家有所往来与互动,最突出的便是其与儒莲在中国经学及翻译上的交流。1875 年,理雅各荣获第一届儒莲汉籍国际翻译奖。他与儒莲关系匪浅,理氏应是较为认可法国实证主义汉学的治学传统的。

值得注意的是,实证主义风气影响下的实证考据倡导极度理性地分析文本,不依靠任何权威注疏来确定文本的含义,甚至此时的西方汉学家是"在'冷漠无情的文本研究'中从未利用过中文原文资料而自傲"②。因此,"这一直接有助于汉学研究尝试的技术方法更多来源于对古典学术成就和比较语文学习方法的吸收,很少来自于对中国注释传统的借鉴"③,该研究范式既与中国典籍注疏的研究方式无关系,也与理氏所遵从的中国传统学术方法有别。但笔者认为,理氏英译"四书"过程中仍受到法国专业汉学实证考据的影响,其研究借鉴主要体现在文献考古和语言考据两大方面:其一,欧洲实证主义治学风气强调

---

① 张西平:《20 世纪中国古代文化经典在域外的传播与影响研究导论》上册,大象出版社,2018 年,第 27 页。
② [美] 韩大伟著,程钢译:《传统与寻真——西方古典汉学史回顾》,《世界汉学》2005 年第 3 期,第 7 页。
③ [美] 韩大伟著,程钢译:《传统与寻真——西方古典汉学史回顾》,《世界汉学》2005 年第 3 期,第 7 页。

将文本放置于历史和文化原貌之中解释,通过大量翔实的考证以避免主观见解,做到言必有据,更为客观地还原文本内容。而理氏同样也在绪论中考古和爬梳了大量关于《论语》《大学》《中庸》《孟子》的作者、成书背景、相关注家以及传统文化的背景信息,以更全面、客观地理解"四书"。其二,正如前文所言,以儒莲为代表的法国专业汉学家强调"冷漠无情"的研究,拒绝在注释过程中使用权威注解,该理念同样也在《中国经典》中有所体现。理氏在英译"四书"的过程中没有完全遵从朱注,而是选择在注释中引入包括汉唐注疏在内的多家注,提供了多层次的参考视角,并将汉唐注疏重字词考据的特点与考据学的研究范式相结合,以补充朱注在语言考证上的缺失,打破了以往传教士译经独尊朱注的局面。

（四）译经助手王韬：学术取向不偏不倚

《中国经典》多卷本不只是理雅各一人的研究结晶,也是他与19世纪中期中国知识分子合作的结果。他早期的译经助手包括有：华人牧师何进善（1817—1871）、英华书院的学生黄胜（1824—1902）等人,这些中国人在理雅各收集资料、处理教会事务以及后期翻译校对、图书印刷出版上有所裨益。

在这些译经助手中,最具有代表性且在内容上对理雅各翻译《中国经典》有贡献的是中国近代知识分子王韬。王韬出生于江苏吴县破落地主家庭,自幼接受儒家经典训练,通读群经,曾中秀才。后因参与太平天国事务,王韬被李鸿章下令通缉,1863年流亡至香港。因之前曾帮助英国传教士麦都思（Walter Henry Medhurst，1796—1857）润色译著,他得以获得英国领事馆的保护,并被安排去辅助理雅各翻译《中国经典》。王韬为理雅各带来大量中国古代经典的诠释本,收集百家评注,这为理雅各解读文本、考据论证提供了巨大的帮助,两人时常讨论经义,在学术交往上关系密切：

> 著者也不会忘了要对苏州秀才王韬（Wang T'aou）所付出的劳动表示感激。这位学者在古典方面的学识远远胜过著者先前所认识的中国人。……他不仅提供了帮助,他还使许许多多辛苦的日子变得生气勃勃。①

---

① James Legge, *The Chinese Classics*. Vol. 3, "Preface," p.8. 翻译引自［英］理雅各著,沈建青、李敏辞译：《理雅各〈中国经典〉序言集》,《国际汉学》2013年第1期,第204页。

中国注疏流派纷呈,解释众多,王韬作为饱读中国儒家经典的一介儒生,在经典解释上却没有拘泥于旧说和时人的取向,反倒有自己的考量和见解:

> 在19世纪,对经典的解释有一些互不相同的重要学派。一向折衷的王韬决不拘执于任何一派。还是十几岁时,他就给一位朋友写道:"夫考据祖孔、郑,理学宗程、朱,两家自立门户。而学汉者伤胶固,师宋者病空疏,则又失之一偏。"①

可见,王韬对于解经历史上的学派之争采取折中的态度,而理雅各作为外国人,对中国文化的理解和认识毕竟有限,很可能潜移默化地接受了王韬的治学之法。当然,王韬1863年抵达香港时,《中国经典》第一、二卷早已于1861年出版,该版《论语》《大学》《中庸》《孟子》的翻译或与王韬并无多大关系,但王韬的学术取向难免对《中国经典》后续儒家经典的翻译与修订再版产生影响。

其次,王韬与理雅各交游二十余年,理应对理雅各译经风格及材料选择有较深的认识,因此从王韬对理雅各的评价亦可追溯理氏对待汉、宋之学的态度。王韬与理雅各的通信材料对于理氏的学术取向就有明确的印证,例如,王韬在《与英国理雅各学士》一文中高度赞扬:"(理雅各)执事学识高邃,经术湛深,每承讲论,皆有启发,于汉、唐、宋诸儒,皆能辨别其门径,抉择其瑕瑜。"②再如,写于1873年的《送西儒理雅各回国序》一文则凝练地概括了理雅各的"治学"方法:

> 然此特通西学于中国,而未及以中国经籍之精微通之于西国也。先生独不惮其难,注全力于十三经,贯串考核,讨流溯源,别具见解,不随凡俗。其言经也,不主一家,不专一说,博采旁涉,务极其通,大抵取材于孔、郑而

---

① [美]柯义著,雷颐、罗检秋译:《在传统与现代性之间——王韬与晚清改革》,江苏人民出版社,1998年,第58页。
② 海青编:《王韬卷》,中国人民大学出版社,2013年,第71—72页。

折中于程、朱,于汉、宋之学,两无偏袒,译有《四子书》《尚书》两种。①

在王韬与理雅各交往的通信中,他数次提到了理雅各对材料来源上的包容、选择的谨慎以及折中。同时,根据王韬所言,理雅各为了准确地诠释文意,避免主观化和偏颇,引用中国古代注疏典籍不仅限于宋学,还涉及汉唐的孔、郑之言,并在分析辨别中择取他所理解的解释,应用于其"学术型"典籍英译之中。

结　　语

在晚清向近代转型的时代背景之下,英国著名汉学家理雅各首次将中国传统经学史上占重要地位的汉唐注疏引入其"四书"译本中,在翻译活动中主动适应中国传统文化,将基督教文化和中国注疏深度互文、融合,这是探索中国典籍跨文化传播的一次重要尝试。本文将理雅各英译"四书"注释中所引汉唐注疏与中国传统注疏原文进行比对和辨读,分析了理雅各引用汉唐注疏在形式上、偏好上及理解上所呈现的特点。这些特点是否体现在理雅各《中国经典》其他典籍译本的注释中,还需要后续进一步的考察。而理氏能坚持"学术型"翻译策略,在译文注释中引用大量中国历代注疏,不仅是因袭传教士译经传统的结果,更得益于他对晚清及西方学术风气的借鉴。其英译"四书"引用汉唐注疏虽为个案研究,但由此个案可深刻反映出一位数百年前的汉学家是如何选择、调和浩如烟海的中国传统注疏材料,并为己所用,这不仅在跨文化传播上有借鉴意义,在中西宗教交流、文明互鉴方面亦有现实指导意义。

---

① [清]王韬:《弢园文录外编》,上海书店出版社,2002年,第181页。

Study on the Citation of Han and Tang Commentaries in James Legge's English Translation of the "Four Books"

Zeng Xiaoying

Abstract: James Legge, a renowned British sinologist, emphasized an "scholarly" approach in his translations of Chinese classics, integrating the Chinese tradition of commentaries from various dynasties with Western scholarly traditions and Christian cultural influences. This was an important attempt to explore the cross-cultural dissemination of Chinese classics. Focusing on the introductory research and annotations of the translated edition of the "Four Books" in Legge's work (Volumes 1 and 2), this study examines the specific instances of referencing Han and Tang commentaries and summarizes the characteristics observed in terms of citation format, preferences, and interpretation. Legge's adherence to an "scholarly" translation strategy, incorporating numerous commentaries from various periods of Chinese history in his translations and annotations, was not only influenced by the legacy of missionary translation of scriptures but also benefited from his knowledge of late Qing Dynasty and Western academic trends.

Keywords: James Legge; English Translation of the "Four Books"; Han and Tang Commentaries

朝鲜正祖御纂朱子文献叙录*

袁 成 张 旭①

摘 要：在朝鲜正祖的主导下，朝鲜半岛"尊朱"风气日益盛行，随之而来的是朱子文献进一步繁荣。朝鲜官修解题书目《群书标记》专门著录正祖御纂诸书，而《群书标记》著录的朱子文献达八种，足见正祖对于朱熹的推崇。正祖甚至打算另编《朱子全书》，可惜最终未能践行。《群书标记》著录的八种朱子文献中，六种尚存于世，两种或已散佚，今略作讨论。

关键词：朝鲜时代；正祖；朱熹；《群书标记》

---

* 本文为江苏高校哲学社会科学研究一般项目"目录学视域下汉文化在朝鲜的传播研究"（2024SJYB0700）阶段性成果。
① 袁成，1994年生，无锡职业技术学院基础课部讲师，研究方向为朝鲜汉学。张旭，1988年生，无锡职业技术学院基础课部讲师，研究方向为古典小说。

晚明小品流传到朝鲜以后,很多文人士大夫都竞相模仿。面对这样的潮流,朝鲜正祖李祘希望复兴正宗的文学与思想,以此重整文统和道统,今天的学者称之为"文体反正"运动。"尊朱"是"文体反正"运动的鲜明旗帜,而李祘对朱子的推崇带来的是朱子文献的繁荣。

作为朝鲜时代的官修解题书目,《群书标记》专门著录正祖御纂诸书①。如果翻阅《群书标记》,不难发现李祘御纂诸书其实有一定的导向性,其中小说、野史、笔记根本没有踪影,而朱子文献的数量却相当可观。李祘在后期曾对自己编辑的朱子文献进行回顾梳理:

> 予之平生,工夫在于一部朱书。予年二十时辑《朱书会选》,又与春桂坊抄定注解,又点写句读于《语类》。三十时编《朱子会统》,又证定故儒臣韩亿增所编朱书,又编《紫阳会英》及《朱书各体》。四十后编阅朱书者多,而近年又辑《朱书百选》。而昨年夏秋,取《朱子全书》及《大全》《语类》,节略句语,又成一书,名曰《朱子书节约》。近又留意于《朱子大全》及《语类》,与其外片言只字之出于夫子之手者,欲为集大成,编为一部全书。②

《朱书会选》应该指的是《朱子会选》,《朱书会统》应该指的是《朱子选统》,而《朱书各体》未见录于《群书标记》,其实际成书与否尚存疑问。李祘曾打算网罗各种朱子文献编为一部"全书",可能因为起意较晚,随着李祘去世,全书最终未能编成。

以专门辑录朱熹诗文为限,《群书标记》共著录有六种:《紫阳子会英》《朱子选统》《朱书百选》《朱子书节约》《朱子会选》《雅诵》。如果计入《两贤传心录》中的朱熹部分以及《五子手圈》中的朱熹部分,则共有八种。

---

① 关于《群书标记》的成书与版本可参见拙作:《〈群書標記〉의 성립과 판본에 대한 재고》,《洌上古典研究》第 80 辑,2023 年,第 413—438 页。本篇所引《群书标记》皆出自整理字活印本,以下不再出注。
② 《正祖实录》正祖二十二年(1798)四月十九日条。

此外,《群书标记》著录杜甫、陆游之合集有三种:《杜陆分韵》《二家全律》《杜陆千选》。李祘亲题《杜陆千选》卷首云:

> 夫子又尝曰:"光明正大,疏畅洞达,磊磊落落,无纤芥之可疑者,于唐得工部杜先生。"夫子,亚圣也,于人物臧否,一言重于九鼎,而其称道杜工部乃如此者,岂非读其诗而知其人也欤?如陆务观,与夫子同时,而夫子尚许之以和平粹美,有中原升平气象,则当今之时,等古之世,教其民而化其俗,舍杜陆奚以哉?①

此三种文献之辑纂与李祘"尊朱"不无关系,李祘对于杜甫、陆游的推崇有可能部分出于朱熹对二人的肯定。

本文以《群书标记》著录为范围,考察朝鲜正祖御纂朱子文献八种,其中六种尚存,两种已经散佚。

表1 《群书标记》著录朱子文献简表

书　名	成书时间	存　佚	主　要　版　本	材料来源
《朱子会选》	1774	存	奎章阁所藏写本	《朱子大全》
《两贤传心录》	1774	存	哲宗七年刊本	《朱子大全》
《紫阳子会英》	1775	存	东洋文库所藏写本	《朱子大全》(以书札为主)
《朱子选统》	1781	佚		《朱子大全》《朱子语类》
《朱书百选》	1794	存	丁酉活字本	《朱子大全》(专取书札)
《五子手圈》	1798	存	纯祖元年刊本	《朱子大全》

---

① [朝鲜]李祘:《弘斋全书》卷五六杂著三《题手编杜陆千选卷首》,《韩国文集丛刊》第263册,民族文化推进会,2001年,第372页。

续 表

书　名	成书时间	存　佚	主要版本	材料来源
《雅诵》	1799	存	壬辰活字本	《朱子大全》（专取诗歌）
《朱子书节约》	1800	佚		《朱子大全》《朱子语类》

一、《朱子会选》（存）

《群书标记》将之系于英祖五十年（1774），归于"命撰"，其著录曰：

> 《朱子会选》四十八卷，写本。自《朱子大全》之行于世，后儒瓒享谱承，各有钞辑。中州则鲁斋王柏之《紫阳书诗类》、锡山高攀龙之《朱子节要》是已。我东则先正李滉之《朱子书节要》、先正郑经世之《朱文酌海》、先正宋时烈之《节酌通编》是已。其去取详略，要皆有据，而若论参合诸选，备有体裁，可以嘉惠来学者，其必先数《通编》乎。然朱子于骚赋词操不事声格，而自中于身律声度之间，天然各臻其极，与三百篇相上下，而《通编》独阙焉。予在春邸，命宾客徐命膺选骚、赋、诗诸篇，冠之卷首。而《朱书节要》务主精约，故篇牍之遗漏可惜者，《酌海》复采入焉。今若一例混置于原集，无以见二先正取舍之意，别为补入于别集之下，名曰补编。至如《大全》外遗文逸编之散出杂书者，依朱子裒辑《程氏外书》之例，钞载若干编，以资博闻，名曰外编。盖此书规模序次之一从《大全》，所以存其本也。钞删之参互诸家，所以集其长也。书既成，总名之曰《朱子会选》。

《朱子大全》问世后，朝鲜学者亦有抄辑。起初，李滉（1501—1570）专取书札，辑成《朱子书节要》二十卷。其后，郑经世（1563—1633）扩大文种，辑成《朱文酌海》十六卷。再后，宋时烈（1607—1689）将二书合编成《节酌通编》三十六卷。在李祘眼中，"朱诗"的造诣可以比肩《诗经》，但这些辑本只收"朱文"不收"朱诗"，未免遗憾，于是令徐命膺(1716—1787)选辑“朱诗”。《朱子会选》正编部分的体例完全遵从《朱子大全》，各项文种完备；补编部分是李祘对于“朱书”的特殊处理，由于李滉、郑经世都曾对“朱书”有所取舍，出于对先贤的尊重，李祘将与二家选文重出者单独拎出；外编部分则是辑录《朱子大全》之外的朱熹诗文。

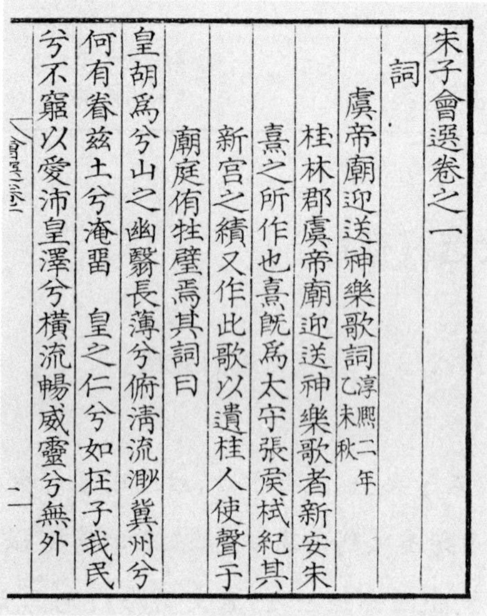
朱子會選卷之一
詞
虞帝廟迎送神樂歌詞淳熙二年乙未秋
桂林郡虞帝廟迎送神樂歌者新安朱
熹之所作也熹旣爲太守張侯栻紀其
新宫之績又作此歌以遺桂人使聲于
廟庭侑牲璧焉其詞曰
皇胡爲兮山之幽翳長薄兮俯淸流渺冀州兮
何有眷兹土兮淹留　皇之仁兮如在子我民
兮不窮以愛沛皇澤兮横流暢威靈兮無外

图1　《朱子会选》(奎章阁所藏写本)

今奎章阁存写本《朱子会选》四十八卷四十册(古贵 181.1346－Se61j)，四周单边，十行十八字，上白鱼尾，版心题“朱子会选卷×”，下记叶数，卷题“朱子会选卷之×”。书首有“晦庵先生小真”以及“诸家像赞”(陈亮、陈淳、陈宓、赵汝腾、王柏、吴澄、丘濬、杨四知)，次有《朱子会选篇目》以及《凡例》七则，每卷各自有目录。正编四十四卷，补编二卷，外编二卷，凡四十八卷。

二、《两贤传心录》(存)

《群书标记》将之系于英祖五十年(1774)，归于“御定”，其著录曰：

《两贤传心录》八卷，《附录》一卷，写本。我东之宋先正即宋之朱夫子也，大而秉执出处，小而言行动静，以见于两集者，比类参看，其有不合者几希。盖以本源之工，同造乎高明正大之域，则妙者用之，随时随处若合符契，亦必然之理。予在春邸，钞其两相照应者若干篇，合成一书，名曰《两贤传心录》。又以朱子行状、宋先正传为附录一卷，系之于下，庶使世之读此者，知先正之道有所受，而不敢肆其诽毁之论云。

“两贤”谓中国朱熹与朝鲜宋时烈，在李祘眼中，宋时烈乃朝鲜朱子，二者有跨越时空的相通之处。《两贤传心录》即选摘朱熹、宋时烈诗文汇编成册,前四卷为朱熹诗文,后四卷为宋时烈诗文,附录则为二贤传记。

今奎章阁仅存写本《附录》二卷一册(奎4162),封题却书作"两贤传心录全",四周双边,十行二十字,上下内向花鱼尾,卷题"两贤传心录附录卷×",卷一为朱熹行状,卷二为宋时烈传。《西序书目草本》载"《两贤传心录附录》一本",盖《群书标记》著录的"《附录》一卷"当是《附录》一册。又《西库书目》载"《两贤传心录》二件(一件四卷,一件一卷)",当指《两贤传心录》四册、《附录》一册,合五册。日本爱知大学图书馆存钞本《两贤传心录》八卷、《附录》二卷,合五册(简斋文库简集541),可能是原稿本。

既然《群书标记》将《两贤传心录》记为"写本",那么基本上可以确认正祖一朝未曾付梓。李祘即位后不止一次与朝臣谈及《两贤传心录》,君臣皆有意印颁。但李祘考虑到宋时烈"老论"党派领袖的身份,始终没有下教付梓。

今存《两贤传心录》刊本皆哲宗七年(1856)刊本,八卷四册,无附录,四周双边,十行二十字,上下内向花鱼尾,版心题卷数,下记叶数,卷题"两贤传心录卷×"。书末牌记云:"圣上七年丙辰孟夏新刊。"牌记既曰"新刊",哲宗朝刊本是否为重刊?《纯祖实录》明确记载纯祖朝曾刊印过《两贤传心录》:"命《两贤传心录》令芸馆开印,乃正宗朝抄出朱子书及先正臣宋时烈遗集御定汇编也。"矛盾的是,赵斗淳(1796—1870)所制《哲宗行状》却表示哲宗朝是第一次刊印《两贤传心录》:"正庙在春宫时,抄朱子、宋子书中出处时义问学之为一揆者,汇而编之曰《两贤传心录》,至是刊行,命道臣欣剞劂费。"《哲宗实录》记载儒生请刊《两贤传心录》,观哲宗批文似乎也不知前朝曾有刊本。从现存版本来看,笔者未见正祖朝或纯祖朝刊本。

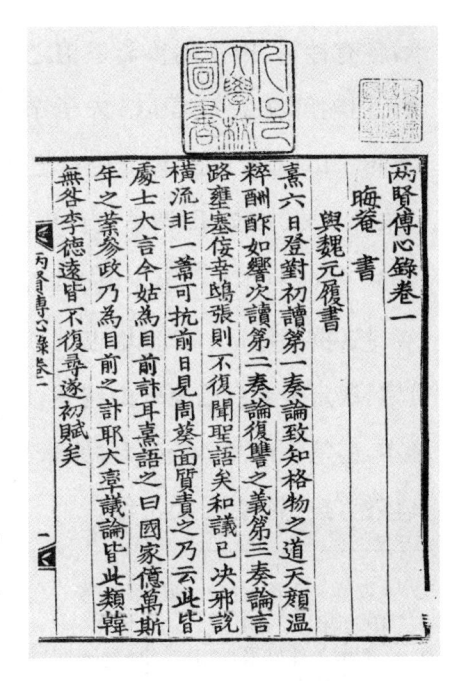

图2 《两贤传心录》(奎章阁所藏哲宗朝刊本)

三、《紫阳子会英》(存)

《群书标记》将之系于英祖五十一年(1775),归于"御定",其著录曰:

> 《紫阳子会英》三卷,写本。予于乙未读《朱子节要》,每读必几十遍,每讫一卷,必首尾绸绎,以竟一帙。既竟帙,又手钞之为三册。后见故牧使韩亿增所钞,吻然会心,舍宿构,取韩例。其目曰时事,曰问答,曰古事,曰儒先,曰学,曰敬,曰诚,曰戒惧谨独,曰性,曰仁,曰心,曰中,曰忠恕,曰浩气,曰论辨,曰经,曰史,曰科举,曰诗学,曰象数,曰书籍,曰杂记。又以诗文各体钞附其下,总名之曰《紫阳子会英》。分授宫僚,以蝇头细字誊出考校。如使分编成书,当为十余卷。

明代无锡高攀龙(1562—1626)辑《朱子节要》十四卷,李祘亦知其人其书,《群书标记》在著录《朱书会选》时提道:"自《朱子大全》之行于世,后儒攒享谱承,各有钞辑,中州则鲁斋王柏之《紫阳书诗类》,锡山高攀龙之《朱子节要》是已。"但朝鲜文人常常以《朱子节要》省称李滉所辑《朱子书节要》,金长生(1548—1631)云:"甚恶黄俊良之附托李梁,至欲削去《朱子节要》跋文矣。"① "《朱子节要》跋文"即谓黄俊良(1517—1563)《星州印晦庵书节要跋》。朴世采(1631—1695)亦云:"至于退溪编定《朱子节要》,义趣甚精。"②

按《群书标记》,韩亿增也曾抄录《朱子书节要》,李祘见到后对其体例大为赞赏,决定舍弃自己原来的构想,而采用韩亿增的分类体系。虽然今未见韩亿增本,但笔者推测,可能李祘原来按《朱子书节要》卷次抄录,后见韩亿增本,仿其体例,按照主题分类汇编。

---

① [朝鲜]金长生:《沙溪遗稿》卷一〇《语录》,《韩国文集丛刊》第 57 册,民族文化推进会,1990 年,第 134 页。
② [朝鲜]朴世采:《南溪集》卷五四《随笔录》,《韩国文集丛刊》第 140 册,民族文化推进会,1994 年,第 114 页。

今日本东洋文库存写本《紫阳子会英》六卷六册(东洋文库Ⅶ-3-25),封题以"礼、乐、射、御、书、数"分册,四周双边,无行界,十一行二十二字,上下内向花鱼尾,书口题卷数,版心上端题卷数,下端记叶数。前四册的分目要比《群书标记》所载复杂一些,内容录自《朱子书节要》;后两册则是书札之外的文体,体现的是"又以诗文各体钞附其下"。《群书标记》所谓"三卷"或"三册"与今本并不吻合,应该指的是李祘更改体例前的原本,根据"如使分编成书,当为十余卷"的语气,《群书标记》在著录时,《紫阳子会英》尚未形成定本。

表2 《紫阳子会英》分目表

册　数	分　　目	备　考
第一册	时事、问答、道	以主题分目(书札)
第二册	陈、吕、苏、释、古事、儒先	以主题分目(书札)
第三册	学、敬、诚、戒惧·谨独、格物、理、鬼神·魂魄、性	以主题分目(书札)
第四册	仁、心、中、忠恕、浩气、学·论辩事·经义、经、史、文科工、诗、象数、书籍、杂记	以主题分目(书札)
第五册	封事、奏札	以文体分目
第六册	说、杂著、(祭)文、铭箴赞、诗	以文体分目

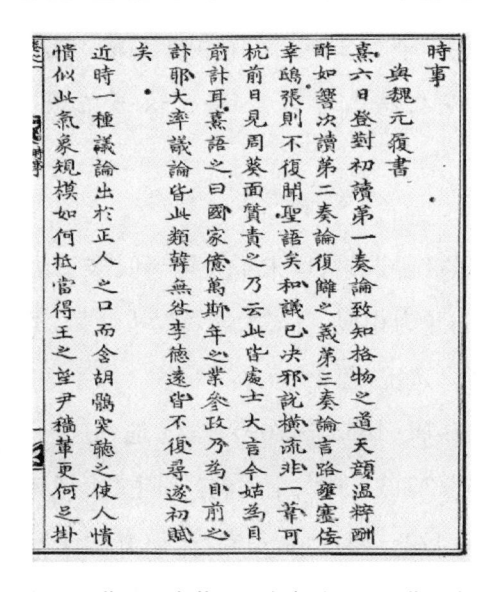

图3 《紫阳子会英》(日本东洋文库所藏写本)

四、《朱子选统》(佚)

《群书标记》将之系于正祖五年(1781),属于"御定",其著录曰:

> 《朱子选统》三卷,写本。朱子书有《大全》有《语类》。《大全》则浙本不知何人所编,闽本即先生季子在所编,而后又有《续集》《别集》。《语类》则黄士毅取门人所录,以类相从,而亦有徽蜀两本,此其大者也。而若《大同集》《遗书》等编,要皆旁枝余叶也。予于甲午年间,尝熟复《大全》以及于《语类》,阅屡朔工告讫。然其卷帙既博,领略甚难,不可无反约常目之资。辛丑,更取《大全》《语类》,手自选录,分门类编,其目曰小学,曰为学之方,曰存养,曰持敬,曰静,曰知行,曰致知,曰力行,曰克己改过,曰立心处事,曰理欲义利君子小人之辨,曰出处,曰教人,曰人伦师友,曰读书法,曰读诸经法,曰论解经,曰读史,曰史学,曰《大学》,曰《论语》,曰《孟子》,曰《中庸》,曰《易》,曰《书》,曰《诗》,曰《春秋》,曰《礼》,曰《乐》,曰性理,曰理气,曰鬼神,曰道统,曰诸子,曰历代,曰治道,曰赋,曰词,曰琴操,曰古诗,曰律诗,曰绝句,曰诗余,曰赞,曰箴,曰铭。以蝇头细字,净写三册,庸作巾衍之藏。若使分编成书,当为十余卷。而先贤文字之以己意取舍,实有汰哉之嫌,则只备予著工之要符足矣。

李祘虽然称《朱子选统》选录自《朱子大全》和《朱子语类》,但就分目而言,与康熙《御纂朱子全书》颇为相似,自"《大学》"以下诸目,都能在《全书》中看到。(《全书》题作"乐府"者,《选统》题作"诗余"。)

康熙命大学士熊锡履(1635—1709)、李光地(1635—1709)辑纂《朱子全书》,成于康熙五十二年(1713),凡六十六卷。《同文汇考》《通文馆志》等文献明确记载,朝鲜景宗三年(1723)四月,密昌君李樴(1677—1746)以登极陈贺使的身份,与副使徐命均(1680—1745)、书状官柳万重(1635—1709)前往北京。雍正于同年七月二十日召见朝鲜使臣,赐予《御纂周易折中》《御纂朱子全书》以及各项珍宝。从成书时间以及流传时间来看,李祘亦有条件按照《朱子全书》编成《朱子选统》。"以蝇头细字,净写三册,庸作巾衍之藏。若使分编成书,当为十余卷。"说明当时《朱子选统》尚未分卷,只是抄作三册。《西序书目草本》载"《朱子选统》三本",《西库书目》与《群书标记》载"《朱子选统》三卷",当言册数。今未见传本,难以详考。

五、《朱书百选》(存)

《群书标记》将之系于正祖十八年(1794),归于"御定",其著录曰:

《朱书百选》六卷,刊本。朱子之学,其地负海涵之盛,在于文集。朱子之文,其蚕丝牛毛之精,在于书牍。予既选《语类》《大全》为《选统》《会选》《会英》诸书,复取其书牍,约之为《百选》。首之以延平,昭师承也,尾之以直卿,示传授也。其人名、地名及训诂、出处,则各于当行格头略缀注释,付铸字所,用丁酉字印颁。复命湖南、岭南、关西营翻刻藏板。

李祘选辑朱熹书札百篇,并为之加上注解。《朱书百选》最初用丁酉活字印颁,其后经地方与内阁翻刻,成为正祖朝御纂朱子文献中流传最广的一种。

丁酉字本《朱书百选》六卷二册,四周单边,十行十八字,上花鱼尾,书口题"朱书百选",版心题卷数,下记叶数,卷数与叶数皆为小字,卷题"朱书百选卷之×"。扉页牌记题曰:"甲寅内阁活印,御定朱书百选。"有目录,无序跋。有眉注,体现的是"各于当行格头略缀注释",但是此后之翻刻本皆将眉注删去。今藏书阁存写本《朱书百选训义》六卷一册(K3-132),经比对可以确定为眉注之单行本,四周单边,无行界,无鱼尾,卷题"朱书百选卷之×",卷一题下书"通训大夫行掌乐院金正臣李英裕训义"。据此,《朱书百选》眉注盖出于李英裕

(1776—1800)之手。

《镂板考》载《朱书百选》有湖南、岭南、关西三处藏板,完全合于《群书标记》著录的翻刻情况。今见湖南地方完营翻刻本,牌记题曰:"乙卯完营刊印,御定朱书百选。"内阁印出活字本时已是甲寅(1794)十二月,故地方翻刻至于次年乙卯(1795)。

虽然《朱书百选》下送至湖南、岭南、关西营翻刻藏板,但内阁仅有活字印本,故正祖二十四年(1800)由内阁再次开板。《内阁日历》载:"《雅诵》既活印、翻刻,以寿其传,而《朱书百选》则两南、关西虽已翻刻,京中则只有活印本,令内阁一体翻刻。"此种内阁本刊记云:"庚申新刊。"《板堂考》所载"《朱书百选》九十五板,庚申造成"即此种。

《朱书百选》颇有影响,时至晚近,不少地方仍在翻刻:大邱有田堂书铺本,书末有版权页,大正五年(1916)五月五日印刷,五月十三日发行,编辑兼发行者为金瑾鸿,印刷者为柳德弼,印刷兼发行所为有田堂书铺。全州有多佳书铺本,书末有版权页,大正五年(1916)十月七日印刷,十月八日发行,著作、印刷兼发行者为梁珍泰,发行所为多佳书铺。

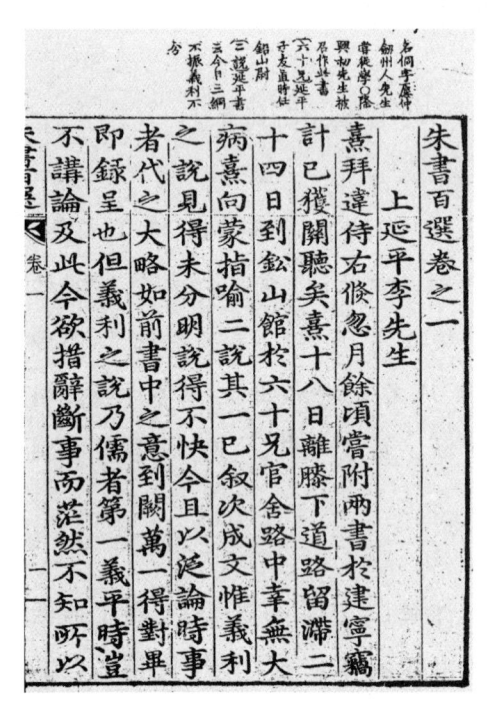

图 4 《朱书百选》(藏书阁所藏丁酉字本)

六、《五子手圈》(存)

《群书标记》将之系于正祖二十二年(1798),归于"御定",其著录曰:

《五子手圈》十卷,刊本。周子一卷,伯程子一卷,叔程子一卷,张子一卷,朱子六卷。

与其他选本不同的是,如果说"某选"是以篇为单位摘录,那么"某手圈"则是以句为单位摘录。《五子手圈》隶属于《四部手圈》系列,李祘以三《礼》、《史记》《汉书》《后汉书》以及宋五子、唐陆贽、唐宋八大家的文章进行轮读,每有会意,手加圈批,汇成《四部手圈》。

按《五子手圈》卷首的《课程日表》,李祘于戊午年(1798)四月至十月圈批宋五子各种著作,凡五十七日。朱熹作品取自《朱子大全》,二程作品取自《二程全书》,张载作品取自《横渠集》,周敦颐作品取自《濂溪集》。据赵东勇统计,《五子手圈》从周敦颐作品中的9篇节录45条,程颢作品中的24篇节录64条,程颐作品中的65篇节录119条,张载作品中的30篇节录86条,朱熹作品中的733篇节录1 071条。①

今奎章阁保存有《四部手圈》正祖时期各类稿本,其中朱子相关部分命名为《朱文手圈》。但李祘在位时未曾刊刻,直到纯祖元年(1801)方才付梓。

刻本《四部手圈》二十五卷十二册,四周双边,十行二十字,上黑鱼尾,书口题"御定四部手圈",版心题卷数,并以小字记四部归属以及内容,下记叶数。扉页牌记题曰:"辛酉开印,内阁藏板,御定四部手圈。"有总目,总目部分仅有四边而无行界,实际上将版面分为三截,先列四部之属,再列卷目。每卷卷题情况如下,可清晰表示出《四部手圈》的内容构成。

表3 《四部手圈》内容构成表

首　　题	次　题	再　题
《御定四部手圈》卷之一	经	《仪礼》
《御定四部手圈》卷之二		《周礼》
《御定四部手圈》卷之三		《礼记》

---

① [韩]赵东勇:《正祖의〈四部手圈〉小考》,《韩国汉文学研究》第45辑,2010年,第15页。

续 表

首　题	次　题	再　题
《御定四部手圈》卷之四	史	《史记》
《御定四部手圈》卷之五		《汉书》
《御定四部手圈》卷之六		《后汉书》
《御定四部手圈》卷之七	子	周子
《御定四部手圈》卷之八		程伯子
《御定四部手圈》卷之九		程叔子
《御定四部手圈》卷之十		张子
《御定四部手圈》卷之十一		朱子
《御定四部手圈》卷之十二		
《御定四部手圈》卷之十三		
《御定四部手圈》卷之十四		
《御定四部手圈》卷之十五		
《御定四部手圈》卷之十六		
《御定四部手圈》卷之十七	集	陆宣公
《御定四部手圈》卷之十八		韩昌黎
《御定四部手圈》卷之十九		柳柳州
《御定四部手圈》卷之二十		王临川
《御定四部手圈》卷之二十一		欧阳庐陵
《御定四部手圈》卷之二十二		苏老泉
《御定四部手圈》卷之二十三		苏东坡
《御定四部手圈》卷之二十四		苏颖滨
《御定四部手圈》卷之二十五		曾南丰

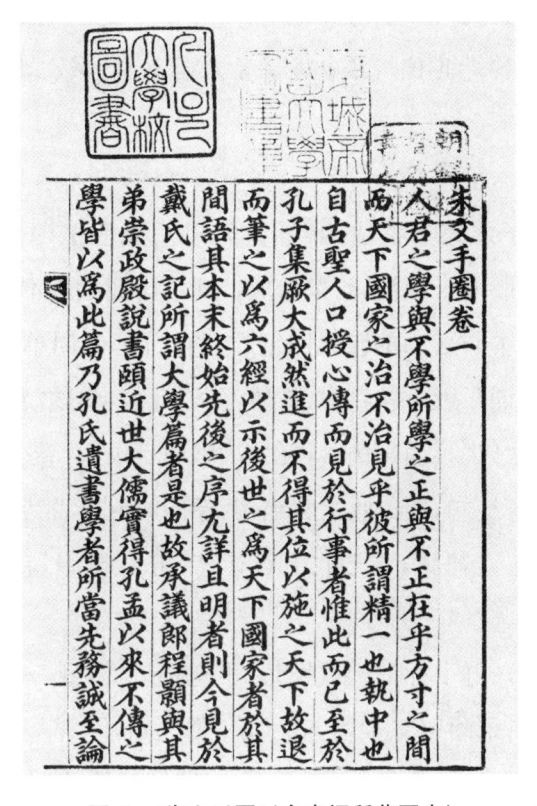

图 5 《朱文手圈》（奎章阁所藏写本）

七、《雅诵》（存）

《群书标记》将之系于正祖二十三年（1799），归于"御定"，其著录曰：

《雅诵》八卷，刊本。雅诵，犹言雅言也。惟其好之也笃，故言之也雅。好之笃，言之雅，故复推以及人，思有以人人雅言，如予之雅言，此斯编之所以作、所以名也。予尝谓虞廷教胄，以乐为先，而今之乐教，当求之诗。后乎三百篇而得思无邪之旨者，惟朱子之诗。如欲作兴我待文之士，莫如教之以朱子之诗。手选词二篇，赋一篇，琴操一篇，古近体诗三百五十九篇，末附铭二十篇，箴二篇，赞九篇，题辞一篇，文一篇，总四百十五篇。命诸词臣精加校对，其人名、地名、时事、实迹及《仙释》文字之引用、

《棹歌》诸诗之喻道则广参博证,略缀注解,凡八卷。付铸字所,以壬辰字摹印,翻刻藏板,俾寿其传。且命进讲于经筵胄筵,藏之尊经阁,作为儒生月讲之编。

李祘选辑"朱子之诗",汇成《雅诵》,先以壬辰活字印颁,后又翻刻内藏。《板堂考》载:"《雅诵》七十二板,己未造成。"即谓内阁翻刻本。

《雅诵》壬辰字本与翻刻本皆无牌记,八卷二册,四周单边,十行十八字,上花鱼尾,书口题"雅诵",版心题卷次、文体,下记叶数,卷题"雅诵卷之×"。书首有《御制雅诵序》,次以《雅诵义例》,再次以《雅诵目录》。卷一收词、赋、琴操,卷二收五言绝句、六言绝句,卷三收七言绝句,卷四收五言古诗,卷五收五言古诗、七言古诗,卷六收五言律诗,卷七收七言律诗、五言排律,卷八收铭、箴、赞、题辞、文。

关于具体篇数,《群书标记》著录曰:"手选词二篇,赋一篇,琴操一篇,古近体诗三百五十九篇,末附铭二十篇,箴二篇,赞九篇,题辞一篇,文一篇,总四百十五篇。"但是,综合各种文体的篇数仅可得三百九十六篇,未能合于"四百十五篇"。再参考李祘《示〈雅诵〉校正三文臣》:"对灯考阅,周而复始为四次,而意同者辞迭者,可以当删者,书删字于签而付之誊册,合选为三百六十六首。"此数目更远少于"四百十五篇"。笔者据今本《雅诵》统计篇数(同题者拆开计算):词2首、赋1篇、琴操1首、五言绝句44首、六言绝句2首、七言绝句84首、五言古诗73首、五言古诗30首、七言古诗13首,五言律诗50首、七言律诗54首、五言排律4首、铭22篇、箴2篇、赞9篇、题辞1篇、文2篇,凡394篇。

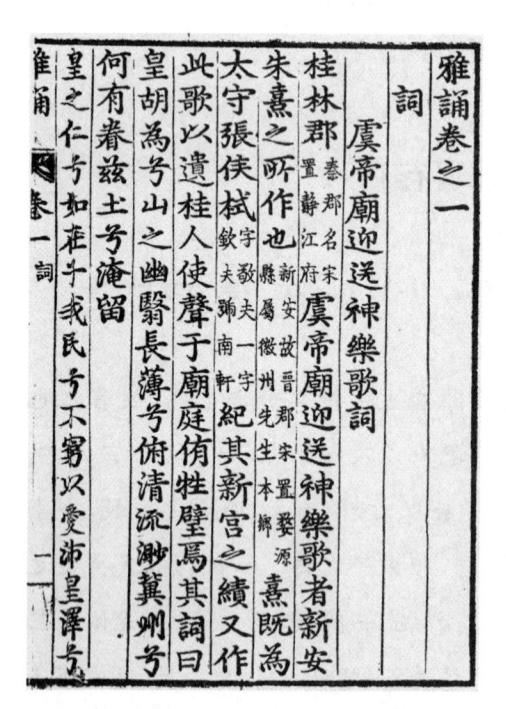

图6 《雅诵》(藏书阁所藏壬辰字本)

八、《朱子书节约》(佚)

《群书标记》将之系于正祖二十四年(1800),归于"御定",其著录曰:

《朱子书节约》二十卷,写本。予尝谓今日俗学之蔽痼矣,挽回澄治之道,惟在乎明正学,明正学之方,又在乎尊朱子。盖自金溪诸子,剽二氏玄虚之绪,厌六经笺注之繁,自谓不立文字,可以识心见性,不假修为,可以造道入德,揭竿以呼于天下,而别立埤垣,与朱子为敌垒。一转而为王守仁之顿悟,再转而为李卓吾之狂叫,弌至今侈淫辞、竞诡辩,而师心自用,涂行逐世者,皆其支流也。原其一念之差,专由于喜简便、恶拘检,而其流之弊,遂至于非圣诬经,侧僻缪戾,相率入于夷狄禽兽之域,可不戒哉!朱子之言学也,则曰动静如一,表里交修,下学而上达,先博而后约。语居敬,则不过曰齐整严肃。语穷理,则不过曰读书讲义。有表可循,有坊可止。使夫贤知者不失于空虚,愚不肖者亦可企而及,此其所以立万世不易之定规,而俟圣人不惑者也。孟子曰:"我欲正人心,君子反经而已。"尊朱所以尊经也,尊经所以尊王也。王道尊于上,然后学术明于下,而千涂万辙,卒走圣人样子不得,此灼然之理也。予自辨志以后,酷好朱子书,翻阅不释于手,诵念不绝于口,讲究思索不忘乎心,而圈批钞录,亦复积有成帙。此书即其一也。经始于甲午,重编于丁巳,是年,命湖南经工生等轮校,戊午,复命阁臣徐有榘订正之,阅累岁,工克完。其为例也,篇删其句,句删其字,详于义理,略于支辞。语类之简取,为其记录之易讹也。经义之不收,为有传注之另行也。中和之并录旧说,以见其议论本末也。陆陈之附载原书,欲详其问答肯綮也。首学,次性理,次理气,次鬼神,次经籍,次礼,次乐,次道统,次诸子,次历代,次治道,次文艺,次赋词、琴操、古诗、律诗、绝句、诗余、赞、箴、铭、题辞各体,总为目者二十三,为卷者二十。学者即此而可以见朱子继往开来之梗概矣。又必推而求诸文集语类之全,以尽其宗庙之美、百官之富,浸渍浓郁,可措实用,然后始可谓真正尊朱、真正正学。昔朱子《书近思录后》曰:"惮烦劳、安简便,以为取足于此而可,则非今日篹集此书之意。"予于此亦云。

《朱子书节约》的编纂始于甲午(1794),至于丁巳(1797)重新编定,命湖南专门研究经学的儒生轮番校阅,戊午(1798)又命徐有榘校正,至于庚申(1800)方才告毕。特别需要注意的是,此处的"朱子书"并非专指朱熹书札,而是广泛节录《朱子大全》与《朱子语类》。从《群书标记》记载的二十三目来看,《朱子书节约》的编纂很有可能也参考了康熙《御纂朱子全书》。今未见传本,难以详考。

朝鲜正祖御纂朱子文献叙录

An Introduction to Zhu Xi's Works Complied by Jeongjo of Joseon Dynasty

Yuan Cheng Zhang Xu

Abstract: Under the domination of Jeongjo, more and more Korean scholars looked up to Zhu Xi. In that trend, the books about Zhu Xi became more and more popular. *Gunseopyogi* was a catalogue of Jeongjo's works, in which there are eight books about Zhu Xi. It is obvious that Jeongjo adored Zhu Xi very much. What's more, Jeongjo was supposed to compile a bland new collection of Zhu Xi's complete works but finally he didn't make it. Among the eight books about Zhu Xi, six of them are still extant while two of them are probably lost. It's necessary to conduct a study.

Keywords: Joseon Dynasty; Jeongjo; Zhu Xi; *Gunseopyogi*

"修身济物"
——安井息轩《论语集说》研究 *

谢应敏①

摘　要：安井息轩《论语集说》是日本江户末期至明治初期《论语》研究的集大成之作，此书汇集前儒注释，末附安井的案语申说。其案语包含了对《论语》的文字校勘、对前儒注释的补苴，亦包含了安井息轩对《论语》经义的新诠。安井诠解《论语》，并非株守前人训解，而实有鲜明的思想特点。他首先从编纂角度提出《论语》"编辑者"概念，认为《论语》章次之间暗含"微意"，同时也揭示出编辑者对《论语》的编次蕴含了对前贤思想的继承。其次，他从《论语》具体的文例、用词与章句出发，用"以经解经"的方法来比类总结《论语》经义。而在训释、集注《论语》的学术主张之下，安井息轩实坚守着儒者修身济物的人生标的，他对《论语》的说解不限于汉学、宋学门户，其思想钤键在于试图超越汉宋之学，从而在彼时日本儒学遭受西学重大冲击之下，能重建起关于儒学的时代信仰。

关键词：安井息轩；《论语集说》；编辑者；以经解经；汉宋之学

---

* 本文是国家社科基金重大招标项目"加拿大不列颠哥伦比亚大学图书馆藏汉籍调查编目、珍本复制与整理研究"（项目编号：19ZDA287）阶段性成果。
① 谢应敏，男，山东大学儒学高等研究院古典文献学专业 2021 级博士研究生。

清末黄遵宪在日本时曾感叹地说:"余未渡东海,既闻安井息轩先生之名,逮来江户,则先生殁既二年也,未及相见。余读其著,体大思精,殊有我朝诸老之风,信为日本第一之儒者。"①这位被黄遵宪尊称为"日本第一之儒者"的正是日本幕末时期的大儒安井息轩。

安井息轩(1799—1876),名衡,字仲平,号息轩。安井息轩生于宽政己未十一年(1799),卒于明治丙子九年(1876),享年77岁。安井息轩一生是在德川幕府末期至明治维新之近代日本的变革时期度过的。日本由封建末期的衰落走向近代国家的建立,安井息轩作为时代风雨变革中的亲历者,他对日本内外的政治革变、文化转向有着深刻的见解。安井息轩惯以"儒者"自居,他向内则批评朱子官学传统,认为学问必须横贯古今,尤应用力于汉唐注疏而非溺于理学之空虚禁锢;向外则反对当时日本国内崇洋媚外的社会心态,甚至以75岁高龄作《弁妄》一书,批驳西方基督教传统,称其与日本的儒家传统相抵牾,故而对当时盛传于日本的基督教进行激烈批判。

安井息轩的学问承继其父安井沧洲古学派系统,从小研读四书、《左传》。22岁时,入大阪藩儒篠崎小竹门下学习,26岁入昌平黉问学,后28岁拜入大儒松崎慊堂门下,潜心于中国经典研读,锤炼出其忠实于经传诸子本义的工夫。35岁时,受命为藩主侍读,随从至江户,于殿中主持《左传》讲读,此外亦参与藩邸之政务。45岁时于江户藩邸讲读《论语》,并于邸内开始注释《论语》。64岁,授命为昌平黉教授,次年请命免除官职,并有《管子纂诂》刊行。70岁,校订《战国策补正》,又撰写《左传辑释》《论语集说》。72岁,改订《管子纂诂》,《左传辑释》完稿。又两年,《论语集说》写成。1876年,时年77岁,殁。② 其中,《论语集说》一书是安井息轩用力最勤的经典之一,反复咀嚼《论语》经义以探究儒家宗旨,是安井一生都致力的事。

一、经学宗旨——修身济物

在安井息轩生前,其四书注释并未得到广泛传播。直至明治四十二年

---

① 光绪七年,黄遵宪为安井息轩《读书余适》一书作序。[清]黄遵宪:《序》,[日]安井息轩:《读书余适》,成章堂,日本国立国会图书馆藏,1900年。
② 连清吉:《日本江户时代的考证学家及其学问》,台湾学生书局,1998年,第108页。

(1909)由服部宇之吉(1867—1939)主持刊行的《汉文大系》丛书,收录了安井息轩的四书著述——《大学说》《中庸说》《论语集说》《孟子定本》,至此其学说才得通行于世。

对于安井的学问,服部宇之吉叙述:"先生笃信好古,尤用力于汉唐注疏,参以众说,阐先儒未发之微者不少。……先生执公而好不阿,能取古今之长而舍其短,考据最力,论断最慎。"服部对安井的评价不可谓不高。

《汉文大系》中的《论语集说》底本,是据饫肥藩主伊东子爵(伊东祐相)家的藏版①。《汉文大系》将安井息轩的四书注释列为第一册,并位于《毛诗》《周易》《尚书》等经书之前,可见四书在当时日本儒者眼中的重要地位,以及当时日本学界对于安井息轩学问的尊崇。

安井于幼时在父亲的影响下开始研读《论语》,后入江户藩邸亦讲读《论语》,在古义学派伊藤仁斋(1627—1705)和古文辞学派荻生徂徕(即物茂卿,1666—1728)的影响下,在其晚年74岁方才完成《论语集说》的最后撰写。故而为此书作序的伊东祐相说:"《论语集说》翁最所用力焉。"

《论语集说》安井自序言:"圣人之道,《易》启其源。《诗》《书》说其义,二《礼》、《春秋》陈其法。而《论语》荟萃而融合之。大哉道乎,非所谓集大成者邪。"②这是安井对《论语》所持的根本态度,即他认为《论语》是基于《易》《书》《诗》诸经之上而融贯之,是圣人之道集大成之作。又言:"即宋儒兴性理、气质,为学者恒言其说道也。……言苟涉事业,斥为功利,语之益详而去道益远。圣人陶冶天下之道,变为'有体无用'之言。"及至"宋学"兴起,性理、气质之论广传,见事业则斥为功利,远离世道,蹈虚而不还,致使圣人治天下、安百姓之"道",变得有其体而失其用。所以他说:"予幼学于家庭,得与闻我伊、物二先生之说,固既疑宋学之非,窃谓仲尼祖述尧舜而称尧舜其犹病诸者二,皆以济众安百姓为言……使之共天下国家之用。"

---

① 《汉文大系》第一册卷首《四书例言》。转引自石立善:《日本幕末、明治时代两部〈论语〉新疏的校勘学成就——〈论语集说〉与〈论语会笺〉》,《湖南大学学报(社会科学版)》2012年第4期,第45页。
② [日]安井息轩:《论语集说·自序》,嚶嚶舍藏版,日本国立国会图书馆藏,明治壬申(1872)季秋刻。以下版本信息从略。

以伊藤仁斋和物茂卿二位前辈学者为代表的"古学派"启蒙着安井的治学路径。日本的古学派,主张舍宋学而就汉唐注疏之学,从字义训诂来理解孔学真义①。进而衍生出本土学问的意识,即以"国字"训解中国古典的著述,使初学者皆能广泛阅读经典。又重视考证,逐渐产生疑古意识,逐渐形成了日本化的汉学②。从"朱子学"到"古学",安井息轩在这种革变的过程中受到极大的影响,治学方法偏于古学派。而更为重要的是,安井并未囿于汉宋之学的门墙,他凭着自己对儒学的信念,结合日本当时的学术概况,提出了一系列极有启发的见解。

安井息轩研治《论语》,尤其重视通经以致用,他认为"圣人之道"的本质就是"修身安民",所以他强调:"圣人之道,岂有他哉? 始于修身,终于济物。不过欲使天下之人尽得其所而已,乃不自揣,研究古经,誓于有所为。"③这既是他治学的出发点,也是他对于自身作为一个儒者修身的期许。然而,他最终也只是一个昌平黉的教授,未能于政治上有所大作为,自言:"才与时违,屯邅轗轲,不能一日安其身,而颓然既老矣。于是绝意于世途,专用力于撰述。"认为自己应当借"立言"以济世,所以他在"子张问:'士何如斯可谓之达矣?'"一条下案:"士之志于学,本欲以治国安民,故曰不仕无义。"④"学而优则仕"的目的并不在于"仕"本身,而是依此以安百姓,这是安井作为一个士人对于国家的志向与情怀。

二、《论语集说》的解经方法

《论语集说》共分六卷。所谓"集说",即"参以旧所诠录诸家之说",汇集了中国与日本诸家对《论语》注释的成果,如:何晏《论语集解》、皇侃《论语义疏》、

---

① 荻生徂徕言:"古言明而古义定,先王之道可得而言矣。"[日]荻生徂徕:《论语征·序》,平凡社,1994年。
② 古学派的主张即后来吉川幸次郎概括所言:"他们意识到秦汉时代的原典,要按照其原来直接加以把握的这种认识,不光只是了解到应该不用后人的注释,还体认到后人的注释是一种反价值的存在,是对原典的破坏。"[日]吉川幸次郎:《仁斋、徂徕、宣长》,岩波书店,1975年,第124页。
③ [日]安井息轩:《论语集说·自序》。
④ [日]安井息轩:《论语集说》卷四,第32页。

邢昺《论语注疏》、朱熹《论语章句集注》以及清人刘逢禄、毛奇龄、焦循、翟灏、方观旭等的《论语》相关注释，①日本人的著作主要有物茂卿《论语征》、伊藤仁斋《论语古义》。

此《集说》并非单纯的"裒辑众解"，而更重要之处是安井息轩在诸家注释之后，附着"案语"，他的案语包括对前面所引诸家注释的权衡，也包含了他对于《论语》章句的独特理解。另外，在完成对《论语》的文义注解之后，"案语"还有着精良的校勘成就②。

（一）编辑者集纂《论语》有微意

安井息轩极为重视《论语》的"作者"问题，因为他认为这关乎《论语》的性质问题。《汉书·艺文志》言："《论语》者，孔子应答弟子时人，及弟子相与言而接闻于夫子之语也。当时弟子各有所记。夫子既卒，门人相与辑而论纂，故谓之《论语》。"③安井认为《论语》之所以成为经典，就在于它是圣人与众弟子的言行记录，由于年代久远，众弟子所记录的只能是夫子授受之一隅，其中展现的既有夫子的仁义举动，也有孔子弟子间相与学习的情状。正是基于此，他认为不能将《论语》单独视为某一人或某几人之作，如郑玄认为是"仲弓、子游、子夏等撰定"。朱熹记载程子言："《论语》之书，成于有子、曾子之门人，故其书独二子以子称。"物茂卿反对程说，谓："子思作《中庸》，字其祖，子何必优于字乎？盖上论成于琴张，而下论成于原思，故二子独称名。"从郑玄到程子，再到物茂卿，均试图为《论语》找到一个或一些确切的"作者"，安井息轩折衷诸说，给予"编辑者"的概念，借由这个"编辑者"的身份，安井认为："（《论语》）门人编辑，此书直取其所记而载之耳。……千载邈矣，当时既不言编辑者之名，今未可的知成于何人之手，要之通篇字诸弟子，而又记曾子临没之言，则皇侃所云'七十弟子之门人所撰录近是'。"历史时间上的跨度太大，而无法提供直接的证据获知谁是《论语》的"作者"，于是，出现了一个"编辑者"团体，他们是七十子之门人，故而所记

---

① 具体有：刘逢禄《论语述何》、毛奇龄《四书改错》、焦循《论语补疏》、翟灏《四书考异》、方观旭《论语偶记》等。
② 石立善先生有专文讨论，此不赘述。石立善：《日本幕末、明治时代两部〈论语〉新疏的校勘学成就——〈论语集说〉与〈论语会笺〉》，《湖南大学学报（社会科学版）》2012年第4期。
③ [汉] 班固：《汉书》卷三〇《艺文志》，中华书局，1962年，第1717页。

载的既有孔子之言行,亦有有子、曾子、子夏、子张等孔门弟子先哲的言行。

《论语集说》中明言"编辑者"共 28 处之多,而"编辑者"之作用主要是使孔子言语更加连贯而有内在关联。

这些"七十弟子之门人"——编辑者,负责编辑整齐孔子的言行录以及孔门弟子的言行录,而编辑者亦蕴涵其编辑之"原则":编排《论语》内容相近者,以明章旨。如《八佾篇》:

> 子曰:事君尽礼,人以为谄也。
>
> 案:上章下章,皆鲁国之事,则此章所论,亦必鲁事也。凡章旨不明者,编辑者辄以章次明之,读《论语》者以此求之,思过半矣。①

其上章是"子贡欲去告朔之饩羊,子曰:'赐也,汝爱其羊,我爱其礼。'"下章是"定公问:'君使臣,臣事君,如之何?'孔子对曰:'君使臣以礼,臣事君以礼。'"②其上章为孔子教育子贡,郑玄注:"牲生曰饩。礼,人君每月告朔于庙,有祭谓之朝享。鲁自文公始不视朔,子贡见其礼废,故欲去其羊。"③"告朔之饩羊"代表的不仅是一种"礼"的形式,更是孔子对鲁国久已废"礼"的不满,因为"礼"的背后是从君至臣,从天下至万民的秩序,礼崩即预示着国家秩序的衰败。下章则是孔子回复鲁定公君臣关系,言君当依礼而使臣,臣也应该依礼事君。此三章皆是从"礼"的角度透露鲁国君与臣应当依礼而行的关系被严重破坏,导致了"事君尽礼"却被人认为是谄媚行进,这种现象的背后实则是作为"常识"的礼法秩序的崩塌,人们内心逐渐失去对于"礼"的尊重。结合鲁国国君与孟孙、叔孙、季孙三家之关系,则不难明白安井言"必鲁事也"。安井正是揭示"编辑者"的存在,提出了一个《论语》诠释的新角度,那就是《论语》中的这些"语录体"在它们被编辑在一起的时候,是有着某种共性的,而这种"共性"往往隐含着儒家为当

---

① [日]安井息轩:《论语集说》卷一,第 31 页。
② [梁]皇侃撰,高尚榘校点:《论语义疏》卷二,中华书局,2013 年,第 69 页。此句作"君使臣以礼,臣事君以忠"。
③ [日]安井息轩:《论语集说》卷一,第 30 页。

下政治局势衰颓、社会秩序失衡的深深不安,以及试图重建一种秩序。

如《述而篇》:

> 子曰:自行束脩以上,吾未尝无诲焉。
>
> 案:详味孔注,读自为自己之自,言奉持礼节,自行束脩以上之人,则皆教诲之。圣人善诱,能尽人之才,然人不自束脩,则无受教之地,诲之不但无益,反受烦默之谤,故不诲也,意正与郑同。愤悱自厉之甚者,比束脩有加焉,故编辑者以下章次之,其意可见矣。其解为脯者,自皇侃始,非孔意也。①

孔安国曰:"言人能奉礼,自行束脩以上,则皆教诲之也。"②束脩,向来被大家理解为干肉,最早作此解释的是皇侃,其后从之者有邢昺、朱熹等。

皇侃《义疏》云:"束脩,十束脯也。古者相见,必执物为贽。贽,至也,表己来至也。上则人君用玉;中则卿羔,大夫雁,士雉;下则庶人执鹜,工商执鸡,其中或束脩、壶酒、一犬悉不得无也,束脩最是贽之至轻者也。……古以贽见。脩,脯也。孔注虽不云脩是脯,而意亦不得离脯也。"③皇侃阐释束脩即是脯,干肉,是下层庶人相见的礼节,并且束脩还是所有礼物中的"至轻者"。他还认为虽然孔安国注没有明言束脩就是脯,但是其意乃不离干肉。

其后邢昺《论语注疏》云:"束脩,礼之薄者,言人能奉礼。自行束脩以上,而来学者则吾未尝不诲焉,皆教诲之也。……《书传》言束脩者多矣,皆谓十脡脯也。……是知古者,持束脩以为礼然,此是礼之薄者,其厚则有玉帛之属,故云以上以包之也。"④邢昺接续皇侃之言,认为束脩就是"十脡脯",而且还补充"自行束脩以上"的"以上",是由于"束脩"是礼之薄者,其"以上"就是指鸡、雉、雁等更为贵重的礼物。

朱熹《论语章句集注》统理前解,谓:"脩,脯也。十脡为束。古者相见,必执

---

① [日]安井息轩:《论语集说》卷二,第44页。
② [梁]皇侃撰,高尚榘校点:《论语义疏》卷四,中华书局,2013年,第157页。
③ [梁]皇侃撰,高尚榘校点:《论语义疏》卷四,中华书局,2013年,第157页。
④ [清]阮元校刻:《论语注疏》,《十三经注疏》清嘉庆刊本,中华书局,2009年,第5390—5391页。

贽以为礼,束脩其至薄者。盖人之有生,同具此理,故圣人之于人,无不欲其入于善。但不知来学,则无往教之礼,故苟以礼来,则无不有以教之也。"①朱熹用《曲礼》"礼闻来学,不闻往教"来说明圣人虽欲人人为善,但是礼是没有"往教"的,所以须以礼而来,表示自己应诚挚来学习。

细究孔注,发现束脩并非作脯解,如安井之言是自己"奉持礼节"来向老师学习,而丝毫没有强调需要带一些"肉脯"。《汉书·王莽传》记载:"安汉公自初束脩。"颜师古注:"束脩,谓初学官之时。"②《后汉书·延笃传》记载:"吾自束脩以来。"李贤注:"束脩,谓束带修饰。郑玄注《论语》曰'谓年十五以上也'。"③又《盐铁论》中:"大夫曰:'余结发束脩,年十三,幸得宿卫。'"④综合来看,"束脩"之意,应是男子十三、五岁时,可以初步开始学做官之时,此初学官正是从学习知识、礼节开始,也正是男子即将成人之时。

而安井息轩综合前人之注释,总结出"然人不自束脩,则无受教之地,诲之不但无益,反受烦黩之谤,故不诲也"。又结合"编辑者"对于《论语》编排章句顺序的特征,此章下一章为:

子曰:"不愤不启,不悱不发,举一隅不以三隅反,则不复也。"

因而,安井解释束脩时说:"愤悱自厉之甚者,比束脩有加焉,故编辑者以下章次之,其意可见矣。"⑤上章言男子即将成人,奉持礼节而来求教老师,下章言老师行教育之时需要学生自己多加"愤悱",将此二句结合来看,上下文义紧凑接续,言成一理,较之解"束脩"为肉脯,确然可靠。

编辑者对孔门师生间语录、叙事的编排,不仅让《论语》的章旨更加清晰明白,而且扩大了学者对《论语》的诠释空间。如《八佾篇》次于《为政篇》之后,安井解释"八佾"的命名:

---

① [宋]朱熹:《四书章句集注》,中华书局,2012年,第94—95页。
② [汉]班固:《汉书》卷九九《王莽传》,中华书局,1962年,第4054页。
③ [南朝宋]范晔:《后汉书》卷六四《延笃传》,中华书局,1965年,第2106—2107页。
④ [汉]桑弘羊撰,王利器校注:《盐铁论校注》,中华书局,1992年,第219页。
⑤ [日]安井息轩:《论语集说》卷二,第44页。

> 篇名固不出于圣人,然诸篇相次,自有微意。则此篇名八佾,亦不唯预为十六篇之地。盖为政之要在礼乐,故以此篇次为政,而八佾乃舞乐之名,故取以名篇,使读者知治国之次第,因以与十六篇相避,是编辑者之意也。①

安井此言是针对翟灏对《八佾》篇名的质疑。翟灏云:"皇氏侃谓此不标'季氏',而以'八佾'名篇者,深责其恶,故书其事也。夫篇名非出自圣人,何尝有寓褒贬意,惟第十六篇篇首又值'季氏'字,此因更以下二字命篇耳。其不于后避前,而前若豫为地,盖以论纂成后,一时标识而然。"②他认为皇侃篇名寓褒贬的说法是无来由的,其主要证据就是《论语》第十六篇的篇名就是"季氏",因而翟灏认为是《论语》编纂时"一时标识"而成的,并无其他深意。在翟灏前有邢昺注释:"前篇论为政,为政之善莫善礼乐,礼以安上治民,乐以移风易俗。得之则安,失之则危,故此篇论礼乐得失也。"③邢昺实际是接续皇侃之意而来,他认为《八佾篇》次于《为政篇》,正是因为"为政之善莫善礼乐",因而不以"季氏"而以"八佾"名篇。安井则在此基础上,先对翟灏的怀疑进行了肯定,"篇名固不出于圣人",但篇名虽然不出于圣人,却不意味着篇名也未蕴涵褒贬之意。因为编辑者继承先儒之意,他们在编纂《论语》篇次时,已然考虑"为政之要在礼乐",而"八佾"正是礼乐之名,因而取此为篇名,以次于《为政篇》,使读《论语》之人知晓为政当以礼乐教化为先。

(二)以文例、用词构成的诠释

安井解《论语》,除了从编辑者的视阈去探究《论语》的理解和本义之外,更是将《论语》当作一个独立又闭合的单独文本,即注重总结《论语》中的一些文例、用词,以助于理解经义。

《论语》自有文例,故安井从文例角度来探索经义。如《阳货篇》:

> 子曰:"予欲无言。"子贡曰:"子如不言,则小子何述焉?"子曰:"天何言

---

① [日]安井息轩:《论语集说》卷一,第21页。
② [日]安井息轩:《论语集说》卷一,第22页。
③ [日]安井息轩:《论语集说》卷一,第21页。

哉?四时行焉,百物生焉,天何言哉?"

陆德明云:"鲁读天为夫,今从古。"

翟灏云:"两'天何言哉'宜有别,上一句似从《鲁论》所传为胜。"

案:孔子敬天,而此以天自比,疑其与平生之言不相类,故鲁读天为夫耳。然四时行焉、百物兴焉,皆天所为,若读天为夫,语意不全。况此举人所与见,以证事效不在言,始无比德于天之嫌,不必为孔子讳也。《论语》文例,丁宁教示者,多首末两言之。若读上天为夫,与文例乖。翟说亦非。①

翟灏认为两句"天何言哉",前后两"天"所指有别,上"天"当作"夫",应当从鲁《论语》读天为夫,作"夫何言哉",以此显示夫子没有以天自比。陆德明言"今从古",其言确乎,但是没有说明缘由。而安井则以"文例"所推,"四时行焉、百物生焉",皆与天息息相关,并且孔子所谓"天何言哉",并非其自比于天,而是举天地、自然的事情以教谕弟子事效不在言,如若贸然臆改经文,读上"天"为夫,则与《论语》一贯的文例相乖离。

又《季氏篇》记载:

齐景公有马千驷,死之日,民无德而称焉。伯夷、叔齐饿于首阳之下,民到于今称之。其斯之谓与?

案:凡《论语》之例,举古事古礼者,章首皆无"孔子曰"字,至其下断语,始置之。此章及下文"邦君之妻"章,《微子篇》"柳下惠"章、"周有八士"章之属,序而不论,故章中亦不著"子曰"字,非阙文也。②

此处言明《论语》记述之体例,一般《论语》举"古事古礼",则不讲"孔子曰",因为这些"古事古礼"实则先于孔子所在。如此则明了许多内容的区别,非因阙文造成,而是《论语》的文例如此。《论语·先进篇》安井案:"凡古书举时而不揭

---

① [日]安井息轩:《论语集说》卷六,第13页。
② [日]安井息轩:《论语集说》卷五,第53页。

月者,皆以夏时言。"①亦是如此。

《论语》中亦有许多固定意涵的用词。《论语·公冶长篇》安井案:"凡《论语》引《诗》《书》外,不用'于'字。"②段玉裁《说文解字注》"亏"字下言:"凡《诗》《书》用'亏'字,凡《论语》用'于'字,盖于、於二字在周时为古今字。故《释诂》《毛传》以今字释古字。"③又《论语·先进篇》安井案:"窃谓古人用字,当置于上,而移之于下,必用'之'字以斡施之。浅之为丈夫,为浅丈夫也。小人之使治国家,使小人治国家也。"④

(三) 以经解经

"以经解经"是安井在诠释《论语》时经常使用的,他善于将《论语》各篇章进行类比、互证。如《论语·卫灵公篇》载:

子曰:"君子贞而不谅。"

案:孔子尝曰:"言不必信,行不必果,义之与比。"又曰:"言必信,行必果,硁硁然小人哉,抑亦可以为次。"学者以经解经,不待多言矣。⑤

所谓"贞而不谅",指君子应合于道而行,不可为了讲信用而罔顾道义。安井举其他章相类的表达与此句相互比对,明"言与行"并非必然的关系,过分强调"言行一致"而罔顾道义,实际上才是真正的小人。在这种"以经解经"的观念之下,安井《集说》常将有关联的诸章相合,以观一章之旨。

如《论语·子路篇》载:

子曰:"刚毅、木讷,近仁。"

案:刚毅木讷,与巧言令色正相反。刚毅者必不令色,木讷者不能巧言。知巧言令色之鲜矣仁,则知刚毅木讷之近仁矣,不必每字释其近仁也。⑥

---

① [日]安井息轩:《论语集说》卷四,第19页。
② [日]安井息轩:《论语集说》卷二,第13页。
③ [汉]许慎撰,[清]段玉裁注:《说文解字注》,上海古籍出版社,1981年,第204页。
④ [日]安井息轩:《论语集说》卷四,第5页。
⑤ [日]安井息轩:《论语集说》卷五,第41页。
⑥ [日]安井息轩:《论语集说》卷四,第48页。

安井此处举其反义,以"巧言令色"看"刚毅木讷",释义简洁明了,并有力地反对了传统注释中对"刚毅木讷"每字均释义为"近仁"的过度诠释之嫌。如此以经解经,从《论语》本身来关照《论语》,更显孔子与弟子的形象与对话的内涵。

又如《论语·先进篇》载:

> 子贡问曰:"师与商也孰贤乎?"子曰:"师也过,商也不及。"曰:"然则师愈与?"子曰:"过犹不及。"
>
> 案:"师也过,商也不及。"今考之《论语》:"多闻阙疑,慎言其余,则寡尤;多见阙殆,慎行其余,则寡悔。""师也辟。""吾友张也,为难能也,然而未仁。""堂堂乎张也,难与并为仁矣。"此孔子及朋友称子张者也,而其自言则曰:"在邦必闻,在家必闻。""我之大贤与,于人何所不容?""十世可知也是也。""女为君子儒,无为小人儒。""无欲速,无见小利。"是孔子之诲子夏者也。而其自言则曰:"其可者与之,其不可者拒之。""虽小道,必有可观者。""君子信而后劳其民;未信,则以为厉己也。信而后谏,未信,则以为谤己也。"是也,合诸章而观之,二子之气象,跃然而出矣。①

此处安井先后引用了《为政篇》《先进篇》《子张篇》《颜渊篇》《雍也篇》等十章十二条文,集合了孔子对子张与子夏的教育,也有友朋之间的言谈与子张、子夏所发言论,使得子张与子夏二人的形象立刻生动起来,进一步理解孔子所言的"师也过,商也不及"的意涵。

三、试图超越汉宋的诠释

(一) 立学之旨

适值江户时代向明治时代转型期间,传统儒学正在从一贯推崇的官方学问"朱子学"向主张以古经古注文本的"古学派"转向。并且外有西学的不断"侵

---

① [日]安井息轩:《论语集说》卷四,第10页。

入",传统学问的根基逐渐失去支持,使得传统儒家信仰被慢慢湮没。正是在这样的情况下,安井息轩试图将"朱子学"与"古学派"相结合,以此试图超越汉、宋之学,从而达到复兴儒学的事业,也使儒家所倡导的修身、济物的志向,重新回归日本当时的社会。

安井息轩是一个极为强调"经世致用"的儒家士人,他说:"圣人之道,岂有他哉? 始于修身,终于济物。不过欲使天下之人尽得其所而已,乃不自揣,研究古经,誓于有所为。"从他对《论语》的注解亦可看出,他极力反对将儒学作为一门谈论"心性"的学问,极欲打破儒者耻谈"事功"的禁锢,从而让儒学传统可以深入当时处于变革时期的国人内心,以此推动时代的进步与发展。如《论语·述而篇》:

> 子贡曰:"如有博施于民而能济众,何如? 可谓仁乎?"子曰:"何事于仁,必也圣乎! 尧、舜其犹病诸。夫仁者,己欲立而立人,己欲达而达人,能近取譬,可谓仁之方也已。"
>
> 案:事,立也,犹言止。立,立于位也,谓仕位于朝。达,通也,谓通显于文。二人为仁,其一我也,仁者先人而后己,故己欲立而先立人,己欲达而先达人。能近取譬即恕也,强恕而行,求仁莫近焉,故曰仁之方也。孔子称尧、舜其犹病诸者二,皆济众安百姓之事,乃学问之极功也。苟志于圣人之道,当以斯语为准的。然才性异禀,不能人为尧、舜,当各成性所近,以为斯世之用,上之为稷、契、皋、龙;中之为历代名臣;下之不失为一邑循吏,乃亦圣人之徒也。自学失其方,儒者专讲理气,谈性命,自高于一世之上,苟有用心欲实用者,斥为功利之学,此人才之所以日降也。学术之弊,乃至于此,悲哉!①

仁之方,即儒家求仁之道,是为学者皆当追求的目标。安井言学问最极致的功绩,就是能经邦济世,安抚民生,因而有志学者当以此为准绳。但人性之差,有

---

① [日]安井息轩:《论语集说》卷二,第40页。

高有低,故而应当"各成性所近,以为斯世之用",无论是上、中、下层次的人,均不失为学之道。安井批评宋儒:"大抵宋儒刻于议论而阔于事情。"①宋儒一面地强调理气、心性,却忽略了儒学最根本的现实实践价值,逐渐成为"蹈虚之论",空谈性理而导致人人耻谈功利,专修一家之性命,于是人才日降,国家日衰。

另在《颜渊篇》,安井更具体言明,作为一个士人应该如何面对"功利"。

> 子张问:"士何如,斯可谓之达矣?"子曰:"何哉,尔所谓达者?"子张对曰:"在邦必闻,在家必闻。"子曰:"是闻也,非达也。夫达也者,质直而好义,察言而观色,虑以下人。在邦必达,在家必达。夫闻也者,色取仁而行违,居之不疑。在邦必闻,在家必闻。"
>
> 案:子张问达,犹如其问行学干禄之意,后儒忌言利禄,故沈居士而下,以达为德立行成之名,不知士之志于学,本欲以治国安民,故曰不仕无义。而孔子于子张三问,皆谆谆乎教谕之,未尝稍贬之,以其心在义不在利也。后世利心益炽,阳忌其名而阴谋其实,以此解经,安得不谬哉!②

子张问孔子如何能"达",其达则是在国与家都能闻名。孔子教育子张并非"达","达"必须质量正直、追求仁义,并能为下之人所考虑。士人志于学问,其根本目的就是治国安民。而孔子对于子张问学行、求干禄、问达,皆谆谆然教诲,是知道子张其心在于义而不在于利。功名利禄是可以追求的,并且是激励士人通往仕途的路径,而仕途最终的本质,是儒家的义,是对天下百姓的担当。然而忌讳言"利",则会导致阳奉阴违,往往会产生许多伪君子。

(二)超越汉宋

安井息轩《论语集说》最显著的诠释范式就是"参校众说",但事实上他却并非是一个类于清乾嘉时期的考据学家,他没有停留在兼采汉、宋之注上,而是在调和汉、宋的基础上,试图超越汉宋学问的界限,然后致力于使学问不流于文本

---

① [日]安井息轩:《论语集说》卷四,第31页。
② [日]安井息轩:《论语集说》卷四,第32页。

上的知识，而求其能济世。

在《息轩遗稿·答某生论濮议书》中，安井谓：

> 君子之于道，当考之以古义，参之以人情，以求至当，不宜眩其名而阿其所好。岂若后儒持门户之见者，稍与己异则遂仇视之。……年十五六，从先君子讲求四书，便已有疑于洛、闽，因举数条而质之，先君子曰：圣人道大，虽七十子之贤，仅得其偏，固非一家之说所能尽也。乃遍取汉、唐诸家及我伊、物诸先生之书读之，恍然如有所得焉者。于是益推而广之，以庶几逢其原。然恐其泛而无统也，必折衷于经；恐其偏而陷僻也，必博证而深究之。凡意所谓否，必反复思其所以为说，必不可用，然后去之。自谓古人复生以诘我，可以直对而勿耻矣。若夫取舍之谬，乃才学之未至，而非好恶所辟，以此获罪于大方，亦所不辞也。①

可以看出，安井在年十五六时，即对宋学有所不满，于是广学汉唐注疏之学与日本古学派物茂卿与伊藤仁斋的著作，时时"博证而深究之"。安井从小受的教育是"朱子学"，但是也在父亲的教育下，同时走上了"汉学"的路径，并且极为注重消除门户之见去治学，他认为最好的经典诠释即是：考之以古义，参之以人情。

1.《论语集说》对宋学的态度

对于宋学，安井有赞同的一面，他很多地方认同朱子对于《论语》的注释。如《论语·宪问篇》：

> 子曰："不逆诈，不亿不信，抑亦先觉者，是贤乎！"
> 案：孔氏谓"不逆诈，不亿不信"，以至诚待物，圣人之道也。抑亦以先觉人之情伪者，为是贤乎。此特好察察之明者耳，非贤者也，其义诚然，然未若朱说最得此章之意也。"不信"，李充为无信，朱子为不信己，朱说亦是。②

---

① ［日］安井息轩：《息轩遗稿》，日本国立国会图书馆藏。
② ［日］安井息轩：《论语集说》卷五，第20页。

此处朱子云:"逆,未至而迎之也。亿,未见而意之也。诈,谓人欺己;不信,谓人疑己;抑,反语辞。言虽不逆不亿,而于人之情伪,自然先觉,乃为贤也。""逆诈"与"不亿不信"即不主动怀疑他人是否欺诈、怀疑自己,但是对于他人情感之真实与虚伪,却能率先觉察,这就是贤者。朱子对此句阐述精当,最得经义。

又《论语·雍也篇》载:

> 子见南子,子路不说,夫子矢之曰:"予所否者,天厌之!天厌之!"
> 案:此章之意,自孔安国既疑之,故历举诸说,以观其归,而朱说最稳。①

朱子解释云:"孔子至卫,南子请见,孔子辞谢,不得已而见之。盖古者仕于其国,有见其小君之礼。……否,谓不合于礼,不由其道也。……圣人道大德全,无可不可,其见恶人,固谓在我有可见之礼,则彼之不善,我何与焉。"阐述孔子之见南子乃合于礼而行。

安井对于朱子之注有认可之处,亦有对其批评之处。如《论语·泰伯篇》载:

> 子曰:"三年学,不至于谷,不易得也已。"
> 案:此与"邦有道,贫且贱焉,耻也"连章,孙绰训"谷"为"禄"是也。其读"易"音"亦",失之。朱子疑"至"当作"志",或问曰此处解不行,作志稍通尔,是疑不能决也,而奉其学者,皆株守其说,亦阿其所好耳。②

安井批评朱子之注不通,然后儒则株守朱子之说,不能尽解此章句经义。其案语云:"此章言三年学,其才德不至于可得禄,顽钝如此者,不易多得也。诸儒疑不易得之为望得之辞,故纷然聚讼,不知言其难得,乃劝勉人学之辞。古人立言,不嫌美恶同辞也。"又《论语·子罕篇》载:

---

① [日]安井息轩:《论语集说》卷二,第40页。
② [日]安井息轩:《论语集说》卷三,第7页。

> 子曰:"譬如为山,未成一篑,止,吾止也。譬如平地,虽覆一篑,进,吾往也。"
>
> 案:《集注》"止""进"二字,下属为句,语意反晦。①

安井批评朱注将"止""进"二字归于下句来读,致使章句之意反而晦暗难懂。

2.《论语集说》对汉学的态度

清代所谓"汉学",即清乾嘉时期学人所主之考据学,以文字、训诂、音韵为宗,以考据为目的。清儒尚"汉学",崇考据。安井息轩亦受此影响,如《论语·八佾篇》:

> 子谓《韶》,尽美矣,又尽善矣。谓《武》,尽美矣,未尽善也。
>
> 案:孔释善而不释美,邢谓其声及舞,极尽其美。孔意亦当然,董仲舒策作"又尽美矣",于文义为长。但今本久行于世,不敢订正,焦说极精,后儒皆惑于孔注,遂至有创孔子黜武王之说者,而焦能正之,二千年之后,其功伟矣。②

此处焦循注云:"武王未受命,未及制礼作乐,以致太平,不能不有待于后人,故云未尽善。善,德之建也。周公成文武之德,即成此未尽善之德也。孔说较量于受禅征伐,非是。"焦循解释"未尽善"并非如孔安国言"武王以征伐取天下",而是由于武王未来得及为天下"制礼作乐"就去世了,故言"未尽善"。

安井对于清儒之汉学亦存批评态度,其言"大抵清儒详于文而忽于义,读者不可不察"③,揭示清代乾嘉诸老之学虽详于考据之文,却有时会丧失经文之义。安井《论语·子张篇》案语云:"圣人之道,在于人情卑近之中,思而得之,为政犹视诸掌,而学者多求诸高远。若多识前言往行,以畜其德,又能切问先务,

---

① [日]安井息轩:《论语集说》卷三,第 25 页。
② [日]安井息轩:《论语集说》卷一,第 37 页。
③ [日]安井息轩:《论语集说》卷三,第 53 页。

而求之人情卑近之中,他日得位为政,恤民之道,不可胜用。"①圣人之道,多在于人远近高低的情感之中,不必求之过于高远。如《论语·为政篇》载:

> 子曰:"吾十有五而志于学,三十而立,四十而不惑,五十而知天命,六十而耳顺,七十而从心所欲不逾矩。"
>
> 案:孔子以谦让自持,人有称己者,逊不敢当。此章既老之后,自述十五至七十之事,必不炫耀其德以示诸人。后儒解此章率过高妙,恐非孔子之意也。如焦循"耳顺"之解,乃其尤者。晚近学者,益喜高妙之说,故持举而正之,使后进知好高妙之弊,必至于此云。②

焦循解"耳顺"言:"耳顺,即舜之察迩言,所谓善与人同,乐取于人以为善也。顺者,不违也,舍己从人,故言入于耳,隐其恶,扬其善,无所违也。学者自是其学,闻他人之言,多违于耳。圣人之道一以贯之,故耳顺也。"此解"耳顺",将其解释得过于高深玄妙。所谓"圣人之道",亦应将其放在其相应的时代,以常人之情考虑它,然后斟酌远近之情,才能理解隐含于经典之后的仁道。

结　论

综上言之,安井息轩《论语集说》一书汇聚众说,并最终有安井自己对经义的探索与判断,这种形式与清代考据学形式极其相类,可谓是清代考据学对日本当时学问的重要影响。同时,安井熟读儒家经典,并且对于《论语》极为重视,善于从细微处探究经义,并提出"编辑者"整合章次,于上下章中寻求合适的阐释,而不再将《论语》看成一条条单独的语录合编,彰显其中的联系。安井对《论语》的文例亦有总结,并依据文例以解释《论语》。同时,安井善于采用"以经解经"的方法,将《论语》中相类的章句相互比对,使其经义自显。

---

① [日] 安井息轩:《论语集说》卷六,第33页。
② [日] 安井息轩:《论语集说》卷一,第11页。

值得重视的是,安井息轩在注释《论语》时,不仅仅是一个阐释者,而是将自己放置在《论语》中寻求儒学的信仰,把想要表达的意志蕴涵在注释中。因而他极为重视儒学中实践的部分,极力否定心性而试图建立其超越汉宋的一种诠释。并希冀自己能立言以济世,能用传统的儒学对正处于转型时期的日本,进行儒学的教化与提升。

最后,对于《论语集说》一书尚有值得进一步探讨的价值,即清代考据学对日本学者的影响。安井息轩此书处处引用清代学者对《论语》研究的成果,可见其对清代考据学亦十分看重,而安井阐释《论语》的方法论究竟有多少受到考据学家的影响,这种现象在当时处于鼎革之际的日本又是怎样的一番境况?需要作进一步的探讨。

"Cultivating Moral Character and Helping Others": Study on *Collected Interpretations of the Analects* by Yasui Sokken

Xie Yingmin

Abstract: Anjing Xixuan's *Lunyu Collection* is a masterpiece of research on the *Lunyu* from the late Edo period to the early Meiji period in Japan. This book collects annotations from previous Confucian scholars and includes Anjing Xixuan's case statement at the end. Its notes includes textual collation of the *Lunyu*, supplementary annotations of previous Confucian scholars, and also includes his new interpretation of the meaning of the *Lunyu*. Anjing Xixuan's interpretation of the *Lunyu* is not based on previous teachings, but rather has distinct ideological characteristics. He first proposed the concept of "editor" in the *Lunyu* from the perspective of compilation, believing that there are "subtle meanings" implied between the chapters of the *Lunyu*, and also revealing that the editor's compilation of the *Lunyu* contains the inheritance of the ideas of previous sages. Secondly, he compared and summarized the meaning of the *Lunyu* of Confucius using the method of "interpreting the classics with the classics" based on specific examples, vocabulary, and sentences. Under the academic proposition of interpreting and collecting annotations on the *Lunyu*, Anjing Xixuan adhered to the life goal of Confucian scholars to cultivate oneself and cultivate things. His interpretation of the Analects was not limited to the Han and Song schools, but his ideological key was to attempt to surpass the Han and Song schools. Therefore, at that time, Japanese Confucianism was greatly impacted by Western learning, and he was able to rebuild his belief in Confucianism.

Keywords: Anjing Xixuan; *Lunyu Collection*; Editor; Interpreting the Classics Through Analysis; The Study of Han and Song Dynasties

海外汉籍收藏与利用

日传汉籍《玉烛宝典》在刘桢集辑校中的价值考论

徐传武　闫苏豪①

摘　要：日传汉籍《玉烛宝典》久佚中土，严可均、马国翰等文献学者均未得见，故未能据以辑佚、校勘，清末回传后亦未得到充分利用，尚存缺憾。今就《玉烛宝典》在刘桢集辑佚校勘中的重要作用进行考辨，厘清以下三个基本问题：第一，说明《玉烛宝典》在刘桢作品辑佚、校勘中的利用情况，兼论诸刘桢集辑本存在的问题；第二，讨论《玉烛宝典》对刘桢集辑佚校勘的巨大作用；第三，说明《玉烛宝典》对涉刘桢问题考证的作用。

关键词：《玉烛宝典》；刘桢；辑佚；校勘

---

① 徐传武，山东大学儒学高等研究院教授，研究方向为中国古代文献、中国古代文化、中国古代天文历法。闫苏豪，山东大学尼山学堂学员，研究方向为中国古典文献学。

因年代久远、保存不善，刘桢作品时至今日散逸严重，《三国志·魏志·王粲传》云："（应玚、刘桢）咸著文赋数十篇。"①然今仅存刘桢文赋六篇，且均残缺不完，其佚失情况之大状，可以窥见。《隋书·经籍志》载："魏太子文学《刘桢集》四卷，录一卷。"②《旧唐书·经籍志》载："《刘桢集》二卷。"③《新唐书·艺文志》载："《刘桢集》二卷。"④此后再不见于各公私书目著录，可知《刘桢集》约亡佚于宋代，仅存部分片段散见于类书之中。有明一代，冯惟讷《诗纪》（《古诗纪》）与张溥《汉魏六朝一百三家集》首先对刘桢作品进行汇编，清严可均《全上古三代秦汉三国六朝文》收录十篇刘桢赋、文，马国翰《玉函山房辑佚书》辑出刘桢《毛诗义问》一卷，但均存在严重漏辑现象。近现代以来，经丁福保、逯钦立、俞绍初等学者接续辑校，《刘桢集》渐趋完善。鉴于体量庞大、卷帙浩繁，存在微瑕，不可避免。今拟从《玉烛宝典》在刘桢集辑校的价值角度，对刘桢集辑佚、校勘相关问题进行考辨。

一、《玉烛宝典》在刘桢作品辑佚、校勘中的利用情况

《玉烛宝典》在日本长期以抄本形式流传，影响不广，存世旧抄本不足十部，且舛讹滋生，难以卒读，其传习之薄弱，可见一斑。至清光绪十年（1884）杨守敬、黎庶昌《古逸丛书》刊刻《玉烛宝典》后，国内学者才得以广泛利用《玉烛宝典》进行研究、校勘。杨守敬刊刻《玉烛宝典》前对文本进行了精校，改正了底本大量脱、讹、衍、倒等舛误⑤，《古逸丛书》本由此成为《玉烛宝典》长期以来的唯一善本，在文献整理领域产生了深远影响，包括逯钦立《先秦汉魏晋南北朝诗》

---

① ［晋］陈寿撰，［南朝宋］裴松之注，陈乃乾校点：《三国志》卷二一，中华书局，1959年，第601页。
② ［唐］魏徵、［唐］令狐德棻：《隋书》卷三五，中华书局，1973年，第1058页。
③ ［后晋］刘昫等：《旧唐书》卷四七，中华书局，1975年，第2056页。
④ ［宋］欧阳修、［宋］宋祁：《新唐书》卷六〇，中华书局，1975年，第1579页。
⑤ 杨守敬云："《玉烛宝典》误字甚多，椒斋所校十之二三耳。若以《太平御览》及《礼·月令》郑注、蔡氏《月令》等书校之，其误字当有五六也。仆仅校三四叶，已改其误字数十。"见谢承仁主编：《杨守敬集》（第十三册），湖北人民出版社、湖北教育出版社，1988年，第534页。

在内的一系列校本均采纳《古逸丛书》本为底本。

及至今日,《古逸丛书》本《玉烛宝典》的底本仍存在较大争议(与今可见的诸写本均互有异同),但杨守敬等人没有见到依田利用《玉烛宝典考证》并加以利用,却是不争的事实。依田利用《玉烛宝典考证》约成书于日本天保十一年(1840),校勘精细,名为"考证",实际以文本校勘为主。杨守敬《玉烛宝典札记》与依田利用《玉烛宝典考证》在校语上并不存在明显的重合、包含关系,说明杨守敬等人并未见到《玉烛宝典考证》抄本。依田利用《玉烛宝典考证》整体上显得更加精细,校语繁复,质量很高。与之相比,《古逸丛书》本仍存在部分失校、讹字等问题。

利用《古逸丛书》本《玉烛宝典》对刘桢诗文进行校勘、辑佚,殆肇始于俞绍初辑校《建安七子集》,之前虽有部分校本利用《玉烛宝典》进行补辑,如逯钦立《先秦汉魏晋南北朝诗》辑校本,但因《玉烛宝典》并未载录刘桢诗作,而未能起到实际作用。与逯钦立辑本相同,俞绍初辑本亦以《古逸丛书》本为底本(《古逸丛书》本收入《丛书集成初编》,为最通行之善本)。俞辑本据补以下两处佚文:

实冰浆于玉盏。①（《大暑赋》,《玉烛宝典》卷六）
瀹凤卵。②（《清虑赋》,《玉烛宝典》卷二）

相对于之前的张溥《汉魏六朝一百三家集》、陈元龙《历代赋汇》、严可均《全上古三代秦汉三国六朝文》辑本,俞辑本在收录全面性和系统性上有了质的飞跃。究其原因,即在于俞辑本采用了先前未见的新材料,包括但不限于《文镜秘府论》《玉烛宝典》等日藏典籍。

由于《玉烛宝典》本身具有的月令性质,其对刘桢诗文在内的集部文献选择带有明显偏向性,多集中于民俗、节令层面,如"实冰浆于玉盏"即与季夏之月"水内加冰"的避暑习俗有关,杜台卿引曹丕《与吴质书》、刘桢《大暑赋》、庾儵《冰井赋》等诗文材料,意在验证《周官》《尚书》《左传》等经典文献的记载,为古

---

① 俞绍初辑校：《建安七子集》,中华书局,2012年,第196页。
② 俞绍初辑校：《建安七子集》,中华书局,2012年,第205页。

礼找到现实依据。如"渝凤卵"即与仲春之月"鹰春卵之鹰修"①的古礼民俗与"沃之野,凤鸟之卵是食"②的神话传说相关。《玉烛宝典》收录刘桢作品的偏向性,已然不言而喻。这反映出《玉烛宝典》与通常的百科全书式类书并不相同,它并非属"不撰一语"式的资料编集。经杜台卿的精心编排,《玉烛宝典》文本衔接连缀为统一的意义单元,它独特的阐释结构与铺陈方式,实际上受到南北朝章句、义疏的深刻影响③。换言之,《玉烛宝典》是一部特殊性质的类书④,这与类书发展早期形态的不成熟性有关。在此背景下,刘桢作品散句兼具解释和被解释的双重身份,对残存于《玉烛宝典》中的残句,应当回归《玉烛宝典》的连续语境中,借助"以意逆志"的形式加以理解。

当然,对于俞绍初《建安七子集》辑本而言,《玉烛宝典》对刘桢作品辑佚仅是一个侧面,徐幹《齐都赋》"倾杯白水,沉肴如京"⑤句亦得以借助《玉烛宝典》辑出,且据《玉烛宝典》载录文段可明确此句为对三月上巳祓禊的描写,故可与《初学记》卷四所载《齐都赋》"青阳季月,上除之良,无大无小,祓于水阳"⑥残句衔接。如此之例,不再赘述。

二、《玉烛宝典》对刘桢集补辑的启示

尽管利用《玉烛宝典》等新见珍本搜集佚文残句业已成为学界共识,然辑佚中一直存在的因循之风仍阻碍了辑佚工作趋向完善。刘桢《毛诗义问》自余萧客《古经解钩沉》、马国翰《玉函山房辑佚书》辑本以来,递有补益。马国翰辑本

---

① 包得义校证:《日藏抄本〈玉烛宝典〉校证》,巴蜀书社,2022年,第78页。
② 包得义校证:《日藏抄本〈玉烛宝典〉校证》,巴蜀书社,2022年,第78页。
③ 《玉烛宝典》的章句和义疏性质表现在以下层面:第一,《玉烛宝典》每章第一部分引《礼记·月令》并附蔡邕章句,体例上符合章句标准模式;第二,《玉烛宝典》随文而疏、兼疏经注,且多借助问答形式疏解,反映了南北朝义疏体例对《玉烛宝典》编纂的渗透。
④ 杜台卿《玉烛宝典》的文献性质历来颇受争议,《新唐书·艺文志》、尤袤《遂初堂书目》等列为农家类,陈振孙《直斋书录解题》、郑樵《通志略》等列为时令类,今从朱彝尊《曝书亭集》、严绍璗《日藏汉籍善本书录》等将《玉烛宝典》归为类书,从其在辑佚方面发挥的作用来看,《玉烛宝典》可视为类书一种。
⑤ 俞绍初辑校:《建安七子集》,中华书局,2012年,第150页。
⑥ 俞绍初辑校:《建安七子集》,中华书局,2012年,第150页。

辑得十二条①(实为十一条,其中"狐之类貉、貒、貍也。貉子曰貆,貆形状与貉类异,世人皆名貆。貉子似貍"句据《古经解钩沉》析为两节②,非之)。唐晏《两汉三国学案》晚出,但仅辑得七条,其中失收"棚,所以覆矢也,谓箭筒盖也""狐之类貉、貒、貍也。貉子曰貆,貆形状与貉类异,世人皆名貆。貉子似貍""其树高五六尺,其实大如李,正赤,食之甜""蟏蛸,长脚蜘蛛也""有鵯乌、雅乌、楚乌"五条马国翰辑本已有内容,多收"国贫兵役,男女怨旷,于是女感伤而思男,故出游洧之外,采芬香之草,为淫佚之行。乃时草生,而云蔓者,女情急,欲以促时也"一条(这条还是误句③)。总体来看,清人对《毛诗义问》的辑佚成果当推马国翰《玉函山房辑佚书》为最优(利用当时能见到的书籍,几乎做到了网罗无遗,且少有舛错)。

马国翰生前未得见《玉烛宝典》刊刻付梓,故辑佚中对部分文献(特别是月令类文献)失收较多,不宜深责。直至目前,《毛诗义问》诸整理本依旧以马国翰《玉函山房辑佚书》为底本,没有进行新材料的补充,可见马国翰本影响之巨。《玉烛宝典》中存在的《毛诗义问》残句,至今未被辑出并采纳。

从某种意义上说,刘桢《毛诗义问》之所以未得到较好整理,与辑校者重诗文、轻著述的意识有关。传统意义上的文集并不包含个人著述,俞绍初《建安七子集》亦然,其将刘桢作品分诗、赋、文三部分,而将《毛诗义问》列入《附录二:建安七子杂著汇编》中,故刘桢《大暑赋》《清虑赋》两篇得以借助《玉烛宝典》补入残句,而《毛诗义问》则未遵循《前言》校勘条例,仅"采用清马国翰《玉函山房辑佚书》本作底本,其所载各条已与原引之书对勘一过"④,因此不免疏漏。《颜

---

① 马国翰序云:"从《水经注》《北堂书钞》《艺文类聚》《初学记》《太平御览》诸书辑得十二节。"见[清]马国翰:《玉函山房辑佚书》卷一四《毛诗义问》,清光绪九年(1883)长沙娜嬛馆刊本。
② 谨案:"狐之类貉、貒、貍也。貉小(子)曰貆,貆形状与貉类异,世人皆名貆。貉子似貍"句是否应析为两节,尚值得商榷。此句整体辑自《初学记》卷二九,当属一段连续文本,余萧客《古经解钩沉》径分属《郑风·大叔于田》与《豳风·七月》两段("狐之类貉、貒、貍也"与"貉子似貍"属《豳风·七月》,"貉小(子)曰貆,貆形状与貉类异,世人皆名貆"属《郑风·大叔于田》),未注明原因(事实上亦无甚原因),马国翰本从之,小字注云:"《初学记》卷二十九引连'貉子曰貆',余萧客《古经解钩沉》取属此句,从之。"然而这两句意义相连的文本应当视为同一注文。
③ 谨案:此句原出《太平御览》卷九九四,题名出自《毛诗问答》,非属刘桢《毛诗义问》残句。
④ 俞绍初辑校:《建安七子集》,中华书局,2012年,第15页。

氏家训·勉学》云:"吾初入邺,与博陵崔文彦交游,尝说《王粲集》中难郑玄《尚书》事。崔转为诸儒道之,始将发口,悬见排蹙云:'文集只有诗赋铭诔,岂当论经书事乎?且先儒之中,未闻有王粲也。'"①其此之谓乎?

《玉烛宝典》卷三"桐始华,田鼠化为鴽,虹始见,萍始生"句小字注云:"今案《诗义问》曰:'虹见,青有赤之色,青在上者阴乘阳,故君子知以为戒。'"②谨案:《诗义问》即刘桢《毛诗义问》,类书引刘桢《毛诗义问》多以《诗义问》之名,详如下:

表1 早期类书引《诗义问》情况表

类　　书	引　　文
《北堂书钞》卷一五一	《诗义问》云:"夫妻失礼,则虹气盛。有赤色在上者,阴乘阳气也。"③
《太平御览》卷三五〇	《诗义问》曰:"棚,所以覆矢也,谓箭筒盖也。"④
《太平御览》卷八三二	《诗义问》曰:"以缴系矢而射。"⑤
《初学记》卷二九	《诗义问》曰:"狐之类貉、貒、貍也。貉子曰貆,貆形状与貉类异,世人皆名貆。貉子似貍。"⑥
《太平御览》卷九四九	《诗义问》曰:"蟋蟀,食蝇而化成。"⑦
《艺文类聚》卷九一	《诗义问》曰:"晨风,今之鹞。"⑧
《艺文类聚》卷六三	《诗义问》曰:"横一木作门,而上无屋,谓之衡门。"⑨
《太平御览》卷九四八	《诗义问》曰:"蟏蛸,长足蜘蛛也。"⑩
《初学记》卷三〇	《诗义问》曰:"有鸭乌、雅乌、楚乌也。"⑪

---

① 王利器:《颜氏家训集解(增补本)》卷三,中华书局,1993年,第183—184页。
② [隋]杜台卿:《玉烛宝典》卷三,尊经阁文库藏旧抄卷子本。
③ [唐]虞世南:《北堂书钞》卷一五一,清光绪十四年(1888)孔广陶校刊本。
④ [宋]李昉:《太平御览》卷三五〇,中华书局,1960年,第1611页。
⑤ [宋]李昉:《太平御览》卷八三二,中华书局,1960年,第3713页。
⑥ [唐]徐坚:《初学记》卷二九,明嘉靖十年(1531)锡山安国桂坡馆刊本。
⑦ [宋]李昉:《太平御览》卷九四九,中华书局,1960年,第4213页。
⑧ [唐]欧阳询撰,汪绍楹校:《艺文类聚》卷九一,上海古籍出版社,1999年,第1589页。
⑨ [唐]欧阳询撰,汪绍楹校:《艺文类聚》卷六三,上海古籍出版社,1999年,第1128页。
⑩ [宋]李昉:《太平御览》卷九四八,中华书局,1960年,第4207页。
⑪ [唐]徐坚:《初学记》卷二九,明嘉靖十年(1531)锡山安国桂坡馆刊本。

由此可证《玉烛宝典》所引《诗义问》确为刘桢《毛诗义问》。而在杜台卿之前,以"诗义问"或"毛诗义问"为题名的著作,仅有刘桢《毛诗义问》一例①,故《玉烛宝典》所引为《毛诗义问》无疑。然正如杨守敬所言,《玉烛宝典》"误字当有五六",此残句在不同《玉烛宝典》版本中亦存在较大差异:

表 2 《玉烛宝典》引文版本差异表

版 本	文 本
尊经阁文库藏旧抄卷子本	虹见,青有赤之色,青在上者阴乘阳,故君子知以为戒。
前田家本、水野忠央旧藏江户中写本	虹见,青有赤之色,青在上者阴乘阳,故君子知以为戒。
内阁文库藏日本文化二年(1805)昌平黉写本	虹见,青有赤之色,青在上者阴乘阳,故君子知以为或。
国立国会图书馆藏依田利用《玉烛宝典考证》本	虹见,有青赤之色,青在上者阴乘阳,故君子知以为或。 (注一:旧"有青"倒,今乙转。) (注二:或,疑当作"惑"。)
《古逸丛书》本	虹见,青有赤二色,青在上者阴乘阳,故君子知以为戒。

谨案:证据表明,依田利用《玉烛宝典考证》本所据底本(枫山官库本)即已误"戒"为"或"(枫山官库本笔者未得见),《玉烛宝典》卷一:"《风土记》云:'月正元日,百礼兼崇,殴疫宿或,奉始送终,乃有鸡子五薰,练形祈表。'"②依田利用注云:"或,疑'戒'字之讹。"③又:"注云:岁名。殴疫厉之鬼,严洁宿为或,明朝新旦也。"④依田利用注云:"为或,恐当作'戒为'。"⑤由此可知底本"戒"即误作"或",依田利用时已察觉"故君子知以为或"不通,然校改为"惑",实为错上加错,殊不可取。

---

① [唐]魏徵、[唐]令狐德棻:《隋书》卷三二,中华书局,1973 年,第 915—918 页。[南朝梁]阮孝绪撰,任莉莉辑证:《七录辑证》,上海古籍出版社,2011 年,51—58 页。
② [隋]杜台卿撰,[日]依田利用考证:《玉烛宝典考证》卷一,日本国立国会图书馆藏写本(岛田翰旧藏本)。
③ [隋]杜台卿撰,[日]依田利用考证:《玉烛宝典考证》卷一,日本国立国会图书馆藏写本(岛田翰旧藏本)。
④ [隋]杜台卿撰,[日]依田利用考证:《玉烛宝典考证》卷一,日本国立国会图书馆藏写本(岛田翰旧藏本)。
⑤ [隋]杜台卿撰,[日]依田利用考证:《玉烛宝典考证》卷一,日本国立国会图书馆藏写本(岛田翰旧藏本)。

谨案：应以"戒"字为正，《诗·鄘风·蝃蝀》"蝃蝀在东，莫之敢指"句《毛传》云："夫妇过礼则虹气盛，君子见戒而惧讳之，莫之敢指。"①孔颖达《正义》云："此恶淫奔之辞也，言虹气见于东方，为夫妇过礼之戒。"②可知"戒"字为正，由"戒"字俗体与"或"字形体相近而致误。

谨案：应以"有青赤"为正，依田利用《玉烛宝典考证》即将"有青"二字乙转，甚确。徐坚《初学记》引蔡邕《月令章句》云："夫阴阳不和，婚姻失序，即生此气，虹见有青赤之色，常依阴云而昼见。"③据以正之。又《玉烛宝典》本身倒文甚多，如卷二引《周官》"仲春罗鸟春"句，即将"罗春鸟"误为"罗鸟春"（尊经阁本、内阁文库藏日本文化二年昌平黉写本）。

谨案：应以"之色"为正，《古逸丛书》本误作"二色"，系臆改原文，实无凭据。徐坚《初学记》引蔡邕《月令章句》云："夫阴阳不和，婚姻失序，即生此气，虹见有青赤之色，常依阴云而昼见。"④

综上四条，校勘后的《毛诗义问》残句当正作：

虹见，有青赤之色，青在上者阴乘阳，故君子知以为戒。

需要注意的是，此残句与《北堂书钞》卷一五一引《毛诗义问》残句较为相似，应属同句，在流传辑录中发生了不同程度的讹变。两句对比如下：

表3 《玉烛宝典》与《北堂书钞》引《毛诗义问》文本对比

出　　处	文　　本
《玉烛宝典》卷三	虹见，有青赤之色，青在上者阴乘阳，故君子知以为戒。
《北堂书钞》卷一五一	夫妻失礼，则虹气盛。有赤色在上者，阴乘阳气也。

---

① ［汉］毛亨传，［汉］郑玄笺，［唐］孔颖达等正义：《毛诗正义》卷三，北京大学出版社，1999年，第204页。
② ［汉］毛亨传，［汉］郑玄笺，［唐］孔颖达等正义：《毛诗正义》卷三，北京大学出版社，1999年，第204页。
③ ［唐］徐坚：《初学记》卷二，明嘉靖十年（1531）锡山安国桂坡馆刊本。
④ ［唐］徐坚：《初学记》卷二，明嘉靖十年（1531）锡山安国桂坡馆刊本。

虽然两句在文本上存在较大的重合度，但其对"虹气"的具体阐释却存在差异。孔颖达《毛诗正义》引《音义》曰："虹双出，色鲜盛者为雄，雄曰虹；暗者为雌，雌曰蜺。"①《尚书考灵曜》注云："日傍白者为虹，日傍青赤者为霓。"②谨案：青、赤二色均系暗色，属霓，为雌，故"青在上者阴乘阳""有赤色在上者，阴乘阳气也"均不误。两句虽意思大体相同，但"青""赤"二字之异仍证明了文本的不可靠。

基于以上分析初步猜测，刘桢《毛诗义问》在写定后受到不同程度的篡改，伴随着《毛诗义问》被析分和收入类书，其在文本和主旨上均与原本发生较大偏离，文本失真现象突出——这诚然是佚书辑录之通病，但《毛诗义问》残句在二书中的差异放大了这一缺陷。笔者认为：首先，《玉烛宝典》未出现改动引书原貌和调整引录格式的现象，能够较好地反映原文面貌；其次，今本《玉烛宝典》在撰成后亦未经大规模改动，没有迹象表明增加新文本（《玉烛宝典》最晚引录文本为南朝梁宗懔《荆楚岁时记》，无后出之书）和改动旧文本（如注音统标"反"而不作"切"，保留《韵略》之旧），甚至卷数都维持十二卷的原貌③。可见《玉烛宝典》本《毛诗义问》整体比较可靠。而《北堂书钞》等后出类书对原文进行了不同程度的改造，准确性上略逊一筹。

需要认识到的是，《毛诗义问》辑佚仍存在较大缺失，不仅《玉烛宝典》等新见文献存在利用上的不足，就连《太平御览》等传统类书亦存在漏辑现象，说明《毛诗义问》辑佚尚存较大漏洞，仅举一例：《太平御览》卷八三二"《毛诗·缁衣·女曰鸡鸣》曰：将翱将翔，弋凫与雁"句小注："《诗义问》曰：以缴系矢而射。"④此句先前诸本均漏辑，颇令人费解，可能与其出现在注文中（而不是正文中）有关。以上种种，无不反映了《毛诗义问》辑佚工作还有很长的路要走。

---

① ［汉］毛亨传，［汉］郑玄笺，［唐］孔颖达等正义：《毛诗正义》卷三，北京大学出版社，1999年，第204页。
② ［日］安居香山、［日］中村璋八辑：《纬书集成》上册，河北人民出版社，1994年，第354页。
③ 今本《玉烛宝典》第九卷阙。
④ ［宋］李昉：《太平御览》卷八三二，中华书局，1960年，第3713页。

三、"刘桢"与"刘损"——论《玉烛宝典》对《京口记》实际作者推定的作用

长期以来,方志《京口记》被误认为是刘桢所作,如孔广陶本《北堂书钞》卷一五七校勘记云:"今案:陈本'间'作'见',无'使断'二字,'赭衣'作'诸',无'刘损之'三字,余同。《御览》六十六引'损之'作'桢','间'作'中',余同。本钞中改'间'者,详本卷上,称'损之'者,宋人转钞,避仁宗讳也。"①将"刘桢"当作正字,将"刘损(之)"当作讹字,此类认识在清末考据学派中具有代表性,如刘文淇《嘉定镇江志校勘记》亦云:"案:戴氏守梧云:'之'字衍,'损'字当作'桢',记忆《太平御览》所引如此。今考《御览》四十六卷'北固山'内引《京口记》正作'刘桢',戴氏之说是也。宋元二志引《京口记》亦多作'刘桢',此处作'刘损之'者,盖传写之讹耳。"其小字注云:"《隋书·经籍志》云:《京口记》二卷,宋太常卿刘损撰。《舆地纪胜》亦作'刘损之',然《太平寰宇记》等书所引,皆作'刘桢',则'损'字必'桢'字之误也。"②《艺文类聚》共引六条,悉作"刘桢",故《三曹资料汇编》将《艺文类聚》卷八载《京口记》归入刘桢名下③,韩格平《〈京口记〉残句辑注》④、张乃鉴《〈艺文类聚〉辑〈京口记〉佚文非刘桢所作考》⑤等文章已予以初步纠正说明。但《京口记》为刘桢所作的旧说持续较长,影响深远,难以一时消除。

谨案:"刘桢"实为"刘损"之讹。《隋书·经籍志》云:"《京口记》二卷,宋太常卿刘损撰。"⑥《宋书·刘损传》云:"粹族弟损,字子骞,卫将军毅从父弟也。父镇之,字仲德,以毅贵,历显位,闲居京口,未尝应召。……官至吴郡太守,追

---

① [唐]虞世南:《北堂书钞》卷一五七,清光绪十四年(1888)孔广陶校刊本。
② [宋]卢宪撰、[清]刘文淇校勘:《嘉定镇江志》校勘记卷上,成文出版社影印清道光二十二年(1842)丹徒包氏刻本。
③ 《三曹资料汇编》将《京口记》"蒜山无峰岭,北悬临江中。魏文帝南望而致歌"句作为刘桢对曹丕的评述资料予以收录,见河北师范学院中文系古典文学教研组编:《三曹资料汇编》,中华书局,1980年,第46页。
④ 韩格平:《〈京口记〉残句辑注》,《古籍整理研究学刊》1987年第3期,第54—57页。
⑤ 张乃鉴:《〈艺文类聚〉辑〈京口记〉佚文非刘桢所作考》,《天津职业技术师范学院学报》1990年第2期,第79—80页。
⑥ [唐]魏徵、[唐]令狐德棻:《隋书》卷三三,中华书局,1973年,第982页。

赠太常。"①"桢""损"二字长期在文献中讹用,造成《京口记》作者推定的种种误区。这种文本讹写现象,在《玉烛宝典》中亦得到体现,《玉烛宝典》卷二引刘桢《清虑赋》作:

  刘损《清虑赋》云:"瀹凤卵。"②

依田利用《玉烛宝典考证》小注云:

  旧"桢"作"损",今改。③

依田利用《玉烛宝典考证》夹注云:

  按《隋志》:"《京口记》二卷,宋太常卿刘损撰。"《唐志》作"刘损之",《艺文类聚》引作"刘祯",又作"刘桢",《文选注》作"刘桢",此盖其人也。《隋志》又:"《毛诗义问》十卷,魏太子文学刘祯撰。"他书引作"桢",《诗疏》作稹,字形相近,未详孰是。④

由此可知,"刘桢""刘损"在文献传写中一直模糊不清,造成《艺文类聚》《太平寰宇记》《太平御览》《北堂书钞》多次出现"刘桢《京口记》"的讹误。《玉烛宝典》"刘桢"讹为"刘损"的实例,反映了二字至少在日本嘉保三年(1096)至日本贞和四年(1348)间尊经阁本写定时即已舛误——尊经阁本为现存诸抄本之祖本,缮写精良,其误字很大可能承自更古老的抄本——最早可以上溯至武周时期⑤。至

---

① [南朝梁]沈约:《宋书》卷四五,中华书局,1974年,第1385页。
② 尊经阁文库藏旧抄卷子本、前田家本、水野忠央旧藏江户中写本,内阁文库藏日本文化二年(1805)昌平黉写本并同,内阁文库藏日本文化二年(1805)昌平黉写本羼入卷三,国立国会图书馆藏依田利用《玉烛宝典考证》本改为"刘桢",《古逸丛书》本误作"刘祯"。
③ [隋]杜台卿撰,[日]依田利用考证:《玉烛宝典考证》卷二,日本国立国会图书馆藏写本(岛田翰旧藏本)。
④ [隋]杜台卿撰,[日]依田利用考证:《玉烛宝典考证》卷二,日本国立国会图书馆藏写本(岛田翰旧藏本)。
⑤ 谨案:尊经阁本《玉烛宝典》保留武周新造字,如天、地等字,反映了尊经阁本之祖本于武周中写定,后未经大规模修改——甚至是字形的改动。

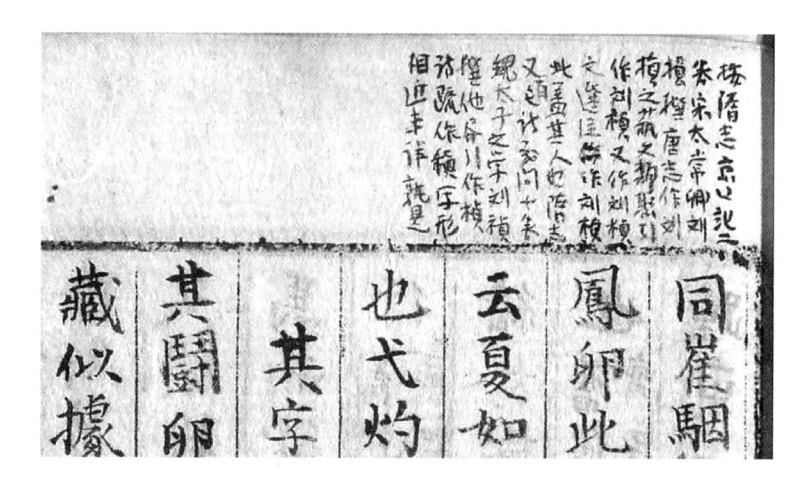

图 1　依田利用《玉烛宝典考证》卷二天头夹注(写本)①

此,"刘桢《京口记》"之谜终于告破,其既非孔广陶本《北堂书钞》校勘记所言"避仁宗讳",又非刘文淇所言"'损'字必'桢'字之误",它属于较典型的形近而讹,且较早即发生讹字分化。刘桢(刘损)讹字校正表详如下:

表 4　刘桢(刘损)讹字校正表

出　　处	引　　文
《艺文类聚》卷六	刘桢《京口记》曰:"城北四十余里,有小岗,高二丈许。有人鼻形,着岗西头。有口在上,而鼻在下。方圆数尺,状如燋土。古老相传,因名下鼻。今无复鼻,厥口犹在。"②
《艺文类聚》卷八	刘桢《京口记》曰:"蒜山无峰岭,北悬临江中。魏文帝南望而致歌。"③
《艺文类聚》卷八	刘桢《京口记》曰:"石门,二山头相对,高二十余丈,广六十余步,谓为石门,行道所经。"④
《艺文类聚》卷九	刘桢《京口记》曰:"县城东南大路,过长堑五里,得屠儿浦者。昔诸屠儿居此小浦,因以为名也。"⑤

---

①　图源:日本国立国会图书馆(https://dl.ndl.go.jp/pid/2551562/1/111)。
②　[唐] 欧阳询撰,汪绍楹校:《艺文类聚》卷六,上海古籍出版社,1999年,第104页。
③　[唐] 欧阳询撰,汪绍楹校:《艺文类聚》卷八,上海古籍出版社,1999年,第142页。
④　[唐] 欧阳询撰,汪绍楹校:《艺文类聚》卷八,上海古籍出版社,1999年,第144页。
⑤　[唐] 欧阳询撰,汪绍楹校:《艺文类聚》卷九,上海古籍出版社,1999年,第177页。

续　表

出　　处	引　　文
《艺文类聚》卷六四	刘桢《京口记》曰："糖颓山，山周回二里余，山南隔路得郗（郄）鉴故宅，五十余亩。"①
《艺文类聚》卷八七	刘桢《京口记》曰："南国多林檎。"②
《文选》卷二二	刘桢《京口记》曰："蒜山无峰岭，北临江。"③
《太平御览》卷四六	刘桢《京口记》云："回岭入江，悬水峻壁。"④
《太平御览》卷五六	刘桢《京口记》曰："去城九里有白在岘。"⑤
《太平御览》卷六六	刘桢《京口记》曰："龙目湖，秦王东游，观地势云：此有天子气。使赭衣徒凿湖中长冈，使断，因改为丹徒，今水北注江也。"⑥
《太平御览》卷一八〇	刘桢《京口记》曰："糖颓山，山周回二里余，山南隔路得郗鉴故宅，五十余亩。"又曰："长村东太浽，浽北有谢玄故宅。"⑦
《太平御览》卷一九四	刘桢《京口记》曰："劫亭，湖亭，通阿湖，□陵郡治丹徒县，八县来往经过此湖中多劫，于边立亭，因以为名。"⑧
《太平御览》卷五三二	刘桢《京口记》曰："虎社中村老故相传云：昔有虎于社中产，因以为名。"⑨
《太平御览》卷六四二	刘桢《京口记》曰："有龙目湖，秦始皇东游，观地势曰：有天子气。使赭衣徒三千人凿此中间长堤，使断，因改名为丹徒。"⑩
《太平寰宇记》卷八九	刘桢《京口记》云："回岭入江，悬水峻壁。"⑪
《嘉定镇江志》卷六	刘桢《京口记》："回岭入江，垂水峻壁。"⑫

---

① ［唐］欧阳询撰，汪绍楹校：《艺文类聚》卷六四，上海古籍出版社，1999年，第1143页。
② ［唐］欧阳询撰，汪绍楹校：《艺文类聚》卷八七，上海古籍出版社，1999年，第1490页。
③ ［梁］萧统编，［唐］李善等注：《六臣注文选》卷二二，中华书局，1987年，第412页。
④ ［宋］李昉：《太平御览》卷四六，中华书局，1960年，第222页。
⑤ ［宋］李昉：《太平御览》卷五六，中华书局，1960年，第273页。
⑥ ［宋］李昉：《太平御览》卷六六，中华书局，1960年，第314页。
⑦ ［宋］李昉：《太平御览》卷一八〇，中华书局，1960年，第877页。
⑧ ［宋］李昉：《太平御览》卷一九四，中华书局，1960年，第938页。
⑨ ［宋］李昉：《太平御览》卷五三二，中华书局，1960年，第2416页。
⑩ ［宋］李昉：《太平御览》卷六四二，中华书局，1960年，第2876页。
⑪ ［宋］乐史：《太平寰宇记》卷八九，清光绪八年（1882）南京金陵书局刊本。
⑫ ［宋］卢宪：《嘉定镇江志》卷六，成文出版社影印清道光二十二年（1842）丹徒包氏刻本。

续　表

出　处	引　文
《至顺镇江志》卷四	刘桢《京口记》："南国多林檎。"①
《渊鉴类函》卷二五	刘桢《京口记》曰："城北四十余里有小冈，高二丈许。有人鼻形，着冈西头。有口在上，而鼻在下。方圆数尺，状如焦土。古老相传，因名下鼻。今无复鼻，厥口犹在。"②
《渊鉴类函》卷二九	刘桢《京口记》曰："蒜山无峰岭，北悬临江中。魏文帝南望而致叹。"③
《渊鉴类函》卷二九	刘桢《京口记》曰："石门，二山头相对，高二十余丈，广六十余步，谓为石门，行道所经。"④
《渊鉴类函》卷三二	刘桢《京口记》云："龙目湖，始皇东巡，亲相形势云：此有天子气。使赭衣徒凿湖中长冈，使断，因改名丹徒。"⑤
《渊鉴类函》卷三四	刘桢《京口记》曰："县城东南大路，过长冈五里，得屠儿浦，昔诸屠儿居此小浦，因以为名也。"⑥
《渊鉴类函》卷三四五	刘桢《京口记》曰："糖颓山，周卫二里余，山南隅隔路得郗鉴故宅，五十余亩。"⑦
《渊鉴类函》卷四〇三	刘桢《京口记》曰："南国多林檎。"⑧

四、余　论

利用可见的日藏文献进行辑佚、校勘，是晚清以来近代学术的一大趋势，对日本《玉烛宝典》《原本玉篇》《广韵》《一切经音义》《文镜秘府论》等引文资料的发掘，反映出日藏汉籍独特的版本价值。诸本《刘桢集》存在的未尽遗憾，无不

---

① ［元］脱因修，［元］俞希鲁纂：《至顺镇江志》卷四，成文出版社影印民国十二年（1933）丹徒冒广生重刊本。
② ［清］张英、［清］王士禛：《渊鉴类函》卷二五，日本内阁文库藏清康熙四十九年（1710）刊本。
③ ［清］张英、［清］王士禛：《渊鉴类函》卷二九，日本内阁文库藏清康熙四十九年（1710）刊本。
④ ［清］张英、［清］王士禛：《渊鉴类函》卷二九，日本内阁文库藏清康熙四十九年（1710）刊本。
⑤ ［清］张英、［清］王士禛：《渊鉴类函》卷三二，日本内阁文库藏清康熙四十九年（1710）刊本。
⑥ ［清］张英、［清］王士禛：《渊鉴类函》卷三四，日本内阁文库藏清康熙四十九年（1710）刊本。
⑦ ［清］张英、［清］王士禛：《渊鉴类函》卷三四五，日本内阁文库藏清康熙四十九年（1710）刊本。
⑧ ［清］张英、［清］王士禛：《渊鉴类函》卷四〇三，日本内阁文库藏清康熙四十九年（1710）刊本。

提醒着我们：《玉烛宝典》等日藏汉籍的利用尚存不足，特别是长期以来对《古逸丛书》本的单方依赖，使《玉烛宝典》古写本与《玉烛宝典考证》承载的一系列学术信息石沉大海，每念及此，深感痛心。刘桢作品存世稀少，且片段零散，讹替滋生，难以卒读，以《鲁都赋》为例，除首段较长引文①外，其他三十一条残句均无法缀合②，表明《鲁都赋》的整体结构已遭到不可逆的损害，刘桢全集中，此类问题并不鲜见。

从建安文学的宏观视野来看，《玉烛宝典》对建安文学的贡献无疑是巨大的——尤其在辑佚校勘层面，如曹植《大暑赋序》"季夏三伏"③句即可据以辑补残句④，曹植《九咏》"乘回风兮浮汉渚，目牵牛兮眺织女，交际兮会有期"⑤句即可据以校勘异文⑥，如此种种，不胜枚举。而这些材料尚未得到有效利用，亟须有识之士进一步发掘整理。

---

① 谨案：此段引文以《艺文类聚》卷六一较长引文为底本，故前后连缀。
② 据俞绍初《建安七子集》辑本，《鲁都赋》存三十一条无法缀连的残句。
③ 据尊经阁文库藏旧抄卷子本《玉烛宝典》卷六，诸本同。
④ 谨案：此句诸辑本均漏辑。
⑤ 据尊经阁文库藏旧抄卷子本《玉烛宝典》卷七。内阁文库藏日本文化二年(1805)昌平黌写本、《古逸丛书》本同。前田家本、水野忠央旧藏江户中写本首"兮"误作"帛"，后二"兮"误作"予"。依田利用《玉烛宝典考证》本据《汉魏六朝百名家集》改"交际"为"交有际"。
⑥ 谨案：（一）乘，《艺文类聚》卷五六、《北堂书钞》(陈禹谟本)卷一五五作"临"，《北堂书钞》(孔广陶本)卷一五五作"乘"，赵幼文云："疑作乘字是。"（二）回风，《北堂书钞》(孔广陶本)卷一五五作"风回"，《艺文类聚》卷五六、《北堂书钞》(陈禹谟本)卷一五五作"回风"。（三）汉，《北堂书钞》(孔广陶本)卷一五五作"海"，《艺文类聚》卷五六、《北堂书钞》(陈禹谟本)卷一五五作"汉"。（四）眺，《北堂书钞》(孔广陶本)卷一五五作"瞰"，《艺文类聚》卷五六、《北堂书钞》(陈禹谟本)卷一五五作"眺"。（五）交际，《艺文类聚》卷五六、《北堂书钞》(陈禹谟本)卷一五五、《北堂书钞》(孔广陶本)卷一五五作"交有际"。

Study on the Value of *Yuzhu Baodian* in the Collection and Collation of Liu Zhen's Works

Xu Chuanwu Yan Suhao

Abstract: *Yuzhu Baodian*, the Chinese Classics saved in Japan, has been lost for a long time in ancient China, scholars such as Yan Kejun and Ma Guohan have not seen it, so they were not able to collect and collate based on it. *Yuzhu Baodian* was not fully utilized after being returned in the late Qing Dynasty, and there are still shortcomings. This article examines the important role of *Yuzhu Baodian* in the collection and collation of Liu Zhen's works, clarifying the following three basic issues: Firstly, explain the utilization of *Yuzhu Baodian* in the collection and collation of Liu Zhen's works, and discuss the problems existing in various Liu Zhen's collections. Secondly, discuss the great role of the *Yuzhu Baodian* in the collection and collation of Liu Zhen's works. Thirdly, explain the role of the *Yuzhu Baodian* in the textual research of Liu Zhen's issues.

Keywords: *Yuzhu Baodian*; Liu Zhen; Collection; Collation

浅谈日藏汉籍的收藏与利用

王晓静[①]

摘　要：汉籍的域外传存,以日本数量最多、质量最为上乘。日本现藏汉籍有十万种左右,其中不乏大量宋元版本及中国佚籍。日本汉籍书志书目是独立的目录学成果,同时也是一定时期内汉籍在日本流传、收藏、分布、刻印等状况的直观反映。这是一个长期而变动的过程。我们要了解日本汉籍馆藏机构的沿革、汉籍来源,掌握目录之间的关系,对同一机构不同时期的书目,以及和书籍递藏有关系的材料,要学会综合利用。以目录学为抓手,贯穿起藏书学、版本学,并指导校勘学。

关键词：日藏汉籍;佚书佚版;书志书目

---

① 王晓静,女,安徽萧县人。文学博士,山东大学儒学高等研究院助理研究员,研究方向为中国古典文献学。

域外汉籍作为新的学术领域,经过近四十年的发展,在文献调查、编目、影印、整理、研究等方面,硕果累累。而考察汉籍的域外流布,则以日本传存数量最多,质量最为上乘。笔者对日藏汉籍的关注,缘于跟随杜泽逊教授从事《日本藏中国古籍总目》的编纂工作,迄今已是第六个年头。在整日摩挲日藏汉籍目录的过程中,逐渐对日藏汉籍的流传与收藏、汉籍目录的编纂与利用有所认识。本文所谈的几个问题,也许早已是学界的共识,笔者不揣浅陋,奉聂济冬教授之命,予以发布,恳请方家批评指正。

首先,本文所说的"日藏汉籍",取的是狭义的"汉籍"范围。"汉籍"一词在中国本土的语境中出现不多。国内称古书,直接叫作"古籍"。图书馆有古籍部,书目叫"古籍书目",像《中国古籍总目》《中国古籍善本书目》《××馆藏古籍书目》之类。但国内出版的书目,书名里有"汉籍"两个字的也不是没有,比如《中国馆藏和刻本汉籍书目》《美国图书馆藏宋元版汉籍图录》之类,要注意的是这两个书名"汉籍"前面的限定词:一个是与"和刻本"联系起来,和刻本就是日本刻本;另一个是与"美国图书馆"联系起来,由此可见,"汉籍"这个词往往和"域外"有关。"域外汉籍"这个名称,可以追溯到1986年,最早是在台湾出现的。1986年,为了庆祝蒋介石百年诞辰和"中华民国优良图书展",台湾《联合报》文化基金会国学文献馆,联合日本明治大学、美国夏威夷大学韩国学研究中心,在日本明治大学举办了一场"中国域外汉籍国际学术研讨会",这是第一次使用"域外汉籍"这个名称。会议收到了很多论文,有中文、日文、韩文的,围绕的核心是汉文文献。同时也谈到汉籍编目,由此引发对"汉籍"定义范围的讨论,各家意见不一。直到今天,三十多年过去了,域外汉籍研究越来越受到学者重视,具体的研究实践很多,而关于"汉籍"的定义、范围依然看法不一。今天不谈各家争论,笔者取其中一个日本人——神田信夫的界定作本文所说的"日藏汉籍"的范围。神田信夫说:"日本人一般把自古到20世纪初的清末之间中国人用汉文撰写的书籍称作汉籍。"[①]这里时间限定、撰作主体限定,用的文字是汉文。这应该是最狭义也是最核心的"汉籍"内容了,基本等同于"中

---

① 王钟翰主编:《满学朝鲜学论集》,中国城市出版社,1995年,第1页。

国古籍"。当然,在东亚范围内,日本人、韩国人、越南人,也用汉文进行撰述,这些也是今日"域外汉籍"领域关注、研究的对象,而且还有巨大的可以挖掘的空间。

其次,中国人用汉文撰写的书籍,是什么时候、怎样传到日本的呢?这是一个很长的历史过程,它和文化、地理、外交、贸易等因素密不可分,甚至带有某些传说色彩。比如西汉司马迁《史记》记载徐福渡海求仙药,到宋代就演变出"徐福行时书未焚,逸书百篇今尚存"①之说,这是欧阳修《日本刀歌》里的两句。日本也有不少姓氏认为自己是徐福的后代。关于中国书籍传入日本,日本的文献也是有记载的。像成书于 712 年的《古事记》一书,就记载了应神天皇令百济进献贤才,百济贡上来的人名叫王仁,同时一起贡上的还有《论语》十卷、《千字文》等书,约在 4 世纪后半期。当然,从日本的历史来说,应神天皇是介于传说和史实之间的人物,且《千字文》的成书与这个时间也不符,所以这个记载不是全部可信。但可以认为在 4 世纪末,中国典籍已经传入日本。是由朝鲜半岛传入的,百济、日本,中国正史里也有记载,是把它们视作东夷之地的。

到隋代、唐代,也即是 6 世纪到 9 世纪,日本派遣隋使、遣唐使来中国,相当于外交使团。遣唐使有时规模很大,多达几百人,除了大使、副使等官员外,还有工匠、画师、学问僧、请益僧、留学生等。学问僧与请益僧稍有区别。学问僧又称留学僧,在唐学习研究佛教教义,时间较长。请益僧又称还学僧,有一定期限限制,一般需要和同去的遣唐使一起回国,地位比学问僧要高一些。但也有些请益僧,因为各种原因滞留在唐,比如圆仁②。这些来华人员,其中一项重要活动就是寻访、购求、抄写(或请人抄写)中国典籍并带回日本。《旧唐书》载唐玄宗开元初年,日本使团"所得赐赉,尽市文籍,泛海而还";唐末诗人陆龟蒙也有《圆载上人挟儒书归日本国》诗云:"九流三藏一时倾,万轴光凌渤澥声。从此

---

① [宋]欧阳修著,李逸安点校:《欧阳修全集》,中华书局,2001 年,第 767 页。
② [日]圆仁著,白化文、李鼎霞、许德楠校注:《入唐求法巡礼行记校注》,中华书局,2019 年;葛继勇、齐会君、[日]河野保博著,李雪花等译:《圆仁〈入唐求法巡礼行记〉研究》,浙江人民出版社,2021 年。

遗编东去后，却应荒外有诸生。"①日本人获得中国典籍后，往往会进行登记，也就是编目。早期以内典居多，叫"将来目录""请来目录""求法目录"等。比如"入唐八家"的最澄，有《传教大师将来目录》，空海有《御请来目录》。"将来"就是"带来""拿来"之意。而外典目录，日本现存最古老的就是藤原佐世编的《日本国见在书目录》了。这个书作成的具体时间有四五种说法，我们可以取孙猛先生日本宽平三年说②，也就是公元891年，唐末昭宗大顺二年。这个目录的分类，依据的是唐代魏徵编撰的《隋书·经籍志》。《隋书·经籍志》大家都知道，它正式确立了目录学"经部、史部、子部、集部"四分法及名称。虽然在《隋志》之前，西晋荀勖《中经新簿》也是四分，但它称"甲部、乙部、丙部、丁部"，未被后世沿用，而《隋志》的分类方法及名称却一直为后代所延续。藤原佐世此目录，依据《隋志》，但不标四部之名；《隋志》四部下分的四十家，藤原只是把"谶纬"改成了"异说家"，这或许是根据《隋志》序文末"以备异说"这句修改的。《日本国见在书目录》记录的是唐末以前中国人撰写的、被带到日本的书，总量接近1 600部17 000卷，这个数量相当于当时中国产生书籍量的一半。藤原著录的这些书，唐代以后在中国的流传情况如何，有哪些资料记载，现在是存是佚？这些问题的答案，在孙猛先生《日本国见在书目录详考》里。这是孙猛先生花了二十多年工夫做的，能帮助我们解决很多问题。

到宋代，官方的交往中断，但是商人、僧侣的个人交往依然继续，一直延续到元代。在唐代，学问僧、请益僧来中国，往往会写日记，如圆仁的《入唐求法巡礼行记》、圆珍的《行历抄》。到宋代，僧人有时会搭商船来华。比如天台山延历寺僧人释戒觉，有个日记叫《渡宋记》，现在存下来的部分，就是他在永保二年（北宋元丰五年，1082）九月至次年六月，搭乘商客刘琨蒙的船来华的历程。宋代禅宗传入日本后，产生了很大影响，比如著名的五山文学、五山刻书等。还比如朱子学，也对日本影响很大。随着文化因素的影响、雕版印刷的兴盛以及贸

---

① ［唐］陆龟蒙：《甫里集》卷一二，民国八年（1919）上海商务印书馆《四部丛刊》景黄丕烈校明钞本。
② 孙猛：《日本国见在书目录详考》研究篇《〈日本国见在书目录〉的成书年代及其背景》，上海古籍出版社，2015年，第2165—2179页。

易的发达,书籍成了重要的商品。宋、元、明一直到清,中国产生的书籍不断输送到日本,而且速度也比较快。包括很多大部头的书,像宋代敕编的《册府元龟》《文苑英华》《太平御览》、清代《钦定全唐文》等1000卷的书,明代陶宗仪《说郛》150册、清代张海鹏《学津讨原》300册这样的大丛书,都作为商品卖到了日本。中国的商船称"唐船",和"兰船"相对,有本书就叫作《唐船兰船长崎入船便览》。书籍的登记记录,日本保存下来的有一种叫"书籍元帐",记录哪一年哪一号船,带来哪些书,每一种书多少部、多少套。还有个资料,叫《唐船进港回棹录》,这个不记录具体的书,只是登记哪一年哪一号船从哪儿来,哪一天进港,哪一天回棹,也就是驾船返回中国。这是从中国典籍输入这条线来说。日本在接受中国原产典籍的同时,也以中国版本为底本进行再生产,包括抄写、训点、刊刻等。抄写往往会产生另外一种文本。这是因为日本学者在抄写时,往往会利用中国的刻本和日本保存的古抄本进行校勘,形成一种特殊的文本面貌。这种抄本在日本的存量是比较大的,近年被纳入"写本文献学"的范畴进行独立研究。而就刻本来说,有一些比较有名的版本。比如五山版,这是在13世纪中后期到14世纪中期,日本效仿南宋"五山",也就是五座佛寺,定了镰仓(建长寺、圆觉寺等)、京都(天龙寺、相国寺等)各五座禅宗寺院,对典籍进行刊刻,主要出版禅宗相关典籍。当然,出于学习的需要,也出版一些外典,大约有八十种。五山刻本,底本包括中国典籍的日本古抄本、宋刻本、元刻本以及明代早期刻本,底本很精良,加上刻工也有中国人,比如俞良甫,依据底本进行覆刻,这是五山版受到重视的重要原因。尤其是当五山版的这些书或者这些底本在中国亡佚以后,五山版就越发重要了。明代中后期到清代,日本对中国典籍的再生产就更多,一般统称和刻本。

20世纪初期,随着政治形势的变化,文化、学问、书籍的命运亦随之而变。这个时期日本对中国古籍进行了几次大规模的整体收购。影响最大的就是日本三菱财团静嘉堂文库,它整体收购了清末四大藏书家之一的浙江归安陆心源的藏书。皕宋楼、十万卷楼、守先阁藏书,都东渡日本了。静嘉堂之所以闻名海内,正是因为陆心源的这些藏书,尤其是二百多部宋元本。另外还有东京大学东洋文化研究所(东方文化学院东京研究所时期)收购徐则恂东海楼的藏书、京都大学人文科学研究所(东方文化学院京都研究所时期)收购陶湘涉园的藏书,等等。丛书是陶湘藏书特色之一,所以才有吉川幸次郎说的自宋元以来的丛刻,"不在我库者盖鲜"①。再有像叶德辉观古堂的藏书、盛宣怀愚斋图书馆的藏书等,散到日本的也不少。

综合以上种种,就构成了日藏汉籍数量大、质量高的局面。虽然日本对总量还没有一个确切数字,但据有关学者预估,日本现藏中国古籍品种十万种左右,约五百万册,收藏单位大约有三百多家,按部数计算的话也有几十万部了。

再次,我们为什么谈日藏汉籍,为什么重视日藏汉籍?这个角度可以是多方面的。可以从文化交流的角度考量,也可以从思想、经济、贸易的角度考量。笔者根据自己的实践,谈最显而易见的两点:一是日藏汉籍有中国国内已经亡佚的书,二是日藏汉籍有中国国内已经不存的版本。当然再细致的话,还可以谈日藏汉籍有中国典籍同一版本的早期印本或者不同印本。

一部书就像一个人一样,它也有一个动态的过程,从产生,到传播,到聚集,再到散亡,命运各不同。其中原因,有鼠啮蠹蚀、水淹火焚、战争劫掠,也有学术隆替、文化政策、科举导向等造成流布多寡,自然淘汰,等等。有些书,中国已经不存了,但是在日本还有保存。像上面提到的欧阳修《日本刀歌》说的"逸书百篇今尚存"。最有名的佚书,像唐代魏徵的《群书治要》五十卷,是给太宗皇帝看的治国理政之书,它在国内失传了。而在日本,不光有抄本存世,还有铜活字本等多个版本。清代辑佚学发达,像济南历城学者马国翰,辑了著名的《玉函山房辑佚书》,收书六百多种。有很多书我们国内没有了,反倒需要到日本去寻访,或者买回来,或者抄回来,或者影印回来。清末民初时,这成了很多去日本的学者、官员比较重视的事情了。像杨守敬,他在光绪六年(日本明治十三年,1880)夏天随日本公使何如璋去日本,在日本的书肆得到了不少旧本。又听说日本人森立之收藏古书很丰富,就在次年一月专门去拜访。两人用文字进行交流,也就是笔谈。这份谈话被森立之保存了下来,叫《清客笔谈》,藏在庆应义塾大学

---

① 《东方文化研究所汉籍分类目录》卷末吉川幸次郎跋,东方文化研究所编刊,1943年。

斯道文库。陈捷教授把它加以整理、注解刊发出来了。根据这个资料,我们可以看到,杨守敬去拜访森立之,主要是讨论日藏中国古书的搜集、购买、抄写、刊刻等问题。比如,杨守敬询问森立之宋本《玉篇》《广韵》能否割爱,同时还希望把中国已经散佚的《玉烛宝典》《姓解》《史略》等书刻出来。森立之九代都是学的汉方医学,他自己通儒通医,精通汉籍,写了一个很有名的书叫《经籍访古志》。这个书的成书其实不光是森立之的功劳,从稿本到定本也有一个几易其稿的过程,这是另一个话题了。关键是这个书的内容,它成了杨守敬日本访书的索引。为什么呢?因为《经籍访古志》收录的都是中国典籍,总共662种,分经、史、子、集、医五部,收书的版本以元代为下限,包括很多旧抄本,明清的本子只有绝佳的才有资格入选。再者,森立之仿照中国的《天禄琳琅书目》和《爱日精庐藏书志》,给每一部书都写了一个解题。包含书是谁写的、谁藏的、卷帙全不全、行款、藏书印,等等,有一些书是中国已经不见了的。杨守敬根据这个书按图索骥。那时候日本已经明治维新,学习西方,传统汉学衰落,汉籍不怎么被重视,所以在日本期间,杨守敬买到了三万多卷古籍。这个情形让笔者想到大木干一。民国时他在中国购买清代律例、刑案这类缺乏实用性的书,"一趟即可购得数十百册,满载而归"。再说回杨守敬,日本有些好古之家的藏书无法用金钱买到,他就用带去的日本人没见过的金石碑帖去交换。他还把自己在日本经眼的书,一一写一篇详细解题,形成《日本访书志》十五卷,里面有很多稀见之书。光绪八年到十年,黎庶昌刻《古逸丛书》,也主要是得到杨守敬的大力协助。杨守敬还把森立之《经籍访古志》排印出版。这也可以衍生出另外一个视角,就是日本汉文书籍的中国传播。像山井鼎《七经孟子考文补遗》流传到中国,也是典型的例子。

其实中国典籍的佚书现象,日本学者也注意到。比如日本宽政十一年至文化七年(1799—1810),正值中国嘉庆时期,日本儒者林衡(林述斋),他把中国亡佚的书辑成了一套书,叫作《佚存丛书》,这里面包括像唐代武则天写的《乐书要录》残卷三卷、宋代李中正的《泰轩易传》六卷等,国内完全没有了。我们现在检索到这两种书的清代同治伍崇曜粤雅堂本、光绪本,反倒是根据日本版本刻的。这是从书籍已经亡佚的角度去说。

另一种情况是,这个书中国国内还有,但是这个书的某些版本,中国已经没有了。上面举的《古逸丛书》《佚存丛书》,其实它们收的不全是中国已经散佚的书,也包含中国已经散佚的版本。书和版本是两个概念,一种书可以有多个版本。比如《周易注疏》可以有十几个版本,但是它的早期版本或者印本可能中国国内没有了,而日本、美国还有。像《周易注疏》的元刻本,国内收藏的基本是元刻明正德嘉靖修版印本,而美国柏克莱加州大学还藏有此书的元刻元印本。这一点日本学者也注意到了。在日本享保中期,相当于清代康熙末雍正初,日本学者山井鼎(山井昆仑),他去日本的州学——足利学校校书。为什么要去这里校书?山井鼎自己有一段叙述:"古者右文之代,六十州皆有学。足利学乃亦下野州学,岿然独存。其所讲习,皆汉唐古书,盖历数百年弗替也。中值丧乱,为浮屠窟,宅守者盲聋相承,古籍异书往往散逸。及乎近世,洛闽之学盛行,而人不贵古学,遂令其仅存者束之高阁,多为风雨虫鼠所蚀坏,诚所谓美玉蕴于碔砆,精炼藏于矿朴,庸人视以忽焉者,岂不悲乎?所幸天之未丧斯文,今搜之于将亡之间,而海外绝域乃获中华所无者,录以传于将来,不亦喜乎?此其所以不辞劳苦,矻矻从事于斯也。"①足利学校在下野国足利郡,创设时间说法不一,早的说是 8 世纪,晚的说是 12 世纪,但有明确记载的它的兴盛期,是在 15 世纪上半叶上杉宪实时期。宪实和他的儿子把家藏宋版《周易注疏》《尚书正义》《毛诗注疏》《礼记正义》《春秋左氏传注疏》捐给了学校,这就是足利学校著名的宋版五经。尤其是《周易注疏》,它是宋代两浙东路茶盐司刻的,每半叶八行,也称越刻八行本,并且每一卷之后都有南宋陆游儿子陆子遹的题识,这个版本中国已经不存了②。所以山井鼎说:"海外绝域乃获中华所无者,录以传于将来,不亦喜乎?"因此他孜孜矻矻在足利学校校书三年,即使病到"呻吟之声交发"的地步也不辍笔,最终把这些校书成果汇成了《七经孟子考文》二百卷。《考文》是山井鼎在享保十一年(清雍正四年,1726)写成的,没来得及刊刻他就病逝了。之后

---

① 此段文字是宫内厅书陵部藏《七经孟子考文》原本《凡例》末山井鼎按语,共 196 字,享保十六年(1731)刻本《七经孟子考文补遗》不见。原本不含《补遗》,物茂清《考文叙》与刻本也有文字上的差异,原本与刻本条目上也有差异。
② [日]德富猪一郎:《成篑堂闲记·春·足利观书的记》,日本书物展望社,第 17 页。日本书志学家长泽规矩也评此版本:"宋刊、宋印,复有宋人识语,诚珍中之珍也。"

物观、石之清等人，又对足利学宋版进行复校，对山井鼎的漏校进行补阙，撰为"补遗"写在山井鼎校记的后面，并以《七经孟子考文补遗》作为书名刊刻出来。《考文》原写本现存日本宫内厅书陵部，而《考文补遗》享保刻本传到了中国，在乾隆时期收入了《四库全书》，后来嘉庆时阮元又刻入了《文选楼丛书》。现在最易得的是国家图书馆出版社影印的享保刻本。以前中国国内看不到《周易注疏》的八行原本，但是山井鼎的校勘记，记录了宋本的异文面貌，所以卢文弨、阮元校勘《十三经注疏》时，吸纳了山井鼎不少成果。当然这种例子是很多的。像上面提到的林衡《佚存丛书》，里面收录了元代辛文房《唐才子传》的元刻本等。《唐才子传》十卷，是唐五代近四百位诗人传记的汇集，这书国内还有，但是国内存的版本都是清代嘉庆以来的版本，而日本不仅有元刻本，还有五山本、正保本等较早的版本。傅璇琮先生为这个书做了校笺，很便于利用。

　　以上这些都是泛泛来说的。版本珍稀只是一个方面。根据安平秋先生等人的调查，现在全世界存世的宋元版大约有六千部，中国大陆和台湾共有4 300部，余下的1 700部，日本藏有1 000部左右。物以稀为贵这是常理，但是不是只要稀见就一定价值高？也就是说，除了版本珍稀之外，更深层次的是，我们还要去研究文字和内容，看看这些日藏汉籍的佚书、佚本还能给我们提供哪些价值，解决哪些问题。这需要具体地去校勘、比对，需要一些实例去支撑。这方面杜泽逊教授做《十三经注疏汇校》，已经给出了很好的示范。

　　最后一个问题，怎么获取日藏汉籍？首先我们要知道这些东西具体藏在哪里。日本收藏汉籍的机构是非常多的，大概有两三百家，包括学校、寺庙、公共图书馆等。我们不一定也做不到每一个单位的情况都掌握，但对那些汉籍收藏历史悠久、汉籍藏量大、质量高、有明显特色的单位，要尽量做到心中有数。这样算来也就十多家。包括国立公文书馆内阁文库、宫内厅书陵部、东京大学东洋文化研究所、京都大学人文科学研究所、日本国立国会图书馆、东洋文库、静嘉堂文库、前田育德会尊经阁文库、名古屋市蓬左文库、足利学校、关西大学、龙谷大学、东北大学、早稻田大学、庆应义塾大学等。保守估计，以上这些机构，应该已囊括日藏汉籍品种的百分之九十以上。

　　知道了东西在哪里，怎么进门？这就需要用到日本的汉籍书目了。清代大学者王鸣盛说:"目录之学,学中第一紧要事,必从此问途,方能得其门而入。"这是大家耳熟能详的。目录的编撰被长泽规矩也视为日本书志学的起点。这项事业包括汉籍目录的编撰和国书目录的编撰两个方面。在明治以前,日本的汉籍书目编纂主要是受中国影响。明治以后,随着西欧国家方法的输入,日本制定了专门的目录编纂法则,这就是日本的十进制分类法,大正和昭和早期日本编的和汉书目录,有不少就是这种十进法。后来有些单位的汉籍目录,根据自己的藏书情况,在经史子集丛之外另设新学部,有的新学部也是十进法。日本的古典目录,从不同的角度分,有不同的类型。从目录编撰者的角度来说,有官撰目录,有私撰目录,就像中国的官修目录、私家目录一样。从目录著录的书籍本身来说,有国书目录,有汉籍目录,此外还有佛典目录。从目录功用来区分,可以有分类目录、藏书目录、著述目录等。日本的出版文化,很长一段时期都受到佛教影响。传世的目录中,最早的也都是与佛教有关的目录。那么日本总共编撰过多少汉籍相关目录呢?根据日本东洋文库东洋学信息中心的调查(1961年的调查),江户时代以来大约有2 600种。这2 600种包括公共图书馆、文库、学校图书馆、幕府、展览目录等。到1982年,数量就到了3 100余种。这些目录,有的是单行的,也有的是发表在杂志上的,也不全是纯汉籍目录,还有一些是汉籍、和书夹杂的目录。综合各种信息以及目验所及,截止到现在,日本可以利用的专门的汉籍目录大约有四五百种(基本上排除了较为驳杂的和汉书目录和个人藏书构成的文库目录)。

抛开目录学"辨章学术,考镜源流"的深层功用不谈,我们只谈它最简单的工具性,就是给你提供线索。最常用的就是日本各个收藏机构编撰的汉籍馆藏目录了。日本的汉籍收藏单位,基本都编有目录,有的还不止一部,而且有的是带有解题的。像宫内厅书陵部,二战以前叫作宫内省图书寮,早在昭和五年(1930)就出版了《图书寮汉籍善本书目》。虽然书名看似简目,但它是书志性质,侧重记录版本、牌记、行款、序跋、藏书印等客观信息。全书用中文撰写,繁体竖排,字大行疏。如果说有难度的话,就是它没有标点断句。当然,如果懂日语,还可以去看《图书寮典籍解题·汉籍篇》。这个是昭和三十五年(1960)出版的,内容更为全面细致。每一分类前先有总说,之后按时间顺序罗列代表性的版本。解题除记录版式、藏书印等基本信息外,还考察作者及重要收藏者的生平行迹、学术师承等,并详列每处识语的位置、文字、撰写者,揭示成书或相关版本情况,及其对日本历史或文化的影响,等等。出版形式也是繁体竖排,字比较小,但是有标点。

那像静嘉堂文库,它收购了陆心源的藏书,宋元版有258部,其他收藏宋元版较多的就是宫内厅和内阁文库了。静嘉堂文库也有几种书目,馆藏书目《静嘉堂文库汉籍分类目录》正编1930年颁行,1951年又做了续编。这个书目编得早,在体例及具体信息方面有不少问题,初学者不太容易利用,很多版本后来也进行了重新鉴定和规范著录。我们可以去看《静嘉堂文库宋元版图录》,一册是《解题编》,就是文字说明;一册是《图版编》,是和上册文字对应的书影。这个书是1992年出版的。如果拿1930年的目录和它比对的话,就发现问题了。比如,皕宋楼旧藏晋杜预《春秋经传集解》共五部,其中一部仅存十五卷,静嘉堂文库1930年《分类目录》著录为"宋刊(宋大字本)",1992年《图录》著录为"宋嘉定九年刊(兴国军学)",较1930年更为明确、完整。《分类目录》的著录是不是错误的呢?也不能说全错。它来源于陆心源的《皕宋楼藏书志》,但是改《藏书志》的"建大字本"为"宋大字本",信息有所丢失。这是第一个方法,翻检纸本书目。对于同一机构不同时期的书目,有时甚至需要综合利用,借此能发现不少问题。杜泽逊教授也讲过,翻书目的好处之一,除了提供你所需要的目标文献之外,还可以关联整体的这一类的文献,这是单一检索无法办到的。

藏书目录是静态的,而我们对书籍的考察是动态的过程,这就需要对各单位汉籍的来源、去向有所了解。比如内阁文库的汉籍,可以画出三个主线:红叶山文库、昌平坂学问所、江户医学馆,每一条线又可以串起不同的点。红叶山文库是幕府御文库自不必说,昌平坂学问所的前身是林罗山的私塾弘文院,林家大学头的藏书自然包含其中。江户医学馆的前身是跻寿馆,《经籍访古志》里的医籍,很多都是跻寿馆所藏。它本是多纪家族的私人医馆,后由私转公。而佐伯藩主毛利高标的藏书,是分到了这三条主线上,市桥长昭的藏书也是这样。我们在看宫内厅书陵部藏书时,同样会看到红叶山文库、毛利高标旧藏,这是怎么回事?这也是讲到内阁文库时必须了解的。原来在明治二十四年(1891),内阁文库把最贵重的善本移交给了宫内省图书寮,也就是现在的书陵部,所以我们看到书陵部很多宋元版都是御文库旧藏。

再比如金泽文库和足利学校。足利学校的书基本没有散出,仍保存在现在的史迹足利学校里。但金泽文库不一样,它的书是往外流散的。北条家族灭亡,镰仓时代结束,就进入了室町时期,金泽文库的藏书归称名寺管理,随称名寺的兴衰,书就又往外散了。庆长初年,德川家康就拿了不少原来金泽文库的藏书,收藏到自己的富士见亭文库。根据阿部隆一的调查,原来收藏在金泽文库,现在散藏在其他地方的汉籍外典有五十余部。目前的馆藏地包括宫内厅书陵部、静嘉堂文库、尊经阁文库、蓬左文库、天理图书馆、大东急文库等,以宫内厅书陵部藏的最多。现在金泽文库也还存在,但它是昭和五年重新复兴的,这和足利学校是截然不同的。所以说要了解馆藏机构的沿革,掌握目录之间的关系,对同一机构不同时期的书目,以及和书籍递藏有关系的材料,要学会综合利用。以目录学为抓手,能够贯穿起藏书学、版本学,并指导校勘学。

另外,还需要了解日本书志学(大约等于中国的古典文献学)常用的一些术语。比如,"版本"一词产生于中国,最初指的是雕版印刷。宋代沈括《梦溪笔谈》:"板印书籍,唐人尚未盛为之,自冯瀛王始印五经已后,典籍皆为板本。""板印书籍"就是雕版印刷的书籍。冯瀛王(冯道)在文化上的最大贡献是,后唐长兴三年(932)上奏皇帝,由国子监以唐开成石经为底本,开雕九经,世称"五代监本"。到后周广顺三年(953)才全部完成,历时22年。五代监本的出现对后代的印刷出版事业是有很大推动的。"板本"就是指雕版印刷而成的书籍,这是和过去以抄写作为书籍生产方式相对应的,抄写的称为抄本(写本),雕版印刷的称为板本。后来随着印刷技术的发展,又有活字本、石印本等,那么"板本(版本)"这个词的含义也就扩大了,抄本、活字本、刻本等都称"板本(版本)"。但是在日本的书志术语中,"版本"这个词还是保留着最初的面貌,指刊印的书籍,是和"写本"相对的概念,有时也作为活字本、刻本的通称。像中野三敏《书志学谈义——江户の板本》,集中讨论的是江户时期印刷出版的书籍,是将这一时期的写本排除在外的。川濑的《书志学入门》,从他的章节安排来看,也是"写本""版本"对称。这一点是和中国的"板本(版本)"一词有所区别的。那么版本学呢,在日本看来,这个词与"目录学"相同。"清代的书志学研究称为'目录学',也称为'版本学'。称为'版本学'是因为在清代的书志学研究中,古写本很少,多是宋元的版本。而日本未经考证便沿用了清朝的这种说法。"①日本的版本学因为没有独立的称谓,所以虽然有版本研究的实践,但这些研究往往是包含于书志学这个整体之中的。再比如,"表纸",相当于中国的"书衣""书皮";"见返",大约等同于内封;"奥书",类似于中国的"题跋",等等。此类术语在使用解题书目时常会遇到,可参考长泽规矩也《图书学辞典》等工具书解决。

以上就日藏汉籍的传播、收藏、汉籍目录利用等,立足于常规文献,谈了谈自己的认识,不够全面深入。至于日藏汉籍一些较为特殊的文献,比如敦煌文献、佛道文献、金石碑刻等,这些堪称专门,尚待向有关专家学者求教后方敢言说。

---

① [日] 川濑一马:《日本书志学用语辞典》,雄松堂书店,1982年,第 275 页。

A Brief Discussion on the Collection and Utilization of Chinese Ancient Books in Japan

Wang Xiaojing

Abstract: The overseas transmission and preservation of Chinese ancient books are most abundant and of the highest quality in Japan. Japan currently has about 100000 types of Chinese ancient books in its collection, including a large number of Song and Yuan editions and lost works in China. The descriptive catalogues of Chinese ancient books in Japan serve as both an independent achievement of cataloging and visual reflections of the dissemination, collection, distribution, and printing of Chinese ancient books in Japan during specific periods. This is a long-term and changing process. We need to understand the evolution of Chinese ancient book collection institutions and sources of the books, grasp the relationship between catalogues, and learn to comprehensively utilize materials related to book catalogues of the same institution in different periods and book transmission. With bibliography as the starting point, we can integrate bibliology, versionology, and textual criticism.

Keywords: Japanese Collection of Chinese Ancient Books; Lost Books and Editions; Bibliography and Catalogue

太平天国印书的刊刻与海外存藏

武文杰①

摘　要：太平天国印书是指太平天国政权建立期间由官方编撰刻印出版的书籍。太平天国自1851年建立初期便开始刻印书籍，1853年建都天京后，制定了严格的"旨准颁行诏书总目"刻书制度。同年，设立六大刻书机构，分工细作，体系森严，涵括书籍生产的全过程。在天国建立期间，太平天国领导者经常将印书赠予往来交流的西欧传教士、外交官和军官等友人。随着民国以来学者的不断海外搜访，太平天国印书的海外存藏格局已日渐清晰，总数达44种266册，散布于亚洲、欧洲、大洋洲和北美地区，其中尤以英国为最。通过对海外藏太平天国印书的影印回归，可以极大助力对于太平天国历史的深入研究。

关键词：太平天国印书；刻书制度；海外存藏

---

*　本文系国家社会科学基金重大招标项目"加拿大不列颠哥伦比亚大学图书馆汉籍调查编目、珍本复制与整理研究"（项目编号：19ZDA287）研究成果。
①　武文杰，男，1996年生，山东大学儒学高等研究院博士研究生，研究方向为中国古典文献学。

所谓"太平天国印书",是指太平天国政权建立期间由其官方所编撰刻印出版的书籍。同时亦称为"诏书"或"官书",但由于现今学界普遍称为"印书",故本文亦采用"印书"这一称谓。太平天国自辛开元年(1851)起便开始刊刻书籍,至太平天国壬戌十二年(1862)止,在太平天国癸好三年(1853)定都天京之后达到了顶峰。印书主要分为"旨准颁行诏书总目"29部与非"旨准颁行诏书总目"12部。"太平天国印书兼有文物与史料的双重价值,即它们不仅是史料,同时也是文物。"①由于太平天国运动失败后,国内大部分太平天国印书皆被清政府焚毁,只流传存世极小部分印书,如南京太平天国历史博物馆藏《钦定英杰归真》《钦定士阶条例》已列入第二批《国家珍贵古籍名录》②。幸而印书在国外保存完好,所以现今大多太平天国印书都存藏于海外,成为民国至今诸多学者搜访太平天国资料的主要来源。

一、太平天国印书的刊刻活动

(一)刊刻制度

　　太平天国印书的出版管理机制非常严格。首先是官方全面垄断刻书,严禁坊间私刻。在其定都天京后,片文只字刊刻,必自京内颁行,严禁擅自私镌伪铸③。

　　其次,每发行一书,须钤盖天王"旨准"印后才可正式颁布印行,对"有书不奏旨,不盖玺而传读者,定然问罪"④。但根据英国牛津大学博德利图书馆馆藏太平天国印书发现,如《太平诏书》《三字经》《太平条规》等印书,并未钤盖天王"旨准"印,便可刊行。但之后与其他年代所刊刻印书相较可知,在太平天国癸好三年(1853)之前并未实行"旨准"制度,癸好三年(1853)后才严格推行。同年,又制定了"旨准颁行诏书总目"制度,每年刻印书籍都必有"总目"公之于

---

① 王庆成主编:《影印太平天国文献十二种》,中华书局,2004年,第10页。
② 中国国家图书馆、中国国家古籍保护中心编:《第二批国家珍贵古籍名录图录》第5册,国家图书馆出版社,2010年,第41、293页。
③ 参见周吉友:《论太平天国的印刷业》,《印刷杂志》1998年第10期,第57页。
④ 夏春涛:《天国的陨落——太平天国宗教再研究》,中国人民大学出版社,2016年,第91页。

众①,且每年都会更新变化,由此成为日后判断太平天国印书版本的重要依据之一。自定都天京后,与之相关的各类刻书机构亦相继成立,刻书事业始成体系化运营,使"百工技艺,各有所归,各效其职役"②。然后在太平天国戊午八年(1858)确立了"遵改"制度,诸多重印修订本卷尾朱戳"戊午遵改"或"己未遵改"。

"至于太平天国印书的作者,主要是最高决策人洪秀全,另有南王冯云山、干王洪仁玕等,及部分文官。"③因为太平天国每发行流传印书必钤天王洪秀全"旨准"大印,不可随意刻书出版。且天王洪秀全亦曾亲自编写过书籍,如《太平诏书》《幼主诏书》等。至太平天国统治晚期,干王洪仁玕主持朝政,同时亦积极编撰书籍,刻印有《钦定军次实录》《钦定士阶条例》《资政新篇》等太平天国印书,将天国的刻书事业短暂推向了又一个高潮。又如《建天京于金陵论》《贬妖穴为罪隶论》等印书,皆是将众多文官所撰写的论述文汇编合著而成。

(二)刊刻机构

为应对日益增长的宣传需求,太平天国共设立有六大与刻书相关的机构,各机构间相互协作,各司其事。

诏书衙:太平天国称自身所刻印的书籍为"诏书",所谓"诏书衙"就是主要负责编撰书籍、汇修天王诏旨与填写兵册、家册等事。如张德坚《贼情汇纂》"皆洪逆所下伪诏,由伪诏书衙汇修发刻,书已发"④。谢介鹤《金陵癸甲纪事略》曾云"贼不识字,传伪令凡读书识字者,悉赴伪诏书,否则斩"⑤。如此可见太平天国为刊刻印书而掳人之众。"(诏书衙)衙址在天京城内慧圆庵。……当时门口有一副对联:'诏出九重天,哪怕妖魔施毒计;书成一统志,岂容狐兔竟横

---

① 参见刘飞:《太平天国的图书刻印》,《图书馆》1996年第6期,第68—70页。
② [清] 张德坚:《贼情汇纂》,王有立:《中华文史丛书》第64册,华文书局,1969年,第739页。
③ [澳] 澳大利亚国家图书馆编:《澳大利亚藏太平天国原刻官书丛刊》上,国家图书馆出版社,2014年,序二第5页。
④ [清] 张德坚:《贼情汇纂》,王有立:《中华文史丛书》第64册,华文书局,1969年,第739页。
⑤ [清] 谢介鹤:《金陵癸甲纪事略》,上海古籍出版社,1996年,第37页。

行。'"①此外,诏书衙又设立有官职:正、又正、副、又副"典簿书"四人负责,还有所称"协理"一职。书籍、诏旨先由诏书衙编写完成后,"须'经禀报列王转禀奏东王(杨秀清)后启奏天王御览,蒙恩旨准'后,再交镌刻衙刻版"②。

诏命衙:主要负责编撰草拟谕告、诏旨与书籍等事。是由广西籍资历高、会读写文书的长者担任。衙址位于天京城内富民坊,设立:正、副"典诏命",共二人主管。

镌刻衙(营):"主镌刻印书籍、诏旨、谕令及各类钤印戳记等。衙址在天京城内复成仓大街。《粤逆纪略》载'伪镌刻衙,主为贼刻伪书'。"③"'典镌刻'为太平天国刻书行业设立最早的官职,早在太平天国壬子二年(1852)向湖南行军途中就已任命李寿晖为'正典镌刻',校对一切书籍。"④同诏书衙相同,亦设立有:正、又正、副、又副"典镌刻",共四人负责。又须负责校对刻工所刻之书版。又因刻书需求量的不断增加,招募更多刻工加入,后镌刻衙规模扩大为镌刻营。此外根据"《贼情汇纂》记载:镌刻营自将军以下正副各官、典官、属官等有 1 715 人,伍卒有 12 500 人,共计 14 215 人"⑤。又如 1854 年,葛必达神父向法国南怀仁神父回忆去年的天京之行时,曾谈及太平天国赠书一事:"目前仍有五百多人在从事刻版,用作印制众多别的书籍。"⑥由此可见太平天国刻书规模之大,刻工之众。

删书衙:主要为删改孔孟经典语录以及诸子百家之说。洪秀全认为传统儒家经典四书五经皆为妖书,竭尽删改。如已经佚失的《真圣主御笔改正四书五经》一书,尽是删改之字句。"《贼情汇纂》曾云:'荼毒人民不过黄巢李闯之流,至于毁弃六经、创改文字、破坏先王圣人大道,此诚天下万世之罪人。'"⑦另

---

① 李欣:《太平天国印书的出版学研究》,北京印刷学院硕士学位论文,2008 年,第 20 页。
② 徐健:《太平天国的图书事业》,《图书馆学研究》1999 年第 2 期,第 84 页。
③ 徐健:《太平天国的图书事业》,《图书馆学研究》1999 年第 2 期,第 84 页。
④ 章义平:《太平天国天京的刻书出版》,《南京史志》1990 年,第 69—71 页。
⑤ 徐健:《太平天国的图书事业》,《图书馆学研究》1999 年第 2 期,第 84 页。
⑥ [澳]澳大利亚国家图书馆:《澳大利亚藏太平天国原刻官书丛刊》上,国家图书馆出版社,2014 年,序二第 6 页。
⑦ 转引自张德顺:《江南士人群体与太平天国文化冲突述论》,《人文杂志》2002 年第 1 期,第 137 页。

删书衙之主管官员：春官丞相卢贤拔、天官又副丞相曾钊扬、夏官正丞相何震川与夏官副丞相赖汉英①共四人，既为丞相又兼居删书衙署任职，足见删书衙地位之高。经过删书衙删改重刻之印书，现存有《武略》《太平诏书》等，后刻的《太平诏书》已无体现传统儒家经典的《百正歌》。

刷书衙：主管印刷布告、诏旨、公据与书籍等。木板雕刻完成后，再送于刷书衙印刷，线装成书，其衙址位于天京城内的文昌宫后檐②。《金陵杂记》曾云："贼造伪书并首逆等伪示，亦间有印刷者，派令伪刷书衙贼将掳得刷书匠协令印刷，馆在文昌宫后檐。"其中并未详细记载主管官员的称谓及人数③。以太平天国印书散发之广泛，无疑印刷量巨大，所需印刷工匠之多。

宣诏衙：主管外出张贴布告、诏旨与收发文书。书籍装帧后，并钤"旨准"印后，由宣诏衙颁行，免费散发四处。其衙址应在天京城内城北一带，具体不详。具体官职设有：正、又正、副、又副"宣诏书"，共四人负责。

（三）印书的版本特征

首先，部分印书会有初刻与后印之别。例如，《太平救世歌》现存有两本："一本封面署'太平天国癸好三年新刻'，又一本署'太平天国甲寅四年新刻'"④，但大多太平天国印书封面所刊刻的时间为初刻时间。之后虽经重新刷印，卷首所刊刻的时间仍然不变。因此在判定太平天国印书初刻与后印之别时，需从书籍的其他版式特征加以鉴定。

再可从太平天国印书的内封颜色和卷首"旨准颁行诏书总目"的有无加以判断刻印之先后。据目前发现的印书可知，在太平天国辛开元年（1851）、壬子二年（1852）与癸好三年（1853）前期印书都是用红色封面（见图1），且当时并未实行在各书卷首编列"旨准颁行诏书总目"；原初刻于癸好三年（1853）前期之前的书在此后重刻重印时都改用黄色封面（见图2），并加上"旨准颁行诏书总目"⑤。

---

① 徐健：《太平天国的图书事业》，《图书馆学研究》1999年第2期，第84页。
② 徐健：《太平天国的图书事业》，《图书馆学研究》1999年第2期，第84页。
③ 徐健：《太平天国的图书事业》，《图书馆学研究》1999年第2期，第84页。
④ 祁龙威：《"太平天国印书"史略》，《苏州大学学报（哲学社会科学版）》1982年第1期，第118页。
⑤ 参见王庆成：《记俄罗斯科学院汉学图书馆收藏的太平天国印书》，《近代史研究》1994年第4期，第211页。

但其封面仍署"太平天国辛开元年、壬子二年、癸好三年新刻"。所以,并不能依据封面上所署"太平天国辛开元年新刻、太平天国壬子二年新刻与太平天国癸好三年新刻"就判断其卷首所刻"旨准颁行诏书总目"中所列书都是元年、二年、三年前期就已刻印书籍。因此,根据封面纸张的颜色与"旨准颁行诏书总目"的有无,便成为判断印书版本的重要依据。

图1 北京社会科学文献出版社影印出版,牛津大学藏"太平天国辛开元年新刻"《太平礼制》书影(红色内封)①

图2 北京社会科学文献出版社影印出版,牛津大学藏《太平天国癸好三年新历》书影(黄色内封)②

其次,从附录"旨准颁行诏书总目"所列书名的不同来判断太平天国印书刻印的先后③。例如,现存两册《太平诏书》,内容颇有不同,一册缺封面,无"旨准

---

① 王庆成:《太平天国的文献和历史——海外新文献刊布和文献史事研究》,社会科学文献出版社,1993年,第503页。
② 王庆成:《太平天国的文献和历史——海外新文献刊布和文献史事研究》,社会科学文献出版社,1993年,第508页。
③ 参见祁龙威:《"太平天国印书"史略》,《苏州大学学报(哲学社会科学版)》1982年第1期,第118页。

颁行诏书总目";另一册外封面刻印"太平天国壬子二年新刻",但附录"旨准颁行诏书总目"所列的最后一书是癸好三年(1853)颁行的《太平救世歌》,可证后一本《太平诏书》已非壬子二年(1852)的初刻本[①],而是癸好三年(1853)以后的重印本。

另有,增补与铲改,这种现象在印书中也较为多见。例如,"《太平礼制》续编本,封面署'太平天国戊午八年新刻',但其内容已有己未九年(1859)册封的干王、英王、忠王、赞王、侍王、辅王、章王等的称谓,明显已是己未九年以后的增订本"[②]。另外一部《太平军目》的"戊午遵改"本中,石达开的职衔被铲改为"太平天国开国军师左军翼王石",《钦定军次实录》中,"主将杨雄清"被铲改为"众天兵天将",等等。又如俄罗斯科学院汉学图书馆所藏《太平诏书》一册,其红纸封面、封底,并署太平天国壬子二年(1852)新刻,该书内容中收录有儒家经典之《百正歌》[③]。在其他国家图书馆亦收藏有《太平诏书》,并署"太平天国壬子二年(1852)新刻",但其书中已无《百正歌》,确已被删减。这就与癸好三年(1853)洪秀全发起焚毁孔孟之书的史实符合,可判定该书并非壬子二年新刻。所以在判定太平天国印书的出版年代时切不可按照内封所刊刻年代,应当结合其书中内容来进行综合的考量,而铲改的背后都暗含着一些重大历史事件的发生。

二、太平天国印书的流传与搜访

在太平天国成立期间,欧洲多国的传教士、外交人员曾经到访,并获赠了大量的太平天国刊印的书籍。如1853年12月初,法国大使布尔布隆曾乘坐"加西尼"号到访天京,得到了多种太平天国印书,当时与之同行的海军上尉亦获赠

---

① 参见祁龙威:《吴煦家藏两册太平天国文献影印本正误》,《浙江学刊》1989年第5期,第104页。
② 祁龙威:《"太平天国印书"史略》,《苏州大学学报(哲学社会科学版)》1982年第1期,第118—119页。
③ 王庆成:《记俄罗斯科学院汉学图书馆收藏的太平天国印书》,《近代史研究》1994年第4期,第204页。

书,后捐赠法国翁古雷姆市立图书馆。美国传教士戴勒也在镇江获得太平天国印书。同年,英国公使文翰访问南京,获赠太平天国印书12册,后由牛津大学博德利图书馆所藏。密迪乐作为英国公使文翰的译员,亦曾会见韦昌辉、石达开,获赠《天条书》。

现今英国国家图书馆所藏《天父圣旨》与《天兄圣旨》,是由英国驻太平天国首都天京下关的海军官员雅龄所携带回英国的。近年来,此两种印书被王庆成有幸发现,增添了新的太平天国印书种数。"1854年6月,当时英国的香港总督兼驻华公使包令之子,奉派与领事官员麦华陀到南京访问,与东王杨秀清互有答问文书往来,并获赠多种太平天国印书。"[1]在太平天国庚申十年(1860),洪仁玕曾到苏州会见传教士艾约瑟等,送给他们手写本的《资政新篇》。

国人最早发现"海外保存有太平天国文献,似始于清光绪三年(1877)清政府驻英副使刘锡鸿参观'播犁地士毋席庵'(即不列颠博物院的音译)所记:'粤逆伪诏伪示,亦珍藏焉。'"[2]最早报道外国图书馆收藏有太平天国印书的,可能是1866年出版的《通报》。在其中题为《翁谷雷姆收藏的中文书》中记载有两名法国"军官将从南京带回去的十七部中文书赠给了翁古雷姆市图书馆"[3]。1915年,中华书局出版了《清朝全史》中译本,该书由日本学者稻叶君山所著,其中录有"旨准颁行诏书总目"中的《三字经》,"此应为国外传回太平天国印书之始"[4]。1919年梁启超在荷兰莱顿大学图书馆时,请人抄录回国,但仍旧保存于图书馆之中,不为当时社会所知。1925年,《大英博物馆所藏太平天国史料》介绍了大英博物馆收藏有太平天国文献的情况,该文由日本学者内藤虎次郎公开发表,为后来学者去往欧洲搜访印书提供了重要信息。1926年,由刘半农编著的《太平天国有趣文件十六种》,其中载有英国国家图书馆所藏的太平天国文献。同时期,程演生在巴黎东方语言学校图书馆影印和抄录的两部《天父下凡诏书》等共计8种。之后在20世纪20—40年代,陆续有不少学者搜访太平天

---

[1] 王庆成:《太平天国的历史和思想》,中国人民大学出版社,2010年,第539页。
[2] 王庆成:《太平天国的历史和思想》,中国人民大学出版社,2010年,第514页。
[3] 王庆成:《太平天国的文献和历史——海外新文献刊布和文献史事研究》,社会科学文献出版社,1993年,第92页。
[4] 吴善中等:《太平天国史学述论》,社会科学文献出版社,2013年,第5页。

国印书。就如向达、俞大维、程演生、萧一山、王重民等学者在海外搜访太平天国印书,主要集中在欧洲地区。其中尤其是以程演生、萧一山与王重民三位学者的贡献最为突出,当时便有众多关于印书的影印书籍出版于世。萧一山据原伦敦不列颠博物院藏本影印太平天国印书22种。俞大维在柏林国家图书馆(原柏林普鲁士国立图书馆)发现了9种太平天国印书,拍照归国,由张元济传写,但并未影印。王重民遍访了柏林国家图书馆(原柏林普鲁士国立图书馆)、英国剑桥大学与巴黎国家图书馆所藏太平天国印书,并向国内撰文介绍[①]。

自改革开放后,随着与国际交流的日益密切,又涌现出一大批学者走出国门,搜访印书。如王庆成从20世纪80年代起即留意继续从海外搜访太平天国文献,历经英、美、法、德、荷、俄及香港、台北等地各图书馆搜访。获见太平天国印书数量众多。尤其在英国国家图书馆新发现《天兄圣旨》《天父圣旨》两部书,这是一次重大的发现,不仅增加了新发现印书种类,又勘正了先前印本所知讹误。从史料利用而言,将这些极具历史价值的文献影印回国,可进一步推动太平天国史的研究。

三、太平天国印书海外存藏概况

目前所见,太平天国印书存藏于世界各地,涉及亚洲、欧洲、北美与大洋洲,发现这些珍贵印书,皆赖于不同时期诸多学者的辛勤搜访,才得以一窥今日印书存藏概况,使之重回世人眼前。依据所出版的众多影印本、发表的期刊文章与各馆记录的相关档案资料,历数民国至今的搜访成果,特将太平天国印书所藏分列如下。

(一)欧洲国家所藏

迄今为止保存最完整的太平天国印书当属英国,其余欧洲国家如法国、德国与荷兰均有分布。英国总计所藏太平天国印书42种155册(缺《天父下凡诏

---

① 参见陈香萍:《王重民目录学研究刍议》,黑龙江大学硕士学位论文,2012年,第103页。

书(第二部)《钦定敬避字样》),其中英国国家图书馆所藏太平天国印书31种58册,剑桥大学图书馆33种39册,牛津大学汉学图书馆1种1册,牛津大学博德利图书馆15种55册,伦敦大学东方与非洲学院馆2种2册。

法国总计所藏太平天国印书22种41册,其中巴黎国家图书馆所藏太平天国印书14种14册,巴黎国立东方语言学校图书馆10种10册,法国翁古雷姆市图书馆15种17册。德国总计所藏太平天国印书11种11册,皆为柏林国家图书馆所藏。荷兰总计所藏太平天国印书9种9册,皆为莱顿大学汉学研究院中国图书馆所藏。俄罗斯科学院汉学图书馆总计所藏太平天国印书10种10册,其中多为初刻本,文献价值较高。现将部分藏书信息列表如下。

表1 欧洲国家藏太平天国印书统计简表①

收藏单位	太平天国印书名称
英国国家图书馆②(含原不列颠博物院东方部藏书)	《天父圣旨》三卷
	《天兄圣旨》一卷
	《幼学诗》一卷
	《太平礼制(辛开元年初编)》一卷
	《太平军目》一卷
英国剑桥大学图书馆	《天父上帝言题皇诏》一卷
	《太平军目》一卷
	《太平条规》一卷
	《天父下凡诏书(第一部)》一卷
	《天条书》一卷
英国牛津大学汉学图书馆	《资政新篇》一卷③

---

① 参见童仁:《〈影印太平天国文献十二种〉简评》,《近代史研究》2005年第4期,第234页。
② 参见王庆成:《太平天国的历史和思想》,中国人民大学出版社,2010年,第528—566页。
③ 祁龙威:《"太平天国印书"史略》,《苏州大学学报(哲学社会科学版)》1982年第1期,第120页。

续　表

收 藏 单 位	太平天国印书名称
英国牛津大学博德利图书馆	《太平礼制（辛开元年初编）》一卷
	《太平条规》一卷
	《三字经》一卷
	《太平诏书》一卷
	《太平天国癸好三年新历》一卷①
英国伦敦大学东方与非洲学院图书馆②	《钦定军次实录》一卷
	《天情道理书》一卷③
法国国家图书馆	《天父上帝言题皇诏》
	《天父下凡诏书（第一部）》一卷
	《天命诏旨书》
	《旧遗诏圣书》一卷
巴黎国立东方语言学校图书馆	《天父下凡诏书（第一部）》
	《天父下凡诏书（第二部）》
	《天命诏旨书》
	《太平诏书》
法国翁谷雷姆市图书馆	《太平礼制（辛开元年初编）》一卷
	《幼学诗》一卷
	《太平军目》一卷
	《天条书》一卷
	《旧遗诏圣书》一卷

---

① 该书属于《颁行历书》的一部分。
② 祁龙威：《太平天国经籍志（外一种）》，广西人民出版社，1993 年，第 51 页。
③ 王庆成：《英国发现太平天国新史料及其价值》，《近代史研究》1980 年第 3 期，第 256 页。

续 表

收 藏 单 位	太平天国印书名称
法国翁谷雷姆市图书馆	《新遗诏圣书》一卷
	《太平救世歌》一卷
德国国家图书馆	《天父下凡诏书(第一部)》一卷
	《天命诏旨书》一卷
	《天条书》一卷
	《太平诏书》
荷兰莱顿大学汉学研究院中国图书馆	《颁行诏书》三篇
	《太平礼制(辛开元年初编)》一卷
	《太平条规》一卷
	《天条书》一卷
俄罗斯科学院汉学图书馆	《太平礼制(辛开元年初编)》一卷
	《幼学诗》一卷
	《天父下凡诏书(第一部)》一卷
	《太平诏书》四篇
	《颁行诏书》三篇
	《天命诏旨书》一卷
	《太平条规》一卷
	《太平军目》一卷
	《太平天国癸好三年新历》一卷
	《三字经》一卷

从世界范围来看,欧洲地区所藏太平天国印书最为丰富,与19世纪中期西欧各国对外扩张有直接关联,大量传教士、外交官与军官涌入中国,是除东亚国家外,与中国联系最为密切的地区。其中英国尤为突出,其19世纪在全球拥有

广阔的殖民地、强大的工业实力和完备的海上力量,使之能够派遣众多的驻华使节、军官与传教士来往中国,并与太平天国政权建立了一定的联系。又因太平天国领导者喜好赠书,宣传天国思想,便将大量太平天国印书与各式文稿赠予了前来交流探访的外国友人。日后随着太平天国运动的失败,清廷将太平天国建立期间的出版物尽数焚毁,其中尤以印书为最。所幸流传海外的印书得以留存于世,保存至今。

因此,便造成了太平天国印书海外藏量丰富,国内寥寥无几的存藏局面。客观上,英国在文化事业方面的大量投入,诸多博物馆与大学图书馆拥有完善的基础设施,古籍存藏条件良好,并且许多捐赠者将自己所藏印书尽数交付或出售于公共文化机构,所以时至今日印书仍然保存完好,造就了当今英国印书收藏之众。以英国伦敦布道会为例,该组织曾收藏了大量的太平天国印书,但于20世纪60年代被澳大利亚国家图书馆重金购走,由此澳大利亚亦跻身成为太平天国印书收藏较为丰富的国家之一。

然而部分欧洲国家因第二次世界大战影响,印书存藏情况已不甚明晰。据王庆成在20世纪80年代前往联邦德国西柏林国立图书馆访问时,并未获见王重民于20世纪30年代所发现的11种太平天国印书,现今只存6种。不知是否是受"二战"或"四国分区占领"德国影响所致,或其印书另一部分仍存于当时之东柏林。尽管20世纪90年代两德重新统一,但之后却再无相关学者前去探访,现今存藏情况不明。此外,20世纪30年代王重民在法国国立图书馆获见有13种太平天国印书,但王庆成于20世纪80年代再次探访时却并未获见,亦未知晓真实存藏情况如何。

"中国学术界最先述及俄国藏有太平天国印书者似是萧一山。"[①]其在所编辑的《太平天国丛书第一集》中论述:"若英之伦敦、法之巴黎、德之柏林、荷兰之来顿、美国之华盛顿、俄国之莫斯科,虽多寡不等,而英伦所藏,已具大略。"[②]但当时却未有人前去搜访,直至20世纪90年代初,王庆成应邀前去访问俄罗斯

---

① 王庆成:《记俄罗斯科学院汉学图书馆收藏的太平天国印书》,《近代史研究》1994年第4期,第201页。
② 萧一山辑:《太平天国丛书》第1集,南京国立编译馆,1936年,序言。

科学院。至此,国人才得以一见印书之真容。

(二)澳大利亚所藏

1961年,当澳大利亚国家图书馆得知英国伦敦布道会珍藏着丰富的中文古籍,特别是含有太平天国原始文献时,该馆遂斥巨资买下了其全部中文藏书。"次年年初这批图书运抵该馆后,该馆即将其中的太平天国原刻官书和原版布告列入特级藏品"①,现今看来,澳馆当年购藏古籍的行为颇有远见,获得的印书中不乏珍本孤本。

表2 澳大利亚藏太平天国印书统计简表

收 藏 单 位	太平天国印书名称
澳大利亚国家图书馆	《太平礼制(辛开元年初编)》一卷
	《幼学诗》一卷
	《太平军目》一卷
	《天条书》一卷
	《太平诏书》四篇
	《天父下凡诏书(第一部)》一卷

澳大利亚国家图书馆共藏有22种太平天国印书,共26册,其中《天父下凡诏书(第二部)》与《太平天国甲寅四年新历》(重刻本)均为海内外孤本,极具文献和史料价值。

(三)美国所藏

"美国国会图书馆藏太平天国印书有历法、诏书、礼制、启蒙读本等,对于研究太平天国有一定的参考价值。"②美国总计所藏太平天国印书11种11册,部分藏书信息如下所示。

---

① [澳]澳大利亚国家图书馆:《澳大利亚藏太平天国原刻官书丛刊》上,国家图书馆出版社,2014年,序一第1页。
② 李华伟:《美国国会图书馆中文馆藏与汉学研究资源》,《新世纪图书馆》2008年第1期,第88页。

表 3　美国藏太平天国印书统计简表①

收 藏 单 位	太平天国印书名称
美国国会图书馆	《天命诏旨书》一卷
	《天父上帝言题皇诏》一卷
	《天条书》一卷
	《太平诏书》一卷
	《太平礼制(辛开元年初编)》一卷
	《颁行诏书》一卷
	《三字经》一卷
	《幼学诗》一卷
	《太平救世歌》一卷
	《建天京于金陵论》②
	《太平天国癸好三年新历》③

此外,据美国梅谷(Franz Michael)所编著的《太平天国:历史和文献》④得知,纽约市图书馆存藏约有19册太平天国印书。但不知其印书的具体信息,仍有待后续探访。

(四) 日本所藏

近年来,日本在鹿儿岛大学附属图书馆玉里文库共计新发现太平天国印书3种3册。种数和数量虽然较少,但却弥补了除中国之外东亚地区印书发现的空白。

表 4　日本藏太平天国印书统计表

收 藏 单 位	太平天国印书名称
鹿儿岛大学附属图书馆玉里文库⑤	《太平诏书》一卷
	《太平军目》一卷
	《颁行诏书》一卷

---

① 祁龙威:《"太平天国印书"史略》,《苏州大学学报(哲学社会科学版)》1982年第1期,第120页。
② 祁龙威:《"太平天国印书"史略》,《苏州大学学报(哲学社会科学版)》1982年第1期,第120页。
③ 于庆成:《太平天国的历史和思想》,中国人民大学出版社,2010年,第546页。
④ Franz Michael, *The Taiping Rebellion: History and Documents*. Volumes 11, University of Washington Press, 1971, p.ix.
⑤ [日] 高津孝:《鹿儿岛大学附属图书馆玉里文库に见る萨摩藩の海外情报収集:太平天国印书を中心に》,《鹿大史学》2018年第64卷,第1—10页。

玉里文库太平天国印书其实源于日本萨摩藩①旧藏。在 19 世纪,萨摩藩与中国东南沿海地区联系密切,推测其可能与太平天国政权建立了某种联系,由此获赠印书。

随着世界各地散藏太平天国印书的不断发现,今后应更多留意各图书馆或博物馆是否存藏有太平天国印书,使其能走出角落,得到更为有效的保护,充分发挥其价值。关于太平天国印书的搜访仍在继续,如前文所述,太平天国曾将印书赠予众多的外国使节,获赠印书大部分已存于公共文化机构或仍流传于后人手中,寄望日后能重回世人眼前。

四、结　　语

太平天国建立 14 年间,据有证可查的刻书时间便有 11 年,自辛开元年(1851)起,即开始了由官方指导的刻书事业。其有着完备的刻书机构,严格的刻书制度,特有的宗教治国思想贯穿其中。天国建立期间,曾占据江南富庶之地,为刻书活动提供了稳定的物质与人才保障。尤其定都天京后,刊刻印行了大量书籍,目的是为积极传播其治国理念、宗教思想与礼法制度。而印书本身就是一种珍贵文物,不同于其他传统中文古籍的简洁风格,其内封部分刻印有双龙双凤纹饰,独具艺术特色。太平天国印书从生产刊刻到流散海外,最终经诸多学人搜访影印回归,从某种程度来说,也是书籍生命史的生动写照。

---

① 又名鹿儿岛藩,为日本江户时代的藩属地,领土包括今日本鹿儿岛县全域。

The Block-Printing and Overseas Preservation of Books Printed by the Taiping Heavenly Kingdom

Wu Wenjie

Abstract: Books Printed by the Taiping Heavenly Kingdom refer to the books compiled, engraved, and published by the official during Taiping Heavenly Kingdom regime. The Taiping Heavenly Kingdom began printing books from 1851, the year of its establishment, and after establishing its capital in Tianjing in 1853, it established a strict book printing system known as the "Zhi zhun ban xing zhao shu zong mu." During this time, six major book printing institutions were established, each with specific roles and responsibilities, covering the entire process of book production. Throughout the period of the Heavenly Kingdom regime, the leaders often presented printed books to Western missionaries, diplomats, and military officers who had communication and exchanges with them. Thanks to the continuous efforts of scholars since the Republican era, the overseas preservation pattern of Taiping Heavenly Kingdom printed books has become increasingly clear, with a total of 44 types comprising 266 volumes scattered across Asia, Europe, Oceania, and North America, with a notable concentration in the United Kingdom. The return of the photocopies of overseas collections of Taiping Heavenly Kingdom printed books can greatly contribute to an in-depth study of the history of the Taiping Heavenly Kingdom.

Keywords: Books Printed by the Taiping Heavenly Kingdom; Book Engraving System; Overseas Preservation

珍本汉籍研究

加拿大不列颠哥伦比亚大学图书馆藏《南迁录》及《南迁录》的价值重探

黄 莞①

摘 要：《南迁录》是一部公认的宋人所作记录金国南迁一事的伪书。从它诞生之初便被赵与时、李心传、陈振孙等人判伪，认为它不具有任何参考价值。因此，《南迁录》历来不为人重视，传世皆为残本，研究也少有涉及。然而加拿大不列颠哥伦比亚大学图书馆藏有《南迁录》李文田抄本一种，字迹清晰，内容完整，是存世罕见之善本。加藏本所存李文田校语，对于《南迁录》的研究具有相当的启发意义：抛开以往"伪书"的定论，从文本书写出发讨论其可能存在的史料价值，并且管窥其中所蕴含的观念史研究意义，以此重新商榷《南迁录》一书的价值所在。

关键词：《南迁录》；李文田；加拿大不列颠哥伦比亚大学；史学价值

---

* 本文是国家社会科学基金重大招标项目"加拿大不列颠哥伦比亚大学图书馆藏汉籍调查编目、珍本复制与整理研究"（项目编号：19ZDA287）阶段性成果。
① 黄莞，女，山东大学儒学高等研究院古典文献学专业2021级博士研究生。

  《南迁录》记载金朝在内忧外患中由燕京南迁开封之始末,内有诸王叛乱,外有蒙古铁骑步步紧逼,由诛郑王允蹈始,贞祐南迁而终。《南迁录》现存版本多达 21 种,其中存世可见者皆为残本。仅加拿大不列颠图书馆藏本为全本,有李文田校改、批注,用《大金国志》补全了书中阙文,成为传世之善本。加藏本《南迁录》有温澍梁跋,称为李文田抄校本,"癸未花朝同邑李仲田约学士见过,出其手自校补本,见示勘补精详,世间是书当无有善于此本"①。该本后随蒲坂书楼藏书一同流落海外,幸而随着加拿大不列颠哥伦比亚大学图书馆藏书目的公布得以重见天日。

  《南迁录》为宋人所作的伪书,在学界几乎已是不争的事实,故而存世几乎都是手抄本,仅有《学海类编》本一种为刻本,且皆为残本。这样一本"舛错谬妄,不可胜举"的伪作,如何吸引了清末著名史地学者李文田的注意,精校以补其阙文,使成善本流传后世?《南迁录》一书是否全无价值,值得重新商榷。

一、加拿大不列颠哥伦比亚大学图书馆藏《南迁录》之价值

  加拿大不列颠哥伦比亚大学图书馆藏《南迁录》本半叶 10 行,行 21 字,蓝格,四周双边,版心花口,单鱼尾。天头与行间有温澍梁朱笔批注,李文田所抄脱文之处均有温澍梁朱笔增补校改。书名页题"南迁录一卷,史部杂史类存目五十二号,金张师颜撰"。卷首有《钦定四库全书总目·南迁录》提要,右下角钤梁汝洪"紫云青花砚斋"朱文方印、温澍梁"漱绿楼藏书印"朱文方印。后接张师颜序,张序后为浦元玠序,天头钤曾钊"面城楼藏书印"朱文方印,姚钧石"民国庚辰"朱文方印、"钧石所藏金石书画印"朱文方印。正文首页钤"妻梅子鹤"朱文方印,梁汝洪"紫云青花砚斋"朱文方印,姚钧石"姚钧石印"朱文方印、"姚钧石藏书"朱文方印、"蒲坂书楼"白文方印,"栋臣"朱文方印,"曾钊之印"白文方印。正文后附浦梅隐题识,钤"紫云青花砚斋"朱文方印、"漱绿楼藏书印"。后

---

① 〔金〕张师颜:《南迁录》卷后温澍梁题识,加拿大不列颠哥伦比亚大学图书馆藏李文田抄本。

附李文田朱笔抄录《宾退录》评价《南迁录》的部分,并附李文田后记三则。其后有温澍梁朱笔题识,钤"紫云清花砚斋"朱文方印。书末附李文田抄录李心传《建炎以来朝野杂记》一集第十九边防门"女真南徙"条。

李文田字芍农,广东顺德人。清道光十四年(1834)生,咸丰九年探花,官至礼部侍郎兼工部侍郎。光绪二十一年(1895)卒,年六十一,谥号"文诚"。是清末重要的书法家、碑学家、史地学家、藏书家。李文田学识渊博,涉猎广泛,尤精于蒙古史和西北史地学。道咸以来,国风不振,外有列强对我国西北舆地虎视眈眈。是时学风大变,"考史者兼辽金元,治地理者逮四裔,务为前人所不为。虽承乾嘉专门之学,然亦逆睹世变,有国初诸老经世之志"①。李文田对西北史地的特殊兴趣,即来源于此:"顺德李文诚公讲求西北舆地,盖有感于中俄议界纠纷,发愤著书,非徒为矜奇炫博也。"②李文田对于西北史地的研究著述颇丰,著有《元朝秘史注》《元史地名考》《西游录注》《塞北路程考》《和林金石录》等书,在元史和西北史地的研究上有着极大的学术贡献。《清史稿》对其评价甚高:"文田学识渊通,述作有体,尤谙究西北舆地。"③李文田治史严谨,广泛搜集宋金元明诸史籍考释史事,《南迁录》就是其中之一种。

《南迁录》错谬甚多,历代学者对其多有考证,皆认为其中记载荒诞不经,是伪作。早在其产生年代,就被认为是伪书。李心传在《建炎以来朝野杂记》一书中明言《南迁录》为伪书,不取其材料。陈振孙认为"顷初见此书疑非北人语,其间有晓然傅会者,或曰华岳所为也"④。直至清代也不为人重视,钱大昕以《金史》校其年号事迹,多处与史不合:"今考其所述年号事迹……以《金史》纪传校之,全不相应,大约南宋好事者妄作。"⑤四库馆臣亦判其与史事抵牾不合:"所称天统、兴庆等号,《金史》亦无此纪年。舛错谬妄,不可胜举。故赵与《宾退

---

① 王国维:《沈乙庵先生七十寿序》,《王国维经典作品集》,华山文艺出版社,2018年,第113页。
② 汪兆镛编:《碑传集三编》,《清代传记丛刊》第124册,明文书局,1985年,第290页。
③ [清]赵尔巽等:《清史稿》卷四四一《列传二百二十八·李文田》,中华书局,1977年,第12417页。
④ [宋]陈振孙撰,徐小蛮等点校:《直斋书录解题》卷五《伪史类·金人南迁录一卷》,上海古籍出版社,1987年,第142页。
⑤ [清]钱大昕:《十驾斋养新录》卷八《南迁录》,凤凰出版社,2016年,第244页。

录》、陈振孙《书录解题》皆断其伪。"①故而《南迁录》历来无人问津,传世皆为残本。

加藏本《南迁录》是存世罕见善本。该本书法精善,字体古雅,工整不苟,存有多家藏书印记、序跋、批注;李文田订正了诸本文字错讹,又用《大金国志》《宾退录》等史料补全了传世版本之逸文,使之成为《南迁录》存世版本中最精善者,具有较高的文物价值、文献价值。同时,加藏本《南迁录》保存的李文田的批注和跋语,体现了李文田的治学旨趣和治学方法,具有一定的学术价值。李文田评价《南迁录》虽是宋人伪作,却并非毫无价值,"金国典章文物明昌,为威如此之类,灼然不诬。足见宋人辑此录时,虽依托金人然,亦不尽向壁虚造当分别观之也"②。加藏本所存李文田校语,对于《南迁录》的研究具有相当的启发意义:抛开以往"伪书"的定论,从文本书写出发讨论其可能存在的史料价值,并且管窥其中所蕴含的观念史研究意义,以此重新商榷《南迁录》一书的价值所在。

二、《南迁录》的史学价值

《南迁录》虽然是伪书无疑,仍有其独特的史学价值,譬如是书所记爱王大辨据五国城反叛一事,似非向壁虚造。李心传虽明言"近传《南迁录》,事悉差误,盖南人伪为之,今不取"③,却仍列"爱王之叛"一条记载其事。爱王大辨之事最早见于《南迁录》,李心传既言不取《南迁录》,又取其事,可见爱王之事在当时多有传闻,并非《南迁录》凭空杜撰。《金史》亦有关于爱王的记载,但与《南迁录》确言其人其事不同,《金史》认为并无其人:

> 贞祐三年,太康县人刘全尝为盗,亡入卫真界,诡称爱王。所谓爱王,指石古乃。石古乃实未尝有王封,小人妄以此目之。刘全欲为乱,因假托

---

① [清]永瑢等:《四库全书总目》卷五二《史部八·杂史类存目一·南迁录一卷》,中华书局,1965年,第473页。
② [金]张师颜:《南迁录》,UBC图书馆藏李文田抄本,李文田跋。
③ [宋]李心传:《建炎以来朝野杂记》乙集卷一九《边防二·女真南迁》,中华书局,2000年,第845页。

以惑众,诱王氏女为妻,且言其子方聚兵河北。东平人李宁居嵩山,有妖术。全同县人时温称宁可论大事,乃使范元书伪号召之。宁至,推为国师,议僭立。事觉,全、温、宁皆伏诛。贞祐四年,潼关破,徙永中子孙于南京。兴定二年,亳州谯县人孙学究私造妖言云:"爱王终当奋发,今匿迹民间,自号刘二。"卫真百姓王深等皆信以为诚然。有刘二者出而当之,遣欧荣辈结构逆党,市兵仗,大署旌旗,谋僭立。事觉,诛死者五十二人,缘坐者六十余人。永中子孙禁锢,自明昌至于正大末,几四十年。天兴初,诏弛禁锢。未几,南京亦不守云。①

永中即镐王允中,章宗避父允蹈讳,皆改允为永。后世多以虚构爱王大辨之事诟病《南迁录》,四库馆臣云:"至《金史》郑王允蹈诛死绝后,不闻有爱王大辨其人。所称天统、兴庆等号,《金史》亦无此纪年。舛错谬妄,不可胜举。"②然而李文田认为爱王其人其事不可轻易抹去:"则馆臣不闻有爱王者,未免因噎而废食,又犯文达撰《大金国志提要》有云,如爱王作乱等事,亦多轻信伪书,则又真以爱王大辨并无其人其事者,皆失之欠考也。"③

《南迁录》言爱王大辨为郑王允蹈长子,"允蹈三子,长大辨年十六,明断果决,二子尚幼"④。李心传以为爱王为世宗长子越王允升之子,《金史》则以为爱王当指镐王允中之子石古乃。考《金史》,镐王允中、郑王允蹈皆以谋逆为章宗所诛。镐王允中为世宗长子,大定元年,封许王,七年进封越王,十一年进封赵王,明昌二年封并王,三年进封镐王。孝懿皇后崩,允中以寒疾不能至,章宗怒,疑有轻慢之心,"且老矣,动有掣制,情思不堪,殊欝欝,乃表乞闲居,(章宗)诏不许"⑤。允中第二子神图门所撰词曲有不逊语,第四子阿里合懑语涉不道,又有家奴德哥诬告允中言于侍妾"我得天下,子为大王,以尔为妃"⑥。允中遂以谋

---

① [元] 脱脱等:《金史》卷八五《世宗诸子》,中华书局,1975 年,第 1900 页。
② [清] 永瑢等:《四库全书总目》卷五二《史部八·杂史类存目一·南迁录一卷》,中华书局,1965 年,第 473 页。
③ [金] 张师颜:《南迁录》,UBC 图书馆藏李文田抄本,李文田跋。
④ [金] 张师颜:《南迁录》,UBC 图书馆藏李文田抄本。
⑤ [元] 脱脱等:《金史》卷八五《世宗诸子》,中华书局,1975 年,第 1899 页。
⑥ [元] 脱脱等:《金史》卷八五《世宗诸子》,中华书局,1975 年,第 1899 页。

逆赐死,四子阿里合懑、二子神图门皆弃市,徙允中妻及其子石古乃郑州安置,"子孙禁锢,自明昌至于正大末,几四十年"。而郑王允蹈与其妹长乐公主、驸马蒲剌睹谋逆,为家奴告发。允蹈及其妃,二子按春、阿辛皆赐死,长乐公主自尽,蒲剌睹伏诛。太和七年,"诏复王封,备礼改葬,赐谥曰剌,以卫王永济子按辰为永蹈后,奉其祭祀"①。

按《金史》允中有四子,长子石古乃、第二子神图门、第三子阿思懑、第四子阿里合懑。阿里合懑与神图门弃市,石古乃被禁锢,独不言三子阿思懑去向。遍查《金史》仅有两处阿思懑的事迹,但皆非允中之子,"卷八《世宗纪》大定二十一年定州刺史、卷九十一温迪罕移室懑传大定初辅国上将军,三人同名阿思懑"②。史册无对于允中之子阿思懑的记载。《金史》明言允蹈有二子按春、阿辛皆赐死,允蹈绝嗣,后以卫王永济子按辰为其后,奉其祭祀。可见爱王大辨绝不可能为允蹈之子,而是史所不载的镐王允中子,亦非石古乃,当是不见于史的第三子阿思懑。《南迁录》将郑王允蹈、镐王允中谋反被杀之事合为一事,言郑王并不知情,驸马唐括蒲剌睹③与公主谋之,而被家奴告发,将镐王允中之子记为郑王允蹈之子。按《金史》:"上谓宰臣曰:'镐王只以语言得罪,与永蹈罪异。'……参知政事马琪曰:'永中与永蹈罪状虽异,人臣无将,则一也。'上曰:'大王何故辄出此言?'左丞相清臣曰:'素有妄想之心也。'"④《金文最》收有《诛郑王允蹈诏》与《郑王允蹈伏诛布告中外诏》⑤,分别收自《大金国志》与《建炎以来系年要录》,却独不见杀镐王允中之诏,可见郑王允蹈谋反之事在当时流传甚广,而镐王允中之事确有冤情,并无谋反之事实,故隐而不发,并未昭告天下。此后,章宗为有谋反之实的郑王允蹈恢复封位,过继奉祀,却将因言获罪的镐王允中子孙世代囚禁,实属蹊跷,必定是因为爱王叛逃。李心传曾打探此事,然金朝避讳甚详,终无所获:"仆散琦即承安四年来贺上生辰者。明昌六年,本朝庆

---

① [元]脱脱等:《金史》卷八五《世宗诸子》,中华书局,1975年,第1902页。
② [清]李有棠:《金史纪事本末》卷三六《镐王郑王之杀》,中华书局,2015年,第616页。
③ 《南迁录》作唐适蒲剌,《金史》作蒲剌睹,《容斋随笔》作唐括蒲剌睹,按《金史拾遗》《金史氏族表》,唐括氏亦作唐适,故其人当为唐括蒲剌睹。
④ [元]脱脱等:《金史》卷八五《列传第二十三·世宗诸子》,中华书局,1975年,第1899—1900页。
⑤ [清]张金吾编纂:《金文最》卷六《诏令》,中华书局,1990年,第83页。

元元年。承安四年,本朝庆元六年。作此录后数年,乃见有记房中事者,以爱王为鄗王允恭之子。按允恭乃原王璟之父,淳熙十六年三月,密札下沿边诸州,避其名讳甚详。昔以为鄗王后,实甚误矣。"①李心传探得爱王大辨为世宗长子越王之子。世宗长子允中大定七年曾封越王,允恭当为允中之音讹,允恭为章宗璟之父显宗,镐王为允中,可见爱王实为允中之子。

由此可见,爱王应当确有其人,时人多有听闻,在民间广为流传,可能是冤死的镐王允中第三子阿思懑,否则民间反叛何以常常打着爱王复仇的旗号?章宗多疑,疏忌宗室,错杀世宗子嗣,以至于爱王反叛,给金朝带来战乱,因此史书为尊者讳,隐去爱王之事,也在情理之中。但《南迁录》对于爱王叛乱一事的记载则更加偏向想象与夸饰,甚至将蒙古南侵以至于金朝灭亡归咎于爱王叛乱。②

明昌年间,边地多有叛乱,明昌六年胡里纥叛;合底忻部、山只昆部、婆速火部南下侵扰;临潢、泰州属部叛;阻䪁糵亦叛,随后又有"纥军千余出没剽掠锦"③,"况南北两属部数十年捍边者,今为必里哥孛瓦诱胁,倾族随去,边境荡摇如此可虞"④。章宗三次北伐,修筑界壕,边地始定。《元史·太祖本纪》记载:"会金降俘等具言金主璟肆行暴虐,帝乃定议致讨,然未敢轻动也。"⑤章宗注重文治,明昌年间金朝正值盛世,"大定、明昌,投戈息马,治化休明"⑥,虽后期沉迷酒色不理朝政,但断不至于被称作暴虐,唯残杀二王,导致宗族忌惮一事可称暴虐。边地叛乱虽然得以平定,但对金朝造成了不小的打击,乃至于蒙古

---

① [宋]李心传:《建炎以来朝野杂记》乙集卷一二《杂事·爱王之叛》,中华书局,2000年,第700页。
② 魏源与王国维就爱王的问题都有论述,魏源以为明昌年间金朝多对边地用兵,但《金史》对于明昌年间章宗对边作战的记载语焉不详。《章宗本纪》载,明昌五年二月"宰臣请罢北边屯驻军马,不允",九月调"上京等九路并诸抹及纥等处选军三万,俟来春调发,仍命诸路并北阻䪁以六年夏会兵临潢",明昌六年又言"左丞相清臣遣使来献捷",记载模糊不明,隐去敌人名讳,极可能是征讨反叛的爱王。王国维则驳斥了这一说法,按查《金史》其他传记可知当时扰边者,为蒙古别部合底忻、山只昆,而牵连及广吉剌与阻䪁。二人的材料皆不足以支撑爱王是否存在,魏源的材料以偏概全,而王国维仅仅对魏源的材料进行否定,亦难以有力地证明爱王并不存在。
③ [元]脱脱等:《金史》卷九四《列传第三十二·瑶里孛迭》,中华书局,1975年,第2095页。
④ [元]脱脱等:《金史》卷九五《列传第三十三·董师中》,中华书局,1975年,第2114页。
⑤ [明]宋濂等:《元史》卷一《本纪第一·太祖》,中华书局,1976年,第13页。
⑥ [清]张金吾:《金文最·自序》,中华书局,1990年,第9页。

决计南侵都有明昌时期的叛乱作为诱因。

由此可见《南迁录》将蒙古南迁归咎于爱王叛乱并不是信口开河,北边叛乱多集中在明昌年间诛杀二王之后,爱王虽然不至于造成《南迁录》中所言如此大的影响,但极有可能如《太祖本纪》所记金国降俘一般叛逃北边,言明金朝内部状况,引外部叛乱,导致明昌年间边地多事。钱大昕也认为:"《金史》虽讳其事,然以此传所载推之,必实有爱王倡乱北边,久之病死,故内地奸人亦假其名,如陈胜诈称公子扶苏之事。且曰爱王终当奋发,则其事诚不可掩也。"①《南迁录》在流传的过程中,引起了诸多名家注意,黄丕烈、彭元瑞、李文田、周叔弢都曾对其进行校注,李文田更是认为"足见宋人辑此录时,虽依托金人然,亦不尽向壁虚造,当分别观之也"②。可见《南迁录》记事虽偏向于民间传闻、轶事、小说,多夸饰与想象的成分,但并非纯属臆造,可能是有时事或者逸史作为依据,可与正史互证,补正史之阙,具有一定的文献价值,不能断言其为毫无价值的伪书。

三、《南迁录》体现的宋人家国观念

《南迁录》作为一本公认的伪书,但宋人创作其并非空穴来风,其史事凭据亦非子虚乌有。宋金世仇,而宋人为何要在蒙古崛起,金朝势微之际,为金朝作这样一部羼杂稗官野史与宋人历史想象的"历史实录",以金人的口吻记载其南迁之经过? 对于《南迁录》的探讨,应当结合当时的创作背景与社会语境,透过文本来探讨其中蕴含的宋人观念。

对《南迁录》的内容进行分析,可知《南迁录》虽以金人口吻写作,其中表达的皆为宋人观点。

首先,《南迁录》体现出宋人对北宋覆亡的看法,亡国之因在于奸佞祸国,而非君主无德。《南迁录》对宋徽宗十分尊崇,为其开脱,称其死后被金熙宗封为

---

① [清]钱大昕:《廿二史考异》卷八五《金史二·镐王永忠传》,凤凰出版社,2016年,第1424—1425页。
② [金]张师颜:《南迁录》,UBC图书馆藏李文田抄本,李文田跋。

哀王,并奉祭祀。北宋的灭亡,在于佞臣之个人责任,而不在君王。《南迁录》记北宋华原郡王郑居中之女被虏归金,为世宗宸妃,作者借宸妃之口表达了对于北宋亡国的看法:

> 琬曰:"赵家宣和帝以运东南花石,筑艮岳,致亡国破家,先帝命图之以为戒。"宸妃曰:"妾闻宣和帝之亡,不缘此事,乃是用童贯、梁师成耳。"盖讥琬也。①

宋人认为:"今日之患,在中国不在外敌,在朝廷不在边鄙,在士大夫不在盗贼。"②太学士陈东将蔡京、童贯、王黼、梁师成、朱勔、李彦斥为乱国六贼,广为时人所接受③。可见《南迁录》的态度与宋人相合,认为是蔡京、童贯等人祸乱朝纲,才导致了北宋亡国之祸。

其次,《南迁录》认为南宋北伐失败,亦是因为叛臣作乱。《南迁录》以金人口吻定性秦桧为金朝奸细,金主派遣秦桧归国,杀害忠良,阻挠北伐:

> "此事在我心里三年矣,只有一秦桧可用。桧初来,说赵氏得人心,必将有所推立。说张邦昌不为人悦服,虽立何济? 不及半年,其言皆验。我喜其人,置之军中,试之以事,外拒而中委曲顺从,间语以利害,而桧终始言南自南,北自北,因说许某着手时,只依这规模分别,今只用兵,南亦未必终弱,若纵之归国,彼处喜慷慨说事,必是得志,惟此人可济吾事,更须恩结其心。"众皆令解其言,南臣羁旅,秦桧独稳足,一朝资以金宝,驾以海舟,挟孥而去。韩常惧南有疑,而忠献不听,至彼大得权位,而所谋始行。顺昌之战,刘锜欲径进,而召刘锜。商虢之战,岳飞欲径进,而召岳飞。终于杀岳飞、发韩世忠、张浚,贬赵鼎,而南北之势定。可见逃人归国。不可不细查

---

① [金] 张师颜:《南迁录》,UBC 图书馆藏李文田抄本,不分卷。
② [宋] 李心传:《建炎以来系年要录》卷一一,中华书局,1988 年,第 259 页。
③ 张邦炜:《北宋亡国的缘由》,《西南民族学院学报》1999 年总第 20 卷,第 1 页。

其来历，关系国家不小。①

南宋时已有人认为秦桧为金朝奸细，南宋朱胜非《秀水闲居录》载："秦桧随敌北去，为大帅达赉任用，至是与其家俱得归。"②《林泉野记》与《中兴姓氏录》也持此观点。《南迁录》以金人之口定论秦桧为奸细，正合宋人对秦桧的憎恶之心，这一论断广为接受，成为《南迁录》中被征引最广的部分。车若水《脚气集》引《南迁录》中秦桧叛国之事，以为"金人自言之，《南迁录》甚详"③。《阎潜丘先生年谱》曰："《南迁录》……多子虚亡是之辞，然载秦桧事却可信。余取以补续《通鉴》。"④《历代通略》也以《南迁录》为秦桧叛国之佐证。

除此之外，《南迁录》杜撰事实，抹黑金朝。是书将金朝的祸乱归因于靖康之难的果报，言郑王允蹈之母为徽宗之女，章宗宠妃宸妃亦为北宋官员郑居中之女，皆无稽之谈。《南迁录》称金章宗之母为宋人赵氏，此说后人也有所采纳。李文田言："《癸辛杂识续集》下卷曰：'金章宗之母，乃徽宗某公主之女也，凡嗜好书札，悉效宣和字画，尤为逼真。'金国典章文物明昌，为威如此之类，灼然不诬。"⑤章宗母为孝懿皇后徒单氏，绝不可能为赵氏汉人，"国朝故事，皆徒单、唐括、蒲察、拏懒、仆散、纥石烈、乌林答、乌古论诸部部长之家，世为姻婚，娶后尚主"⑥。郑王允蹈之母元妃李氏与世宗宸妃张氏家族皆世居渤海，世代为辽金官宦，亦非宋人。《南迁录》言章宗纳世宗宠妃宸妃一事更是子虚乌有，宸妃早卒，是书将章宗晚年宠幸的元妃李师儿附会为宸妃，极言章宗荒淫误国。

《南迁录》借金人之口道出其写作缘由，靖康之变金灭北宋，而今必有果报，"太宗向日携赵氏三千口来，今日乱国，皆是其女孽，此天也！"世云曰："乱匪降

---

① ［金］张师颜：《南迁录》，UBC图书馆藏李文田抄本，不分卷。
② ［宋］李心传：《建炎以来系年要录》卷三八，中华书局，1988年，第720页。
③ ［金］张师颜：《南迁录》，UBC图书馆藏李文田抄本，不分卷。
④ ［清］张穆：《阎若璩年谱》，《阎潜丘先生年谱·一六八九年（五十四岁）》，中华书局，1994年，第76页。
⑤ ［金］张师颜：《南迁录》，UBC图书馆藏李文田抄本，李文田跋。
⑥ ［元］脱脱等：《金史》卷六四《列传第二·后妃下·章宗元妃李氏》，中华书局，1975年，第1528页。

自天,生自妇人,诚然。"①此书极力抹黑章宗,言其猜忌多疑残杀宗族,沉湎享乐不理朝政,不知用人阻塞言路,荒淫无度最终被弑。又言:"南宋所传之主,大是有志报复"②"况大辩之初生也,其母萧氏,梦一人乘马持刀自南来,称南绍兴主遣来,觉而与其姑言之。及生,赵氏捧之而泣曰:'汝自南来耶!'"③可见是书必为宋人所作,以伪造史事抹黑金朝来宣泄愤怒,维护宋人的民族自尊心。四库馆臣评价为:"盖必出于宋人雪愤之词,而又假造事实以证佐之。"④

然而宋人伪造此书并不仅仅为了泄愤,更是民族情绪与政治要求的体现。远离政治中心的士人通过对历史的叙述与议论来表达自己对政治的看法,《南迁录》的书写正体现了士人强烈的恢复之望与复仇之志。宋人从未忘记靖康之耻,始终保有强烈的恢复失地之愿望。蒙古崛起,北边多事,对金朝造成了极大的压力,也让宋朝错误地以为已经到了一雪前耻的好时机:

> 嘉泰中,邓友龙使虏,有赂驿吏夜半求见者,具言虏为鞑之所困,饥馑连年,民不聊生,王师若来,势如拉朽。友龙大喜,厚赂遣之,归告韩侂胄。且上倡兵之书,北伐之议遂决。其后王师失利,侂胄诛,友龙窜。或疑夜半求见之人,诳诞误我。然观金虏《南迁录》,其言皆不诬,此必中原义士,不忘国家涵濡之泽,幸虏之乱,潜告我使。惜乎将相非人,无谋浪战,竟孤其望,是可叹也!⑤

开禧二年,南宋出兵北伐,因为错误地估计了金朝实力,取得短暂胜利后,又接连败北,不得不以和谈告终,签订了嘉定议和的屈辱协议。宋金世仇未报,靖康之耻未雪,开禧北伐失败,南宋朝廷更加因循苟且,使得士人大为不满,民族情绪高涨。金朝迁都一事,在南宋激起了强烈反响。蒙古威逼,金朝势衰,在宋人

---

① [金]张师颜:《南迁录》,UBC图书馆藏李文田抄本,不分卷。
② [金]张师颜:《南迁录》,UBC图书馆藏李文田抄本,不分卷。
③ [金]张师颜:《南迁录》,UBC图书馆藏李文田抄本,不分卷。
④ [清]永瑢等:《四库全书总目》卷五二《史部八·杂史类存目一·南迁录一卷》,中华书局,1965年,第473页。
⑤ [宋]罗大经:《鹤林玉露》卷四甲编《邓友龙使虏》,中华书局,1983年,第62—63页。

看来此时正是收复失地，灭亡金朝以报世仇的好机会。乔行简以为应当谨慎处理对待金朝以及蒙古的态度，继续给予岁币。这一观点对于抱有强烈恢复中原要求的南宋士人来说是极大的屈辱，以至于"太学诸生黄自然、黄洪、周大同、家横、徐士龙等，同伏丽正门，请斩行简以谢天下"①。然而不等宋朝做出决策，金朝便以宋朝不给岁币为由，挥师南下，企图夺取淮南，补偿蒙古所攻占的土地，劫掠财物以补充军备。金朝此时南侵的策略更是狠狠践踏了宋人的民族自尊心。嘉定十二年，朝中主战派与主和派，激烈交锋，立场强硬，甚至爆发了三学生运动，"太学生何处恬等伏阙上书，以工部尚书胡榘欲和金人，请诛之以谢天下"②，朝中大臣纷纷上书支持，"秘书监柴中行奏：'三学所言，不宜含糊，付之不恤，是欲私庇其人，而使吾君有拒谏之失。'辛酉，国子监丞萧舜咨札曰：'诸生言事，无非公论，而朝廷乃谓黜陟之权，不当徇布韦之请，此非天下之公言，特左右游扬之私尔。'"③最终南宋采取了积极的战略行动，于江淮至四川对金朝发动整体攻势。可见当时民族情绪之高涨，对于借机灭金恢复华夷秩序的政治要求之强烈。

《南迁录》对金章宗的形象重塑以及对于秦桧是金朝奸细的定性，正是宋人对于长期以来北伐失败、华夷秩序颠倒痛心疾首的表达。而对于金朝南迁危机的话语重塑，以及徽宗与一众北宋被虏官吏后代给金朝带来祸乱的果报思想，正是宋人迫切复仇灭金、恢复故国的政治要求体现。《南迁录》对于金朝的抹黑也是当时远离政治中心的普通士人试图掀起社会抗金浪潮，为主战派助威，在民间为宋朝对金开战造势的一种尝试。宋人伪作《南迁录》，虽言金朝事，实则是在当时历史背景下，宋人民族心态与政治要求的话语表达。

四、结　　语

宋人伪作《南迁录》，错谬百出，历来不为人重视，对于是书只求文从字顺，

---

① ［宋］叶绍翁：《四朝闻见录》甲集《请斩乔相》，中华书局，1989年，第23页。
② ［元］脱脱等：《宋史》卷四〇《本纪第四十·宁宗四》，中华书局，1985年，第773页。
③ 曾枣庄主编：《宋代序跋全编》卷五〇《〈三学义举颂〉序》，齐鲁书社，2015年，第1368页。

不求甚解。赵与时评价为"虏事中国不能详,然灼知其伪者已如此,而士大夫多信之"①。翁同龢亦认为"盖草野无知者所为,亦南烬、窃愤二录之流而已"②。然而其中所记内容看似经不起推敲,却有其独特的价值。一方面,《南迁录》一书有一定的史料价值,虽然《南迁录》是街谈巷议与历史想象的汇集,其中所记爱王叛乱一事仍然足以补正史之缺漏,可以用来探寻被正史掩去的爱王面貌;另一方面,从观念史的角度出发,《南迁录》亦有研究的价值。透过其中与史不合的宋人附会之语,亦可以管窥文字背后所蕴含当时的宋人对于亡国的态度,对于宋金关系的认识,以及对于政治要求的表达。因此,史地学家李文田将《南迁录》当作其考证史事的材料一种,抄写批校而成善本。随着加藏本的重见天日,其中可见李文田的治史态度也正说明了,《南迁录》有其独特的研究意义,不应当被简单判定为伪书而否定它的全部价值。

---

① [宋]赵与时:《宾退录》卷三,上海古籍出版社,1983年,第39页。
② [金]张师颜:《南迁录》,台湾图书馆藏清抄本,翁同龢跋。

Revisiting the Value of *Nanqianlu* in the University of British Columbia Library, Canada

Huang Wan

Abstract: *Nanqianlu* is a recognized pseudo-book written during the Song Dynasty, documenting the southern migration of the Jin Dynasty. Since its inception, it has been deemed inauthentic by scholars such as Zhao Yushi, Li Xinchuan, and Chen Zhensun, who believed it lacked any reference value. Therefore, the book has historically been neglected, with only fragmented copies surviving, and limited research conducted on it. However, the University of British Columbia Library houses a well-preserved copy of *Nanqianlu* handwritten by Li Wentian, which is the rare seen complete version known to exist. The inclusion of Li Wentian's annotations in this preserved copy provides significant inspiration for studying the book. By setting aside previous conclusions labeling it as a "pseudo-book," this research explores its potential historical value based on textual analysis and examines its significance in terms of conceptual history. Through this reevaluation, the value of *Nanqianlu* is reassessed.

Keywords: *Nanqianlu*; Li Wentian; University of British Columbia Library; Historiographical Value

加拿大藏易学清《有是楼藏书目》述略*

蒋思睿①

摘　要：《有是楼藏书目》由新会阮宽然整理编写，涵括广东藏书家易学清及其父亲易容之有是楼和目耕堂内文献不下千卷。藏书充分体现了易氏忠孝家学和晚清知识分子救国图强的愿望，为藏书史及晚清藏书家研究提供了重要资料。

关键词：加藏汉籍；晚清；藏书家；易学清；有是楼

---

* 本文系国家社会科学基金重大招标项目"加拿大不列颠哥伦比亚大学图书馆汉籍调查编目、珍本复制与整理研究"（项目编号：19ZDA287）研究成果。
① 蒋思睿，山东大学儒学高等研究院中国古典文献学专业 2021 级硕士生。

一、有是楼主人及《有是楼藏书目》编者

《有是楼藏书目》现藏于加拿大不列颠哥伦比亚大学(以下简称 UBC)图书馆,为手抄本,是海内外孤本。每卷版心上下均分别刻有"有是楼书目"和"目耕堂易氏藏书",当知书目收录了有是楼和目耕堂的藏书。《有是楼藏书目》抄纸每半叶十行,每行二十五字,注文双行三十字,白口,无鱼尾,版心上镌有"有是楼书目",下镌有"目耕堂易氏藏书",乌丝栏,有界,四周单边,天头有批注。在卷首卷端从上到下钤印:"民国庚辰"朱文方印、"蒲坂书楼"白文长方印、"姚钧石藏书"朱文长方印、"紫云清花砚斋"白文长方印、"梁汝洪"朱文方印,知曾是梁汝洪、姚钧石藏书。卷末附纸一张,上书"目耕堂易氏,闻是易学清氏□□书店称他名'易大堆',因他购书不论精粗美恶,总要大堆便合。廿九·四·一六"。据卷末附纸推测,是易学清藏书。《有是楼藏书目》第五册卷首题"新会阮宽然东瀛初编",其他各册卷首亦有"阮宽然""东瀛"等字,据此可以确定书目编者为新会阮宽然。

有是楼主人易容之(1791—1854),原名易和泰,易学清《易修礼堂家谱》载:"十九传讳容之,原名和泰,避高祖讳,改今名。字绍康,号若谷。"①易容之是清广东鹤山(今高鹤县)人,承广东新会古冈易氏支脉,以贡生身份入翰林院待诏,曾任詹事府主簿、大理寺评事等职,道光二十八年捐纳铨授湖北德安府知府。易容之少时虽孤贫,然胸怀大志,后经商致富②,成为广东的洋商巨贾,定居广州城西关易府。又因性喜藏书,以所得之财广收书籍,得到了许多善本。"先生知理且知书,齐志修身法古儒。架上有书堪作壁,庭余萱草荫门户。"③从"齐志修身"可窥易容之收书之要,而能以书作壁足见易府有是楼藏书之丰。

易容之生前就已经对有是楼所藏书目做过整理,《若谷公遗嘱》即言:"至于

---

① [清]易学清:《易修礼堂家谱》古冈易氏世谱,第 17 页。
② "粤东有豪杰之士易容之者,少孤贫。"[清]许奉恩:《兰苕馆外史》卷一〇《易容之》,黄山书社,1998 年,第 359 页。
③ [清]易学清:《易修礼堂家谱·吕祖仙师乩示》,第 26—27 页。

汝兄弟，须用心读书，勤求道理。勿以善小而不为，勿以恶小而为之。礼义廉耻，忠信孝弟，时时省察，身体力行，切勿论人之非，时刻责己之过。九经四书以外当多读我所新刊'有是楼各种'，携羽翼《孝经》有益于身心气识之书也。其余经济学问有益之书宜多览。"①有是楼收书是为子孙后世继承和阅览，所收之书经过了精心挑选，是益于身心气识的经济学问之书，而非淫词小说之类于修身治国无用的书籍。

易学清（1841—1920）字兰池，清末广东鹤山（今属高鹤县）人，易容之第十子，同治七年（1868）进士，官户曹。其后主讲端溪书院和羊城书院达二十余年，清末任广东咨议局议长。思想进步，曾积极响应辛亥革命活动。尽管科举考试已于光绪三十二年（1906）正式取消，但是整个社会对"进士"所代表的学历与资望的敬仰并没有随之消失。作为易容之唯一考中进士的子嗣，易学清继承了父亲有是楼的藏书，将其保存下来，并托人整理成《有是楼藏书目》。藏书家伦明曾多次造访易氏藏书楼，他在《辛亥以来藏书纪事诗》中有言："粤垣华洋交易，以七十二行商闻。易氏为洋商之一，西关十二甫易府，渠渠大厦。近年闻名者，有进士易兰池（学清）。"②可见到易学清时，易氏藏书楼仍颇负盛名，为人瞻仰。

易学清的藏书楼目耕堂是一幢砖混结构的三层小楼，旧址亦在广州市西关十二甫易府（今恩宁路十二甫西街）③，不难推测是对父亲易容之有是楼的扩建。"传家忠孝大名彰，夙好芸签富贮藏。有是楼前多大本，坊人能说目耕堂。"④目耕堂内厅壁楼书架满楹，易氏收书皆藏于此。虽说藏书里没有较为珍贵的宋、元椠本，但其中不乏明本善本，且书籍年代都较为久远，刻书时间均在嘉庆之前。目耕堂藏书最为明显的标志是每书内页均钤有"易氏目耕堂"印章，尤为醒目。在书籍装帧方面，藏本多合两、三册为一册，本内多大字，大多数书每册厚半寸以上，人呼之为"易大本"，各书坊见到此类大本，不需询问便知出自易学清目耕堂。《有是楼藏书目》所录书目卷数多少于现存书目卷数，盖由大本

---

① ［清］易学清：《易修礼堂家谱·若谷公遗嘱》，第22页。
② 伦明等著，杨琥点校：《辛亥以来藏书纪事诗》，北京燕山出版社，2008年，第249页。
③ 齐鲁书社编：《藏书家》，齐鲁书社，2014年，第98页。
④ 伦明等著，杨琥点校：《辛亥以来藏书纪事诗》，北京燕山出版社，2008年，第249页。

合订所致。藏书内页印章和合为大本的装订方式就此成为目耕堂藏书的两大特色。

易氏父子除性喜藏书，也为人慷慨，不吝借书，广交书友。《(同治)新会县续志》卷六载阮榕龄借书事："游郡城，闻易容之太守家藏书甚富，借恣渔猎。"①爱好藏书的知识分子经常与易学清在藏书楼交谈甚欢，《有是楼藏书目》多处记载藏书经还后送回大宅之事。但可惜的是，有是楼所收诸多善本并未能保存至今。自光绪末年以来，有是楼藏书因为战乱及经济原因遭到变卖，次第散出，部分被伦明续书楼收购。"时南海孔广陶'岳书楼'、鹤山易学清'目耕堂'、番禺何氏、钱塘汪氏等藏书散出，伦明择其佳者购之。"②在《辛亥以来藏书纪事诗》中，伦明回忆起"余屡造其家，见书日减少。辛亥(1911)后，犹于书坊见其《文苑英华》《六十种曲》诸书"③，慨然而叹。民国之后，书堂遗址已然易主，鸿函巨椟终流散于历史的风尘之中，不禁令人唏嘘。

《有是楼藏书目》编者阮宽然曾受雇于易容之。在《若谷公遗嘱》中，易容之叮嘱子嗣："董刚余一妾二女，及阮东瀛、李庚均，将来渠各人未晓能得回里否。渠三人岁中，原借工银养赡父母，将来存亡未卜。特切嘱汝兄弟仍每月预给各工人银，俾渠三人家中以备养赡之费为要，大约照工银之外另宜加厚相帮，以了我心愿。"④也许正是由于受到了易氏家族的厚待，阮宽然帮忙将易氏藏书整理分类，完成了《有是楼藏书目》。

阮宽然的生平事迹在相关古籍中记载甚少，按书目题"新会阮宽然东瀛"，查《广东新会阮氏族谱》未见阮之姓名，其他史书、方志中阮宽然名亦不得见，故无法知晓他的详细资料。但《有是楼藏书目》中错误较多，诸如写错历史名人姓氏(如"李清照"错写成"王清照")、写错人物朝代(如"北魏郦道元"错写成"后汉"郦道元)、不了解人物导致理解有误(如"宋江夏黄休复撰"错写成"宋江夏、黄休复同撰")之类的问题都有发生，从这点看，阮宽然文化程度或许并不高，不

---

① [清]彭君谷：《(同治)新会县续志》卷六，清同治九年(1870)刻本，第157页。
② 东莞图书馆编：《伦明研究·生平活动研究》，广东人民出版社，2020年，第29页。
③ 伦明等著，杨琥点校：《辛亥以来藏书纪事诗》，北京燕山出版社，2008年，第103页。
④ [清]易学清：《易修礼堂家谱·若谷公遗嘱》，第22页。

过这无法掩藏《有是楼藏书目》对于易氏有是楼藏书的贡献。正是经由阮宽然的编集,有是楼原本散逸的书籍再次以书目形式较为完整地呈现在世人面前,不仅如此,书中提要、批注记载下的存藏细节,对于有是楼藏书研究,以及以有是楼藏书为代表的清末民国藏书研究具有不可比拟的价值与意义。

《有是楼藏书目》凡五册,依照四分法经、史、子、集排列,各部下根据作者朝代顺序列出,其中子部书目较多,分为两册。在提要方面,《有是楼藏书目》对于《四库全书总目提要》的记述内容多有借鉴,不难看出编者阮宽然受《四库全书总目提要》的影响颇深。

二、《有是楼藏书目》特色

《有是楼藏书目》收书 1 044 部,其中经部 109 部、史部 169 部、子部 471 部、集部 295 部,藏书中有少量抄本、双钩本。从各部书目总量上看,子部、集部居多,可见易氏父子对于这两类书籍的充分重视。藏书特色反映藏书家的偏好,这种偏好与时代背景紧密相连,同时也是藏书家对自身及后代立身行道要求的具象化体现。

易学清出生于鸦片战争时期,正逢中国社会开始转型之时。与这一时期社会历史背景相契合,易学清不仅遵循传统惯性,接受正统教育,取得了进士功名,同时也密切关注时政,追求进步,被推选为广东咨议局的唯一议长。这是因为他受到父亲易容之古儒思想和经世致用观念的影响,传承齐志修身的家学,同时作为社会精英分子,一直践行着治国平天下的信念。可以说易学清的选择也即是时代的映射,这些从《有是楼藏书目》中亦可以略窥一二。

易学清藏书中相当一部分来自父亲易容之,其中子部书籍数量众多,想必其中倾注了他对于子辈的殷切期待。易容之志存高远,自谓"我志非人所能测"[①];在任捐躯,忠孝传家;广收善本,藏书万卷。由此《有是楼藏书目》多传治世之策,多载仁义之事,多集众才之作。

---

① [清]许奉恩:《兰苕馆外史》卷一〇《易容之》,黄山书社,1998 年,第 359 页。

《有是楼藏书目》所传治世之策存惠后辈。正如同《若谷公遗嘱》所叮嘱的那样，作为一个传统读书人，易容之希望子孙严于律己，廉正忠君，履行修齐治平的重任。《有是楼藏书目》所收经典广涵六书，面面俱到，从诸如《易学启蒙通释》之类的基础入门启蒙，到《仪礼经传通解》之类原典解读无一不涉，显然是想要为子孙读书提供便利。在为官方面，他还把《历代名臣奏议》《吴郡名贤图传赞》中的贤臣言行作为后世效仿的榜样，并选《贰臣传》以作警示。从这些书中不难感受到有识之士对国家的拳拳忠心以及父辈对于子嗣的衷心期待。

《有是楼藏书目》所载仁义之事映己赤胆。易容之为人忠贞不贰，誓死不屈。他的碧血丹心在《易修礼堂家谱》所引《国使馆列传》中灼灼可见："（咸丰）四年，贼由云梦大至，逼攻城下，容之登陴，誓众死守，力竭城陷。贼胁以利刃，大骂不屈死之。次子觊扬广西候补府经历，来郡省亲，随同守御。城破，率勇巷战，阵亡。"① 或许是将忠正作为终身之责，也或许是后代对于这份道义的敬仰，《有是楼藏书目》中不仅收录了譬如《关夫子志》《关帝宝训图像》之类与关圣帝君相关的书籍，还选取了许多叙写各朝忠义之士相关事迹的历史记录，例如《存烈编》《胜朝殉节诸臣录》《明忠义传》等。对于有气节的著书作者也给予了相应的尊敬，经部《黄石斋九种》提要中特意提及黄道周"明亡后为唐王聿键礼部尚书，督师出婺源，师溃被执，不屈死"，子部《盐邑志林》记述了樊维城在张献忠攻陷黄州之后以死殉节。忠孝传家的英烈之气从所存书目中亦淋漓尽致地得到彰显。

《有是楼藏书目》所集众才之作述史文貌。书目体现了对别集的重视，收录别集凡一百八十五部，其中以明清作者诗作居多，反映出明清诗歌繁盛、诗集众多的现象。由于去古未远，现存较少的当朝别集，如王友亮所撰《双佩斋集》、戴本孝所著《余生诗稿》、温汝适所编《柳塘诗抄》等均可见于此书目。不论是基本的题名作者，抑或记述成书始末的提要（如《柳塘诗抄》下记："国朝温羲窗筑以教其子侄。是编乃羲窗昆季子侄及诸群季各诗集，故以名是编曰《柳塘诗抄》。"），都以其"近史"而让《有是楼藏书目》具备了较为珍贵的史料价值。

---

① ［清］易学清：《易修礼堂家谱·国使馆列传》，第21页。

除此之外，易容之对于风水稍有研究，他在建宅选墓过程中都经过了相当详细的风水学分析与考证，并撰写成文，在文末属"吕祖先师乩示"。所以诸如《风水一书》《布衣葬法》等关于相宅相墓的书也有相当一部分，应是与藏书家兴趣相关。

作为有是楼的继承者，易学清一方面沿袭了父亲的收书传统，另一方面，也根据时代风向和个人思想的转变，收集了一批医书和海防及海外地理方面的书籍。

有是楼所收书目中，子部医家类凡九十六部，占比颇多，可见他对于这类书目的重视。大抵是受"医亦救人之术"思想影响，易学清希望借此发挥医学"医人"的作用，"挽狂澜于既倒，扶大厦之将倾"。"医人"的核心是"医国"，这正与领导辛亥革命的孙中山所走道路相合。只是"医术救人，所济有限"，医书可以治身，却无法治心。中国内忧外患的局面仅靠"医"远远不够，着眼于国内终究无法触发思想的革新，正因如此，易学清将目光转向了国外，试图一睹海洋彼岸的风景。

《有是楼藏书目》收录了许多类似《海防备览》《海防汇览》《筹海图编》等海防相关的书籍，结合时代历史背景，不难想见易学清对于时局的关注与重视，不少国人将西方的入侵归咎于海上力量薄弱，这一点从有是楼所收书目中能够得到充分体现。此外，书目在史部地理类专设"外纪之属"，《东西洋考》《琉球国志略》《海国闻见录》等书记载了海外情况，说明有识之士开始放眼全球，希望从外部寻找治国之方。

总之，《有是楼藏书目》所收藏书不仅是易氏父子读书偏向的反映，也是时代传统与革新思想碰撞的折射。目睹了西方入侵的藏书家，虽然身上依然保留着浓厚的传统士绅印记，却也在用读书人特有的方式，在恪守古儒原道的同时，寻求着拯救国家危亡之方。

Overview of *The Catalogue of Youshilou Collection* by Yi Xueqing Collected in Canada

Jiang Sirui

Abstract: *The Catalogue of Youshilou Collection*, compiled and edited by Ruan Kuanran from Xinhui, encompasses over a thousand volumes of literary works preserved by the Guangdong book collectors Yi Xueqing and his father Yi Rongzhi at the Youshilou and Mugengtang. The collection reflects the Yi family's adherence to loyalty and filial piety and the aspirations of late Qing intellectuals for national salvation and rejuvenation, providing significant resources for the study of book collecting history and late Qing collectors.

Keywords: Chinese Ancient Books Collected in Canada; Late Qing; Book Collectors; Yi Xueqing; Youshilou

珍本书志

编者按：国家重点文化工程"全球汉籍合璧工程"是对中国大陆以外的国家和地区所藏中华古籍作调查编目，并遴选海外所藏的珍本古籍作影印、整理、研究，以及数字化处理。其中，调查编目团队的主要任务是通过调研，摸清境外所藏中华古籍的情况；在目验的基础上，编纂境外中华古籍目录，以期揭示海外存藏汉籍的总体情况。本次收录的书志是由合璧调查编目团队成员刘心明、陈肖杉、解树明、李若楠、布吉帅、武文杰等共同撰写，涉及俄罗斯国立图书馆、法国国家图书馆、大英图书馆、日本东北大学图书馆、日本国立公文书馆、日本名古屋大学图书馆和蓬左文库等藏书机构所藏部分珍稀汉籍。

俄罗斯国立图书馆藏珍本书志十则

陈肖杉

1. 说苑

《说苑》二十卷，一函十册，汉刘向撰，元大德七年（1303）云谦刻本，清黄丕烈跋。每半叶11行，行20字，白口，单黑鱼尾，左右双边，版心下镌刻工。半框高22厘米，宽15厘米。书衣及函套为满铁大连图书馆统一制作，书衣藏蓝色，函套绿色锦面，题签"说苑 宋刻廿卷 十册全函"。首曾巩序。刘向（前77—前6）字子政，楚元王刘交四世孙，祖籍沛郡（今江苏徐州），世居长安，西汉中垒校尉。事迹具《汉书·刘向传》。

《说苑》一名《新苑》，为杂史小说集。鸿嘉四年（前17），刘向编成《说苑》二十卷，后多亡佚，仅存五篇。宋曾巩辑佚，复为二十篇。此本卷二第五叶为黄丕烈补抄，卷六末题"旧装卷四卷五中互有错简，今悉更整无脱叶也。复翁记"，卷二〇题"嘉靖四十一年六月廿八日看毕，是日立秋"，下钤"张氏收藏"。卷末有黄丕烈手跋两篇,跋一署"嘉庆岁在丁卯秋八月白露后二日,士礼居重装,并记复翁黄丕烈"。此本钤有"三十五峰园主人""汪文琛印""丕烈之印""杨氏海源阁藏""宋存书室""东郡杨绍和彦合珍藏""汝南郡图书记""杨以增印""杨绍和""汪士钟印""大连图书馆藏"等印。可知为士礼居、海源阁旧藏,后入满铁大连图书馆,今藏俄罗斯国立图书馆东方文献中心。此本卷末云谦刻跋脱去,黄丕烈、傅增湘等将此本误定为宋本。

2. 淮南鸿烈解

《淮南鸿烈解》全二十一卷,存二十卷,缺卷九,一函十一册,汉刘安撰,汉许慎、高诱注,南宋福建刻本。每半叶12行,行22字,白口,顺双鱼尾,左右双边。半框高17厘米,宽11厘米。金镶玉装,书衣黄底洒金,无题签。首许慎《淮南鸿烈解序》。刘安(前179—前122)为汉高祖刘邦孙,淮南厉王刘长子,汉文帝十六年(前164)封淮南王。

《淮南鸿烈》一名《淮南子》,系刘安组织门客共同编撰。据《汉书·艺文志》,淮南内二十一篇,外三十三篇。后外篇亡佚,仅存内篇。此本卷八阙第九叶,卷一四阙第八、第九叶,卷一六阙第十二、第十六叶。卷末有顾广圻跋语三叶。此本钤有"楝亭曹氏藏书""汪士钟印""阆源真赏""文登于氏小谟觞馆藏本""宋存书室""东郡杨绍和印""顾千里经眼记""百宋一廛""王彦昭氏""黄丕烈印""海源阁""彦合读书""四经四史斋""士礼居""聊城杨氏所藏""大连图书馆藏"等印。又据王雨《海源阁珍本流东记》,满铁大连图书馆自海源阁购得此本十二册,尚为全帙,未缺卷九。今藏俄罗斯国立图书馆东方文献中心。台北"故宫"所藏《新刊淮南鸿烈解》南宋茶陵谭氏刻本源出此本。

3. 唐音遗响

《唐音遗响》三卷,一函两册,元杨士弘撰,元至正刻本。白口,无鱼尾,左右双边,每半叶10行,行18字。金镶玉装。据《新元史》,杨士弘字伯谦,襄阳人,好古学,尝选唐诗1340首,分为始音、正音、遗响,总名曰《唐音》。

此本即其中遗响部分,或选未见全集不足以名家者,或选方调不入正音然不可弃者,或选能卓然名家但堕于一偏者,或选方外、闺阁、无名氏几近乐府唐音者,以见唐风之盛与夫音律之变。此本钤有"扫尘斋积书记""礼培私印""大连图书馆藏"等印,可知为王礼培旧藏,后入满铁大连图书馆,今藏俄罗斯国立图书馆东方文献中心。元刻《唐音》存世稀少,中国社会科学院文学研究所藏元至正四年(1344)甲申尚白斋刻本《唐诗始音》一卷、《唐诗正音》六卷;北京师范大学藏元至正四年《唐诗始音》,中国大陆未见元刻《唐音遗响》。

4. 昌黎先生集

《昌黎先生集》四十卷,凡十六册,唐韩愈撰,宋朱熹考异、王伯大音释,元至正刻本,和硕成亲王永瑆旧藏。每半叶13行,行23字,细黑口,顺双鱼尾,四周双边。金镶玉装。首朱文公音辨序、宝庆三年(1227)王伯大序。韩愈(768—824)字退之,河南河阳(今河南孟州)人,自称"郡望昌黎"(在今河北秦皇岛),故世称韩昌黎。韩愈与柳宗元等人发起古文运动,苏轼赞其"文起八代之衰"。韩愈门人王汉编定《昌黎先生文集》四十卷。此本钤有"永瑆印""大连图书馆藏"等印,可知为永瑆旧藏,后入满铁大连图书馆,今藏俄罗斯国立图书馆东方文献中心。

5. 书集传

《书集传》六卷,一函六册,宋蔡沈撰,宋朱熹订定,元至正五年(1345)刻本。每半叶13行,行22字,黑口,顺双鱼尾,四周双边。书衣及函套为满铁大连图书馆统一制作,书衣藏蓝色,函套绿色锦面,题签"晦庵先生"。蔡沈(1167—1230)字仲默,建州建阳(今福建南平)人,为朱熹门人,因著书有功,宝祐三年(1256)宋理宗追赠蔡沈太子少师,次年再赠太子太师。庆元五年(1199),朱熹命蔡沈撰《书集传》,十年乃成。元延祐二年(1315)复开科举,《尚书》以蔡氏《书集传》为主。此本钤有"五福五代堂宝""八征耄念之宝""太上皇帝之宝""天禄继鉴""乾隆御览之宝""大连图书馆藏"等印,可知曾为乾隆皇帝天禄琳琅阁旧藏,后入满铁大连图书馆,今藏俄罗斯国立图书馆东方文献中心。元刻《书集传》存世稀少,中国大陆未见此本。

6. 穆天子传

《穆天子传》六卷,凡一册,战国佚名撰,明嘉靖范钦刻本,清顾之逵校跋。每半叶9行,行18字,白口,单白鱼尾,左右双边。金镶玉装。首荀勖序。晋武帝太康时,汲县(今河南新乡)一座战国魏墓被盗,当地官员命人查检现场,得竹书数十车,晋武帝命荀勖、和峤等人整理隶写,得古书十余种,《穆天子传》亦在其中。

顾之逵据影宋抄本手校此本,并逐一标注文字、版式之异同。顾氏于内扉处题曰"壬子(1792)春,得一影宋抄本,断烂不全,失去一叶。其文与注则微有异同,因研朱细校其异,顾文字古奥,未敢妄订是非,行就博雅家正之。癸丑(1793)霜降后二日抱冲校毕记",卷前朱笔题"影抄宋本,每翻九行,行廿字",顾氏所见影抄宋本已佚。此本钤有"锡纶印""墀诏""大连图书馆藏"等印,又缪荃孙《艺风堂藏书续记》、王文进《文禄堂访书记》均录此本。此本曾辗转顾之逵、缪荃孙、王文进处,后入满铁大连图书馆,今藏俄罗斯国立图书馆东方文献中心。宋刻《穆天子传》已佚,凭此本可大致恢复宋本面貌。

7. 齐东野语

《齐东野语》二十卷,一函十册,宋周密撰,明正德十年(1515)刻本,钱谦益批校。每半叶 11 行,行 18 字,白口,无鱼尾,四周双边。金镶玉装。首正德十年胡文璧、盛杲序。周密(1232—1298)字公谨,号草窗,祖籍济南,生于临安(今浙江杭州),擅诗词,与吴文英(号梦窗)并称"二窗"。《齐东野语》记南宋旧事及文坛掌故,杂记天文医药。此本朱墨圈点,有补抄,天头处有钱谦益朱墨注文,钤有"钱谦益印""大连图书馆藏"等印,可知曾在钱谦益处,后入满铁大连图书馆,今藏俄罗斯国立图书馆东方文献中心。

8. 石田诗集

《石田诗集》十卷,凡八册,明沈周撰,明弘治刻本。每半叶 9 行,行 17 字,黑口,顺双鱼尾,四周双边。书衣洒金。首弘治十三年(1500)吴宽序。沈周(1427—1509)字启南,号石田,擅画,与文徵明、唐寅、仇英并称"明四家"。《石田诗集》为沈周自选集。此本有补抄,卷九缺第廿九叶。钤"大连图书馆藏"等印,可知曾在满铁大连图书馆,今藏俄罗斯国立图书馆东方文献中心。明刻十卷本《石田诗集》存世较少,中国大陆未见明弘治刻本。

9. 说文解字

《说文解字》全十五卷,存卷一至七、卷一四至一五,一函四册,汉许慎撰,明汲古阁本,清惠士奇、惠栋批校。每半叶 7 行,白口,单黑鱼尾,左右双边。许慎(约58—149)字叔重,汝南召陵(今河南漯河)人,章帝、和帝时任五经博士,校书东观。章和二年(88),许慎始撰《说文解字》,以"六书"归纳文字的构成与使用,永元十二年(100)书成,后献予安帝。此本天头等处有惠氏父子批语,书衣题"惠氏笺阅说文,原六本,存五本",钤"大连图书馆藏"等印。可知入藏满铁大连图书馆时尚有五册,此后遗失一册,今藏俄罗斯国立图书馆东方文献中心。此本惠氏父子批校为惠栋《惠氏读说文记》草稿。

10. 扬子法言

《扬子法言》十卷,凡一册,汉扬雄撰,清抄本,文源阁四库全书零种。每半叶8行,行21字,白口,单鱼尾,四周双边,朱丝栏。金镶玉装,书衣黄色锦面。扬雄(前53—18)字子云,新莽时校书天禄阁。扬雄仿《论语》而作《法言》。此本钤有"古稀天子""文源阁宝""信天主人""圆明园宝""满铁图书之印"等印。此本曾在满铁大连图书馆,今藏俄罗斯国立图书馆东方文献中心。

法国国家图书馆藏珍本书志九则

陈肖杉

1. 双鱼集尺牍汇编

《双鱼集尺牍汇编》二十八卷,明颜继祖撰,明曾绍熺汇注,清初嘤古堂刻本。原书一册,订为精装本一册。每半叶9行,行22字,小字双行同,白口,无鱼尾,四周单边,版心上镌"尺牍汇编"或"尺牍双鱼批注",中镌类别,下镌卷次及"嘤古堂"或"双鱼集"。框高19厘米,宽12.7厘米。前有明崇祯六年(1633)徐𤇆序。颜继祖(?—1639)字绳其,又作绳稷,号同兰,漳州龙溪(今福建漳州市龙海区)人,万历四十七年(1619)进士,崇祯时以右佥都御史巡抚山东,崇祯十二年(1639)清军陷济南,崇祯将继祖斩首示众。著有《又红堂诗集》七卷等。《明史》卷二四八有传。

是书分为朝列、方职、政事、戎绩、学问等28类,共收尺牍149篇,有圈点、点评。是书存世极少,《厦门图书馆馆藏福建地方文献目录汇编》著录清同治七年(1868)文德堂刻《双鱼集》二卷。《福建文献书目(增订本)》著录厦门大学藏叶国庆写本《双鱼集》一百二十篇。此本为现存较早较全之本。

2. 同人公简

《同人公简》不分卷,清王伯多禄等撰,清刻本。原书一册,订为精装本一册。每半叶8行,行24字,小字双行同,白口,无鱼尾,四周双边,版心下镌页数。框高18.1厘米,宽12.7厘米。王伯多禄康熙四年(1665)出生于北京,从小入基督教,曾任钦天监天文生、博士。

此本正文无大题,书名据书衣拟定。此书所收为"京都总会长"王伯多禄及钟德望、黄若瑟等十八位天主教人士写给外省各堂会长的书信,系关于"中国礼仪之争"的重要文献。信中最晚日期为清康熙五十六年(1717)十二月十五日,成书及刻书当在此后不久。此书极罕见,除此本外,仅见耶稣会罗马档案馆藏本,题作"京都总会长王伯多禄等十八人致外省各堂会长书,告康熙五十五年九月诸人与山东临清堂代主教康神父谈礼仪问题事"。

3. 天主圣教约言

《天主圣教约言》不分卷,葡萄牙苏如望(João Soerio)撰,明末刻本。原书一册,订为精装本一册。每半叶8行,行16字,白口,单黑鱼尾,四周双边。苏如望(1566—1607)字瞻清,葡萄牙来华传教士。生于葡萄牙旧蒙特莫尔,1584年加入耶稣会。1591年,苏如望到达澳门,四年后被派往南昌。除传教外,坚持学习中国语言、文化,后病故于南昌。是书为问答体,宣传天主教思想。全书分为两部分,上部分以自然理性阐述宗教之说,下部分为十诫,附有诠释。是书于明万历二十九年(1601)初刻于韶州,后经多次重刻。此本未见其他目录著录,十分稀见。

4. 铎书

《铎书》不分卷,明韩霖撰,明末刻本。原书二册,合订为精装本一册。每半叶9行,行20字,白口,单黑鱼尾,四周单边,版心上镌书名,中镌小题,下镌叶数。框高21厘米,宽14.2厘米。韩霖(1596—1649)字雨公,号寓庵,山西绛州(今山西新绛县)人,皈依天主教后教名多默(Thomas)。明天启元年(1621)举人。曾与人合著《圣教信证》《辩教论》等。

此书融合儒、耶伦理思想,宣讲明太祖"圣谕六言",在中西文化交流史和中国基督教思想史上具有较重要地位。法图藏本有《铎书序》,署"赐进士出身嘉议大夫詹事府詹事兼翰林院侍读学士掌院事前国子监祭酒南京总裁知制诰日讲官",后为条状墨钉。卷端题"古绛韩霖撰",次行为条状墨钉。疑此书刻于李建泰降闯之后,不便署李氏姓名,刻书者尚欲观望,故留出位置,以便将来补刻。此本文字避明讳,不避清讳,暂著录为明末刻本。

5. 雄拳拆法

《雄拳拆法》不分卷,高兴方撰,清翰经堂刻本。原书一册,订为精装本一册。上下双栏,上栏为拳法文字,行字不等,下栏为配图,白口,单黑鱼尾,四周单边,版心下镌叶数,间有"翰经堂"字样。高兴方,生平不详。是书为雄拳拳谱,未见其他目录著录。

6. 五经旁训内附忠孝二经

《五经旁训内附忠孝二经》二十一卷(《孝经旁训》不分卷、《忠经训义》不分卷、《易经旁训》三卷、《书经旁训》四卷、《诗经旁训》四卷、《礼记旁训》六卷、《春秋旁训》四卷),明高其昌删定,明崇祯间武林藜照阁刻本。共十一册,每半叶 7 行,行 20 字,小字双行同,白口,左右双边。框高 20.6 厘米,宽 15.3 厘米。高其昌,号吉生,天启元年(1621)进士,崇祯十一年(1638)任三水知县,修建书院、表彰儒学。书名页题"五经旁训内附忠孝二经,高吉生先生新订,武林藜照阁梓行"。避"校"为"较",不避"玄"讳,可知此本刊刻于明代。此书对程颐《伊川易传》、蔡沈《书集传》等书加以训解、点题,方便参加科考者迅速掌握科考要领。法国国家图书馆藏。《中国古籍善本书目》《中国古籍总目》未见著录。法图外未见馆藏。

7. 辨志堂订正四书说约集解

《辨志堂订正四书说约集解》不分卷,清万经辑,清雍正六年(1728)刻本,共六册。上下双栏,上栏 25 行 30 字,下栏 9 行 17 字,小字双行同,白口,无鱼尾,左右双边。框高 24.9 厘米,宽 15.1 厘米。万经(1659—1741)字授一,号九沙,浙江鄞县人。康熙进士,清代经学家、史学家、书法家。书名页题:"雍正六年重镌,徐果亭先生鉴定,王授一先生编辑,辨志堂订正四书说约集解,汇集朱子全书先儒语录、辑释通义大全蒙存汇正诸解,古吴三才堂、三乐斋、三槐堂梓行。"收录仇兆鳌《序》,万经《例言》,本书上下两栏,上栏为《辨志堂订正四书纂序说约集解》,搜罗明清时期四书各家解说,下栏为朱熹《四书集注》正文,方便举子迅速掌握举业要领。法国国家图书馆藏。《中国古籍善本书目》《中国古籍总目》未见著录。法图外未见馆藏。

8. 关圣帝君圣迹图志全集

《关圣帝君圣迹图志全集》五卷,清卢湛辑,清雍正七年(1729)重印本,共六册。每半叶 10 行,行 21 字,白口,单黑鱼尾,四周双边。框高 23.9 厘米,宽 16

厘米。卢湛,淮阴人,生卒年不详。前有清康熙三十二年于成龙序,康熙三十一年王维珍序,康熙三十二年刘殿邦序,康熙三十二年符侗叙,康熙三十二年冯佑序,康熙三十二年卜枚先序,康熙三十一年卢湛序,后有清雍正己酉康弘谟跋。卷端题"关圣帝君圣迹图志全集卷之一仁部",分仁义礼智信五部。清卢湛"因其家藏旧本,搜葺考证,绘图著说,以集其成",清康熙三十二年(1693),由河道总督于成龙集资付梓。此本为雍正七年陕西泾阳康弘谟重印本。法国国家图书馆藏。

9. 女四书集注

《女四书集注》四卷,清王相笺注,清嘉庆二十二年(1817)英秀堂刻本,共一册。每半叶10行,行20字,小字双行同,白口,单黑鱼尾,左右双边,版心上镌"女四书"及各书简称(女诫、论语、女范、内训),下镌"英秀堂"(《曹大家女诫》前两页为"元典堂")。框高19.6厘米,宽12.8厘米。王相字晋升,山东琅琊人,生活在明万历至清康熙年间,著有《三字经训诂》一卷、《百家姓考略》、《尺牍嘤鸣集》十二卷等。书名页题"嘉庆丁丑新镌,女四书集注,英秀堂梓"。清人王相将《女诫》《女论语》《内训》和《女范捷录》四种合编为《女四书集注》刻印,是明末至民国初期女子必读的教科书。法国国家图书馆藏。

大英图书馆藏珍本书志十则

陈肖杉

1. 皇明经济录

《皇明经济录》四册不分卷,明抄本。每半叶 10 行,行 18 字,白口,无鱼尾,四周双边,蓝格。开本 31.4×20 厘米。前有《皇明经济录总目》:第一册,开国、保治、吏部、户部、礼部;第二册,兵部、刑部、工部;第三册,两京畿、十三省;第四册,九边、四夷。每册卷前有分目。前后无序跋,不著编撰者。第三、四册贴有手绘地图多幅,如《东北诸夷国》等。稿纸为明抄本习见的蓝格纸,且书名径题"皇明"二字,文中标题亦直书《大明一统赋》,"玄""丘""宁"等清讳一概不避,综合来看当为明抄本无疑。天头处间有朱墨笔批校。如《户部财赋》篇朱笔批曰:"嘉靖钱粮数目。"墨笔批曰:"太仓银两极费者,边防为最,商铺料价次之,马匹草料又次之。"钤有朱文方形"晋江黄御揽珍藏图书""思俨"等印。卷末有:"Presented by the Secretary of State in 1846."

2. 陈文恭公风俗条约、江苏钱漕节略

《陈文恭公风俗条约》一卷,清陈弘谋撰;《江苏钱漕节略》一卷,不著撰者。两卷合订一册,清道光抄本。每半叶 6 行,行 20 字,白口,单红鱼尾,四周双边,红格。开本 24.4×13.2 厘米。《陈文恭公风俗条约》作者陈弘谋,时任江苏巡抚,有感于苏州地区奢靡的民风,力求从嫁娶、丧葬、宴会、妇女游寺、僧尼淫行、妇女着装、巧诈无赖、讼棍、禁赌、聚众酬鬼神等十个方面对民众进行规劝。《皇朝经世文编》节录,《(同治)苏州府志》收录。《江苏钱漕节略》则重点揭露了州县官、旗丁等各色人等借漕粮盘剥百姓的积弊。文中称:"道光十三四年银价增昂之后，关以外亦无完区。"卷末钤："Presented by the Secretary of State in 1846."

3. 集古印谱

《集古印谱》，存四卷：卷二、卷三、卷六、卷七。集者不详，明刻钤印本。每半叶4行，每叶收印8方，白口，四周单边，单蓝鱼尾，蓝格。开本26.9×19.2厘米。上为钤印，下为释文。稿纸为明代常见的蓝格纸。其中一些先秦古印为后人所刻，如卷六白文方形"冉求之印""宰我"等。卷末题："Bought of Mr. M. Ettinghausen, Oct 9, 1903."

4. 玉说

《玉说》一册一卷，清唐荣祚撰，稿本。每半叶8行，行20字，无格。开本27.5×18.1厘米。正文卷端题："华夏处事大兴唐荣祚锡五甫。"下钤朱文方形"锡五氏"，白文方形"人在天厓"。封面题："光绪庚寅，玉说，古腴轩藏。"无序文。唐荣祚字锡五，号华夏居士，大兴人，富于收藏。该书有清光绪十六年（1890）龙文斋刻本，民国元年（1912）怡然印字馆石印本。此为稿本。

本书有产玉、璞玉、玉贵、玉器、天子用玉、国家用玉、玉色、旧玉和翡翠九篇。本为受大英博物馆嘱托而作，民国本《自序》言之甚明："己丑（1889）冬十月，英使馆医官卜士礼君得英国伦敦博物院中函，以所获华产玉器多件、映照二十余幅，拟就问题九道，嘱请中国文士为著论说，并译英文，寄陈院中，以庸民智而进文明。卜君属之于余，奈余不敏，未尝学问，又为人作嫁，日无暇晷。因荐友人徐梓冀君捉刀，而徐君不屑为之，束置高阁，逾年不报。比使者敦促再三，而徐君竟以疾辞，无已仍属不才，且时间促迫，乃就改岁之暇，搜罗案头书籍，逐题敷衍。其无从引证者，姑就玉商之传说，或通家之品评，权为连缀。脱稿后，与卜君口译英文，经厂肆龙文斋刊版寄英，余印留数十册。"文中有三处红笔批校，盖作者自为之。

5. 休宁流塘詹氏家传

《休宁流塘詹氏家传》一册一卷，清詹贵等纂，清抄本。卷轴装，行字不一，无格。开本35.3×22.7厘米。前有明吴伯宗识、姻亲明程敏政序、明王槐序。主体部分是詹氏历代名贤像、传、赞，有文侯、康邦公、良义公、诜公、敬公、黄公、小公公、百一公、学录公、显保公、景凤公等人。每人右为彩绘像,中为小传,传后为詹贵作赞语。其中,学录公赞后有识语多篇:詹阳、宋饶鲁、李士英等识语,明嘉靖丁巳(1557)王畿识语,十六世孙詹景凤识语、十七世孙詹璧识语、康熙乙巳(1665)吴树声识语、乾隆丙寅(1746)吴镇兖识语、乾隆乙亥(1755)沈德潜题识、乾隆乙亥(1755)徽州知府何达善识。像传赞后为《宋朝詹氏登第录》,详列名字、登第时间及该榜状元,共计84人。末为董允桂识语。詹氏乃休宁旺族,名贤辈出。学录公詹初是宋代理学名家,著有《寒松阁集》三卷,为《四库全书》收录。詹景凤是明末书画名家,著有《詹东图玄览编》四卷、《詹氏性理小辨》六十四卷、《书画苑补益》二十卷、《古今寓言》二十卷、《六纬撷华》十卷等,避"玄""弘"等字。

6. 德宝斋集拓印谱

《德宝斋集拓印谱》一册三卷,清王懿荣等藏,清光绪德宝斋钤印本。无边栏行格,每半叶钤一至七方印不等。开本22.7×14厘米。共三卷:《廉生藏印》一卷,《清卿藏印》一卷,《伯英太史藏印》一卷。第一卷上书衣题:"廉生藏印,己丑腊月,德宝斋借拓。"此卷收印为王懿荣所藏。王懿荣(1845—1900)字正儒、廉生,山东福山(今烟台市福山区)人,光绪六年(1880)进士,著名金石学家,甲骨文的发现者。所署"己丑"为光绪十五年(1889),时王懿荣奉旨记名以御史用,在京。王氏藏印多秦汉古印,如"军司马印""诏假司马"等。第二卷上书衣题:"清卿藏印,壬辰秋月德宝斋借拓。"此卷为吴大澂所藏。吴大澂(1835—1902)字清卿,江苏吴县(今江苏苏州)人,同治七年(1868)进士,官至湖南巡抚,精于金石、书画。壬辰为光绪十八年(1892)。第三卷上书衣题"伯英太史藏印"。邵松年(1848—1923)字伯英,号息庵,江苏常熟人,清光绪九年(1883)进士,曾任河南学政。工小楷,能画,富于收藏。

三人共爱金石而交往,同借藏印与德宝斋亦合常理。德宝斋是清末民国间北京琉璃厂著名的古玩店,主要经营三代青铜器、秦汉印章和魏晋碑帖,名震朝野。曾为陈介祺收毛公鼎作中介。吴、邵未有印谱传世,王懿荣仅余《福山王氏劫余印存》一册,此集拓印谱对于研究三位著名金石学家的藏印及秦汉印史具有不可替代的资料价值。前二种护页钤朱文长方"德宝斋古玩铺,琉璃厂西门内中间路南"印。卷末钢笔题:"Bought of Colonel A.W.S. Wingate, July 10, 1920."

7. 甘肃地理考

《甘肃地理考》一册一卷,清宋之章撰,稿本。每半叶9行,每行24字,无行格。开本26.5×16.6厘米。上书衣题"属吏宋之章谨呈",知是宋之章手稿,为呈上峰而作。文中称:"国朝臣服番蒙,勘定新疆、内蒙,甘肃遂无边患。"宋之章字少谷,其先云南昆明人,后寓甘肃咸宁县,由监生叙通判,历任镇原县知县、宁州知州,官至狄道州知州,候补知府。长期任职边疆民族地区,靖边安民,廉俭好施。著有《新疆善后议》《甘肃舆地考》《全陇财政条议》。《(民国)咸宁长安两县续志》有传。

8. 欧阳保极等诗画册

《欧阳保极等诗画册》一册一卷,清欧阳保极等书,稿本。册页装,右图左文,文行字不一。开本34×25厘米。此本为祝寿诗画册,祝贺的对象无从考证。图八幅,第一图为《椿结大年》,欧阳保极题诗;第二图为《天保九如》,廖祝龄题诗;第三为《松乔遐龄》,许显华题诗;第四为《玉洞常春》,贺运隆题诗;第五为《万年柱石》,黎培敬题诗;第六为《碧桃献瑞》,黄锡彤题诗;第七为《玄李蟠根》,龚承钧题诗;第八为《千古清晖》,龙湛霖题诗。许显华落款题"甲子季夏月辰阳许显华题于京都之旅社",黎培敬落款"甲子夏至后三日偶书",黄锡彤落款"甲子蒲节后十日",龚承钧落款"甲子端阳节前书于爱日山房",龙湛霖落款"甲子季夏月"。则此画册当作于甲子年。龚承钧题诗中:"验瑞典之所应,知湻风之不遐。"其中"淳"字避为"湻"。"淳"字为清同治帝载淳的避讳,同治三年(1864)为甲子年,后一甲子为民国十三年(1924),已不避清讳。因此,此画册当作于清同治三年(1864)。钤有白文方形"祝龄""显华""贺运隆印""臣培敬印""刘廷笈印""臣承钧印"等印。卷末钢笔题:"Presented by Mrs. Wakefield, 13 May, 1933."

9. 福次咸诗草

《福次咸诗草》一册一卷,清福次咸撰,稿本。经折装,5行,每行12至14字不等,无边栏行格。开本22.9×10厘米。上书衣题:"福次咸诗草。"卷末题:"脱叟次咸氏未定草。"福次咸,清咸丰间圆明园文官,英法联军第一次火烧圆明园时当值,生平履历不详。其友人少堂氏序言中称其:"素性狂放,好诙谐,有过人之识,嗜酒善谈,每醉后雄言阔辩,终夜不倦。继而因酒致疾,则绝意禁饮酒,涓滴不复入唇,其定力慧智,实非人之所及。"本书共收录其在清咸丰十年(1860)农历八月廿二日至九月初二日英法劫掠圆明园期间的逃难纪事诗十七首。他在序言及诗歌正文、注文等处记录逃难过程中目睹的国破家亡的破碎图景,因皆其亲身经历,具有很大的史料价值。如诗序言:"庚申秋八月念二日,余同张全斋三兄、赵景瞻七弟二人在圆明园值庐住班。不意,是日西刻,英吉利马队由黑寺直扑宫门,施放火枪,顷刻攻入,并折毁外间朝房窗棂,并将挡众木劈烧,火光顷起。"又如廿三日,"由宜光寺投北安省,路过金山口,登高南望,火光四起,烟雾迷空,仅余安佑一宫而已"。清楚地记录了火灾发生的时间与地点,对于研究圆明园的被毁细节以及第二次鸦片战争史具有重要的参考价值。

10. 借树山房诗草

《借树山房诗草》一册十五卷,清陈庆槐撰,稿本。每半叶8行,行22字,无格。开本27×16.5厘米。陈庆槐(?—1807)字应三,号荫山,浙江定海人。乾隆五十五年(1790)进士,授中书,历任天顺乡试、礼部会试同考官。嘉庆五年(1800)因川陕楚教匪之乱,随长龄赴湖北、陕西。在西安正值中秋,登碛石最,染病乞归,途中闻父丧,因而致仕家居,日以诗文业。《定海县志》有传。

此本为修改稿本,正文楷体书写,作者删削修改处颇多。每卷修改处钤朱文方形"荫山"印。卷七卷端钤有作者朱文方形"字曰应三"、白文方形"越之甬东人"印。各册书衣上钤白文方形"得闲多事外"印。卷一卷端题:"此卷删去廿六首,改五首,癸亥年荫山自记。"卷二卷端题:"此卷删去廿三首,改八首,癸亥年发刻时荫山自记。"卷三卷端题:"此卷发刻时删去十六首,癸亥年荫山自记。"卷四卷端题:"此卷发刻时已删去十一首,荫山自记。"卷五卷端题:"此卷发刻时已删去十首,癸亥年荫山自记。"卷六卷端题:"此卷发刻时已删去十一首,癸亥年荫山自记。"卷七卷端题:"此卷发刻时删去八首,癸亥年荫山自记。"卷八卷端题:"此卷发刻时删去七首,癸亥年荫山自记。"卷九卷端题:"此卷发刻时删去十六首,癸亥年荫山自记。"卷一○卷端题:"此卷发刻时删去十首,癸亥年荫山自记。"书中有邵葆祺、李鼎元、冯培、张问陶、朱文治等陈氏好友批校题跋众多。

朱文治在嘉庆丁卯的跋语言"作者已于二月辞世",可知陈庆槐当逝世于嘉庆十二年(1807)。国家图书馆出版社《清代诗文集珍本丛刊》收录有此本末二卷,所据为民国二十四年(1935)伦敦大英博物馆所摄复印件。书中另有《借树山房诗钞》卷五至八四卷,行书书写,每卷卷前题"校毕"。系大英图书馆 Add. 16322 号《借树山房诗钞》八卷《遗稿》二卷中的内容,馆方重装成西洋皮装时误收入。《借树山房诗钞》八卷本有清嘉庆八年(1803)刻本,不分卷本有清光绪十六年(1890)刻本。《借树山房遗稿》二卷有清嘉庆二十二年(1817)刻本。

日本东北大学藏珍本书志十三则

李若楠　解树明　刘心明等

1. 果育斋读易镜（李若楠）

《果育斋读易镜》六卷，明沈尔嘉撰，明刻本，六册。每半页九行，行二十四字，白口，四周单边，无鱼尾。眉上镌注，行三字。版心上镌书名，中镌卷次，下镌页次。钤"东北帝国大学图书印""荒井泰治氏ノ寄附金ヲ以テ购入セル文学博士狩野亨吉氏旧藏书""渡部文库珍藏书印"。沈尔嘉字公亨，江苏常熟人，事迹不详。是书《四库存目》收录，知为沈氏举业之作，以讲疏大义为主，故馆臣评价不高。是书仅藏日本东北大学附属图书馆狩野文库，不见其他馆藏信息，四库馆臣所见版本格式与此本格式相符，疑即一版。

2. 加年堂讲易（张瑞）

《加年堂讲易》十二卷，清周渔撰，清康熙十五年（1676）刻本，四册。每半页九行，行二十字，四周双边，白口，单黑鱼尾，版心上镌书名，下镌卷次、页次。有断句。卷前有康熙十三年（1674）作者自序，次为作者《后序》。书末题"丙辰夏四月钦命两淮巡盐福建道监察御史前翰林院庶吉士河间戈英育仲氏捐俸付梓"。周渔字大西，一字恕庵，兴化（今福建莆田市）人，顺治十六年（1659）进士，官翰林院编修。乞归后居乡讲学，取孔子加年学《易》之义，名其室为"加年堂"。周渔在讲学中逐渐对朱熹《周易本义》、程颐《伊川易传》等注解产生质疑，故自顺治十二年（1655）始研治《易经》，至康熙十三年（1674）终成是书，其解经与古今言《易》之家大相径庭，不仅反汉、宋诸儒之说，对《系辞》《文言》也尽力排抵，认为其并非孔子之说。《四库全书总目》将其列入存目，称其"翻新出奇""可谓好怪",潘雨廷《读易提要》一书载有此书提要。今存于日本东北大学图书馆,不见其他馆藏信息。

3. 英国侵犯事略（解树明）

《英国侵犯事略》不分卷,清周霭亭、江星畬、颜吉泉撰,清道光二十四年(1844)抄本,一册。正文每半页九行,行二十四字,无框格。卷首有作者自序,卷末有清道光二十四年(1844)十二月公局船主周霭亭、财副江星畬及颜吉泉题名,另有题字"弘化元甲辰十二月带来,二乙巳年二月译""弘化二年乙巳冬长崎译士叶春池赠"。此本钤"荒井泰治氏,寄附金ヲ以テ购入セル文学博士狩野亨吉氏旧藏书""天正堂内田氏藏书印""东方帝国大学图书馆"等印。周霭亭,清朝办铜商人丑四号船主;江星畬、颜吉泉,丑四号船财副,三人曾在道光年间与日本长崎地区有贸易往来。该书是三位商人依据自身所见所闻,并搜集相关素材,对鸦片战争的详细记录。由于撰写于鸦片战争结束后两年,间隔时间较短,所据大都是一手史料,故内容真实度较高。书中有一些评论性文字,反映出当时从事对外贸易的普通商人对该事件的看法,具有较高的史学研究价值。该书惟见日本藏本,国内未见著录。

4. 镌万远堂时务要略（布吉帅）

《镌万远堂时务要略》不分卷,明蔡鼎撰,余应虬订,抄本,一册。每半页九行,行二十字。此本钤有"东北帝国大学图书印"朱文方印、"渡部文库珍藏书印"朱文船形印、"奇縢止堂图书"朱文长印、"荒井泰治氏ノ寄附金ヲ以テ购入セル文学博士狩野亨吉氏旧藏书"朱文长印。蔡鼎字可挹,号无能,明末晋江(今福建晋江市)人。诸生出身,精研《易》学。孙承宗督师蓟辽,征其为参谋。著有《易蔡集解》《万远堂稿》等。该书包含《蓟门条议》《榆关条议》两部分,以富国强兵为务。现藏于日本东北大学,国内未见著录。

5. 南华经批评附序目释音（李若楠）

《南华经批评》十一卷附《序目释音》一卷,明蔡大节编,夏禹谟等校。明万历六年(1578)刻本,四册。半框高 20.9 厘米,宽 12.7 厘米。上下两栏,上栏半页十六行,行五字;下栏半页八行,行十八字,小字不等。白口,无鱼尾,左右双边。版心上镌书名及卷数,下镌页码。书前有明万历六年蔡大节序。此本钤

"东北帝国大学图书印""荒井泰治氏ノ寄附金ヲ以テ购入セル文学博士狩野亨吉氏旧藏书""好古斋""孙进私印""朱金锡印""纯之"等印。全篇有朱笔注文，卷一天头有黑笔注文，字迹不同。蔡大节字汝立，三台临海（今浙江台州临海市）人。王世贞《弇州山人四部续稿》卷九八有《蔡北崖处士暨配陈孺人合葬志铭》，言诸生蔡大节者倩王氏为其撰父母合葬志文，岁在万历六年（1578）。王氏《续稿》卷五四《傅氏世系序》曰傅氏"介友人蔡大节以书请"。是书纂宋林希逸《庄子鬳斋口义》、宋褚伯秀《南华真经义海纂微》、明朱得之《庄子通义》、明王宗沐《南华经别编》四家评论之语，参以己义，阐南华义理之微。此书国内仅绍兴图书馆有藏，惜为五卷残帙。而该本为狩野亨吉旧藏，全然不缺。

6. 曼公秘录（钱永棒）

《曼公秘录》不分卷，明戴笠撰，抄本，一册。戴笠字曼公，明末钱塘（今浙江杭州）诸生，潜究《素问》《难经》诸书，师从名医龚廷贤。明亡之际，戴笠东渡日本，在长崎兴福寺出家为僧，改名性易，字独立。戴笠尤善痘科医治，池田正直受业门下，笔受《痘诊治术传》《痘疹百死形状传》《戴曼公治痘用方》等书。《曼公秘录》不著抄者及时间，疑戴氏在日本行医授徒期间门人笔录。是书钤"狩野亨吉氏寄赠""东北帝国大学图书馆·昭和四年一月十四日受入"，知此书原藏狩野文库，后于昭和四年（1929）入藏日本东北大学图书馆。国内公私书目未见。

7. 周髀赵注补图、句股释义、句股六术（葛恒新）

《周髀赵注补图》《句股释义》《句股六术》不分卷，清顾廮元撰，抄本，一册。每半页十行，行二十、二十一字不等。书前有光绪九年（1883）华世芳序，书后有光绪七年（1881）顾廮元跋。书内钤"狩野博士集书""东北帝国大学图书印"朱文印。顾廮元字舜臣，元和（今江苏苏州）人，为清代藏书家顾文彬之次孙。长于句股之学，所藏古今算书甚多。顾氏此书沿清人李锐《勾股算术细草》、项名达《勾股六术》，述其意而备其说。此书无刻本传世，亦未见前人著录，流传绝少。

8. 篆法撮要（解树明）

《篆法撮要》不分卷，明陶郁辑、孟式校，抄本，一册。正文每半页十一行，行十八字。书前有牌记"皇明陶郁辑、孟式校，日东佐玄龙秘藏、井敬治誊写，耆英堂藏本",书末有日本享保十七年(1732)芹泮教官井上敬治题跋。此本钤有"东北帝国大学图书""狩野博士集书""益田香远厚珍藏图书""东方帝国大学图书馆"等印。陶郁,生平事迹不详。据井上敬治跋文,孟式字鲁轩,于日本宽永年间乘船东渡日本,在日本西部地区教授篆书书法。佐佐木氏嘉长曾从其修习书法,得此秘籍,后嘉长嫡子佐玄龙传习该书,亦擅长篆书书法,佐玄龙又将该书传于外孙井上敬治,遂成传家至宝。书中内容甚详,配图尤为丰富,将举例之字尽拆,逐笔讲授,类似今日之书法字帖。该书惟见日本藏本,国内未见著录。

9. 连珠集印谱(宋晓晨)

《连珠集印谱》不分卷,清朱一元篆,释元明摹,清钤印本,一册。四周单边,白口,单黑鱼尾。每页收印二至三方不等,左为钤印,右为释文,释文下记篆刻刀法。卷前有严允弘作小序。钤"东北帝国大学图书印""荒井泰治氏ノ寄付金ヲ以テ购入セル文学博士狩野亨吉氏旧藏书"等藏印。朱一元字巨山,工治印。近人叶铭《广印人传》云:"所作印,神游于点画钩曲之外,邈然自适。"此本现藏日本东北大学图书馆狩野文库,国内未见收藏。

10. 雾灵山人诗集(解树明)

《雾灵山人诗集》十二卷,明阮自华撰,明万历二十二年(1594)刻本,六册。每半页九行,行二十字,白口,单黑鱼尾,四周单边,版心上镌"雾灵山人诗集",中镌卷次,下镌页次。半框高 22.3 厘米,宽 14.7 厘米。书前有万历甲午(1594)五月于慎行序。钤"宫城中学校图书之印""第二高等中学校图书"。阮自华字坚之,桐城东乡(今安徽枞阳县)人,后迁居怀宁。明万历二十六年(1598)进士,历任福州府推官、户部员外郎、德州税官、福建邵武知府等,以清廉著称。阮自华自幼博览群书,与同乡吴应钟组成海门诗社,善草书。该书收阮自华诗文,内容丰富。惟见日本藏本,国内未见著录。

11. 百一斋草(李若楠)

《百一斋草》八卷,明谢雏撰,明刻本,共两册。每半页八行,行十八字,白口,四周单边,无鱼尾。版心上镌书名及卷次,下镌页次。谢雏字寓中,福唐(今福建省福清市)人。据钱谦益《列朝诗集小传》载:"万历末年,闽人谢雏辑《白门新社诗》八卷,凡一百四十人。"知其曾辑《白门新社诗》八卷,惜已亡佚。谢氏之诗尚拙朴而轻文藻,是集前有林经世序,言其诗"取法于汉魏,取格于初盛"。是集为谢氏唯一行世著作,今仅见藏于日本国立公文书馆,于明人别集文献有补益之功。

12. 陈情先后赠言(刘心明)

《陈情先后赠言》不分卷,明吴道升辑录,明崇祯二年(1629)刻本,二册。每半页八行,行十八字,小字双行同。左右双边,单白鱼尾,版心上镌"陈情赠言",下镌页次。书前有吴继仕《送吴太学伯昭北上为父上疏雪冤请恤序》、陈仁锡《送吴伯昭世兄陈情归序》、吴履中《赠吴伯昭文学拜恤小序》,序文末行有"黄吉甫刻"四字,卷端大题次行刻"蓝水问心堂辑录"。吴怀贤字齐仲,号翼明,明徽州府休宁县人,天启间由国子监生授内阁中书,因支持杨涟弹劾魏忠贤,被魏氏矫旨下诏狱,拷掠至死。崇祯皇帝即位,清肃魏氏余党,平反冤案。怀贤长子道升字伯昭,乘机北上,为父申冤请恤。临行之际,各地亲友四百二十余人赋诗送行。道升随收随刻,渐积渐多,终于崇祯二年编刻成书。赠诗之人既有陈仁锡、钱谦益等名流,也有史传不载的普通士人,姓名下均开列表字及所居省县。此书极具文献价值。日本东北大学图书馆所藏此本,极为罕见。

13. 新集古今故事掌珠(李若楠)

《新集古今故事掌珠》八卷,明陈继儒纂,明刘肇庆校,清贻燕堂刻本,八册。每半页九行,行十八字,白口,四周单边,无鱼尾,小字双行,行十七字。版心上镌书名,中镌卷次,下镌页数。前两册有朱笔涂乙,不知出自何人之手。书首《故事掌珠序》残。钤"东北帝国大学图书印""荒井泰治氏ノ寄附金ヲ以テ购入セル文学博士狩野亨吉氏旧藏书""致堂图书"。陈继儒字仲醇,号眉公,松江华亭(今上海市松江区)人,诸生,与同邑董其昌齐名。结隐于小昆山,屡奉诏征用,皆以疾辞。工诗善书,有《小窗幽记》《妮古录》《陈眉公全集》等传世。《明史·隐逸传》有传。是书为巾箱小本,便于日常掌玩观摩,未见各家书目著录,现藏日本东北帝国大学。

日本国立公文书馆藏珍本书志六十则

解树明　武文杰　李若楠等

1. 直音旁注周易句解（解树明）

《直音旁训周易句解》十卷，元朱祖义撰，元泰定三年（1326）敏德书堂刻本，一册。正文每半页十二行，行二十三字，小字双行同，黑口，双黑鱼尾，四周单边，版心上镌"易句解"，中镌卷次，下镌页次。半框高16.7厘米，宽10.2厘米。书末牌记"敏德书堂新刊，泰定丙寅菊月印行"。此本钤"日本政府图书"等印。朱祖义字子由，庐陵（今江西吉安市）人，于诸经皆有句解，今日仅存《周易句解》与《尚书句解》。该书主程伊川与杨诚斋，逐句解说，串讲文意。王国维《传书堂藏善本书志》著录该书抄本，此本则未见其他著录。

2. 图书考（李若楠）

《图书考》不分卷，明张纶撰。明隆庆四年（1570）刻本，一册。每半页十二行，行二十七字，白口，四周双边，无鱼尾，小字双行同。版心上镌书名，下镌页次。全书有朱笔批点。钤"林氏藏书""书籍馆印""日本政府图书""浅草文库""弘文学士馆"等印。张纶字宣甫，号钓石，山东汶上人。嘉靖四十二年（1563）举人，四十四年（1565）贡士，官至户部员外郎。著有《三图说》《图书考》《揲蓍考》《格致问易谭》等。其墓碑在嘉祥县城北四十余里。张氏因《三图说》涉卦而不涉数，故重为《图书考》以说之。张氏著作国内久佚，《图书考》并《三图说》俱庋藏于日本国立公文书馆。

3. 三图说、图说问（李若楠）

《三图说》一卷、《图说问》一卷，明张纶撰，明隆庆刻本，一册。每半页十二行,行二十七字,白口,四周双边,无鱼尾,小字双行同。版心上镌书名,下镌页数。钤"林氏藏书""书籍馆印""日本政府图书""浅草文库""弘文学士馆"。张纶字宣甫,号钓石,山东汶上人。嘉靖四十二年(1563)举人,四十四年(1565)贡士,官至户部员外郎。著有《三图说》《图书考》《撰著考》《格致问易谭》等。其碑在嘉祥县城北四十余里。张氏撰《三图说》以解先天图、后天图、太极图,多有质问者,张氏复答疑而成《图说问》。张氏著作国内久佚,《三图说》并《图书考》俱皮藏于日本国立公文书馆。

4. 铿铿斋易邮(解树明)

《铿铿斋易邮》七卷,明朱篁撰,明熊秉鉴校,明万历四十三年(1615)刻本,一函五册。每半页十行,行二十四字,白口,四周单边,单白鱼尾。版心镌书名"易邮"及卷次、页次。半框高 21 厘米,宽 13 厘米。朱篁字仲修,号振崖,长洲(今江苏苏州)处士,明代抗倭名臣朱纨之孙。朱氏家族世代传《易》,朱篁又受业于管志道,学管氏《易》有年。《易邮》编纂历时十年,从万历三十二年(1604)到万历四十一年(1613),前后三易其稿,终成是作。《易邮》最早收入明人祁承㸁《澹生堂藏书目》。清初,有朱彝尊《经义考》、徐乾学《传是楼书目》,以及张廷玉主编的《明史·艺文志》著录此书。日本《商舶载来书目》记载,此书于日本元禄十四年(1701,即清康熙四十年)到达日本。目前,《易邮》一书未见国内有藏。

5. 炬说文资(李若楠)

《炬说文资》不分卷,清钟晋撰,清康熙二十五年(1686)刻本,存一册。每半页九行,行二十五字,白口,四周双边,无鱼尾。版心上镌书名,中镌卦名及页数,下镌"宣义堂"。书前有钟晋叔钟朗序。书末页有残缺。钤"书籍馆印""日本政府图书""佐伯侯毛利高标字培松藏书画之印""浅草文库"等印。钟晋字德威,钱塘(今浙江杭州)人,家传《易》学。朱彝尊《经义考》卷六六著录钟氏《大易炬说》,即是书。据钟朗序,钟氏先祖有《读易镜》一书,钟晋以此为基,通解全文。该书至离卦止,疑不全。此本现藏于日本国立公文书馆,未见国内有藏。

6. 张太史纂注书经主意金丹(解树明)

《张太史纂注书经主意金丹》不分卷,明张鼐撰,明版筑居刻朱蓝套印本。书前有牌记"张太史侗初先生纂著,书经金丹"。半框高 23 厘米,宽 15 厘米。

此本钤有"昌平坂学问所""书籍馆印""日本政府图书""浅草文库""佐伯侯毛利高标字培松藏书画之印"等印。张鼐字世调,号侗初,松江华亭(今上海市松江区)人,明万历三十二年(1604)进士,官至南京礼部右侍郎。是书分为三部分,第一部分是宋杨甲《六经图》之《尚书轨范撮要图》,有图五十五幅;第二部分是《书经各篇总论》(上栏)、《书经难字》(下栏);第三部分是《张太史纂注书经主意金丹》六卷(上栏)、蔡沈《书经集注》六卷(下栏)。今人刘毓庆、张小敏编著之《日本藏先秦两汉文献研究汉籍书目》著录日本国立公文书馆所藏此书,未见其他著录。

7. 尚书约注(解树明)

《尚书约注》六卷,明袁黄纂注,明章斐然校阅,明刻本,一函三册。每半页九行,行二十字,小字双行,行十九字,白口,单白鱼尾,左右双边,版心上镌"尚书",中镌卷数,下镌页次。书前有牌记"袁了凡先生,尚书约注,花屿藏板"。半框高20厘米,宽14厘米。首作者自序。袁黄初名表,字庆远,又字坤仪、仪甫,号了凡,浙江嘉善人。明万历十四年(1586)进士,除实坻知县,迁兵部主事。是书博考经籍,广采群言。《四库全书总目》未收此书,今人张蓓蓓编著之《美国图书馆藏中国法律古籍善本书志》著录此书,未见其他著录。

8. 新刻书经开心正解(解树明)

《新刻书经开心正解》六卷,明胡素酐撰,明万历书林熊成治刻本,二册。上中下三栏,每半页十一行,白口,单黑鱼尾,四周双边,版心上镌"书经开心正解",中镌卷次,下镌页次。半框高20.7厘米,宽12.3厘米。胡素酐,生平事迹不详。该书为课儿所作,上栏破式,中栏训字,下栏正解,浅显易懂。该书惟见日本藏本,国内未见有著录。

9. 杨维斗先生辑著书经宙合(解树明)

《杨维斗先生辑著书经宙合》十一卷,明杨廷枢撰,明刻本,四册。上下两栏,上栏为作者撰写,十九行,行二十九字;下栏为蔡沈《书经集注》,十八行,行十七字。白口,无鱼尾,四周单边,版心上镌"书经宙合集注",中镌卷次,下镌页次。半框高21.5厘米,宽11.9厘米。杨廷枢字维斗,号复庵,长洲(今江苏苏州)人,幼承家学,深于治经,以理学著称,卒后私谥端孝先生。天启四年

(1624),与杨彝、张溥等十一人于常熟共举应社,分治五经,其以治《尚书》见长。崇祯二年(1629),应社与江南诸文社合并成立复社,杨廷枢为社之中坚。翌年,杨廷枢中举,独领江南解元,声誉益隆,门生多达二千人,因其居皋里而被称为"皋里先生"。该书为杨氏读《尚书》随感,讲解大意,疏通文句。该书惟见日本藏本,国内未见著录。

10. 禹贡解(张瑞)

《禹贡解》不分卷,明何樲撰,明崇祯四年(1631)刻本,一册。每半页十行,行二十七字,四周单边,白口,无鱼尾,版心上镌书名,下镌页次。钤"日本政府图书""秘阁图书之章"朱文方印。何樲字平子,镇海(今福建省漳浦县)举人,与曹学佺、陈正学等交游。其兄何楷为晚明著名经学家。钱谦益《初学集》称"兄弟并列儒林,岂非本朝盛事哉"。是书上自《山海经》,下逮郦道元《水经注》,荟撮诸家学说,对《禹贡》所列水道、山川等详加考证,辨明历史沿革。徐𤊹《徐氏家藏书目》、钱曾《述古堂藏书目》《也是园书目》、黄虞稷《千顷堂书目》等著录此书。此本今存于日本国立公文书馆,不见于其他公私馆藏。

11. 新刻诗经铎振(佟亨智)

《新刻诗经铎振》八卷,明江环、徐奋鹏撰,明万历四十四年(1616)詹氏静观室刻本,三册。三节本,上栏半页二十六行,行二十四字,中栏二十五行,行四字,下栏十行,行十三字,小字双行同。四周单边,白口,无鱼尾。版心上镌"诗经铎振"四字,中镌卷题卷次,下镌页次。书末有"万历丙辰禩季冬月静观室詹霖宇重梓"牌记。各册首页钤"书籍馆印""日本政府图书""浅草文库"朱印。各册后钤"昌平坂学问所"墨印,"文化己巳"朱印。江环字启运,号缙云,福建漳浦人,万历十四年(1586)进士。《康熙漳州府志》记《衍义》实为江师杨氏所著,书出弗行,后托江氏名以传布,可存论。徐奋鹏(1560—1642)字自溟,号笔峒、笔洞生、槃薖硕人等,江西临川人,一生讲学于民间,于四书、经学及戏曲评点均有建树,著述颇丰,《康熙抚州府志》《康熙临川县志》等有传。

此书实为二书合刊之本。正文上、中栏为江环《诗经阐蒙衍义集注》,主要为对朱熹《诗集传》的解说。上栏串讲,中栏在《诗集传》基础上进一步解明训诂或篇旨。下栏为徐奋鹏《诗经删补》,对《诗集传》内容删繁取精并补以己见。明清科举，《诗》以朱子《诗集传》为尊，江、徐二书均为对《诗集传》的阐发补正之作，兼具讲章与评点性质，能充分迎合学子科举入门所需。《铎振》付梓前，明万历二十三年（1595），詹氏静观室亦曾刊行江环《新锲晋云江先生诗经阐蒙衍义集注》八卷。江书下栏原为八卷本《诗集传》原文，詹氏将其替换为徐奋鹏删补之作予以合刊，又冠之以"铎振"新名。《国立公文书馆汉籍书目》记此书时题作明江环撰，是据上中栏之书作者著录。此本今存于日本国立公文书馆，未见国内其他著录。又徐氏《删补》今所知见者均为清本，且个别版本文字内容已有羼杂增补。此本虽收于书贾合刊本内，然自牌记时间可知刊刻时徐奋鹏仍在世，故具备较高参考价值。

12. 诗经古注（古亮）

《诗经古注》十卷，明李鼎、王思任编，明刻本。每半页十行，行二十字，白口，单黑鱼尾，左右双边，版心上镌"诗经"，中镌卷次，下镌页次。李鼎，江西新建（今江西南昌）人，生平事迹见明曹溶《明人小传》、清朱彝尊《明诗综》。著有《长卿集》《周传》等。王思任字季重，号遂东，又号谑庵，山阴（今浙江绍兴）人。万历二十三年（1595）进士，曾任兴平、当涂、青浦知县，袁州推官，九江佥事。清破南京后，鲁王监国，擢礼部右侍郎，进尚书。顺治三年（1646），绍兴为清兵所破，绝食而死。著有《谑庵文饭小品》《王季重十种》等。该书合大小诗序，集诸家传，从朱熹《诗集传》之法为旧注分章。

13. 庆符堂集诗经独解（谢应敏）

《庆符堂集诗经独解》不分卷，清初祝文彦撰，清刻本，一册。每半页十一行，行二十四字，白口，单黑鱼尾，四周双边，版心上镌"庆符堂集""诗经独解"，下镌页数。钤"大学藏书""浅草文库""佐伯侯毛利高标字培松藏书画之印""书籍馆印""昌平坂学问所""日本政府藏书""国立公文书馆"等印。祝文彦字方文，号珵美，浙江海宁人，康熙间诸生，著述甚富，当时已为门人校梓行世者数种，曰《四书通解》《四书独解》《诗经通解》《诗经独解》。此书不重《诗》之广采博征、比物连类，而借夫子"《诗》可以兴"言，以明《诗》主在感发志意，使读者勃然而鼓舞奋发，触绪而旁通之旨。今存于日本国立公文书馆，国内未见其他著录。

14. 新刻毛先生家学的传礼记会通集注（钱永棒）

《新刻毛先生家学的传礼记会通集注》七卷，明毛调元撰，明万历三十三年（1605）杨闽斋刻本，三册。三节版，上栏十七行，行十一字；中栏十七行，行五字；下栏有格，大字七行十六字，小字七行二十九字。白口，四周单边，单黑鱼尾，版心上镌书名，中镌卷数，下镌页码。前有潘汝祯《题礼记》。是书下栏大字刻《礼记》正文，旁行小字作集注，上栏、中栏作章句。书中有贴条增补、墨笔增删之迹。毛调元，湖广黄州府麻城县（今湖北省麻城市）人。徐乾学《传是楼书目》载毛氏有《镜古录》八卷，不著是书。是书国内无藏，此本原藏于日本和歌山县高野山释迦文院，现藏于日本国立公文书馆。

15. 礼记说约（钱永棒）

《礼记说约》四十九卷，何思佐命意，何兆清笔受，何棅校辑，清顺治十二年（1655）刻本，六册。上下两栏，上栏二十行，行二十三字，下栏大字单行十五字，小字双行同。版心上镌书名《礼记说约》，下镌《礼记》篇名、卷数及页次。白口，单黑鱼尾，四周单边。何思佐字颖凡，长洲（今江苏苏州）诸生，家世以儒学相传。何兆清，何思佐之子，字圣征，崇祯十六年（1643）拔贡生，次年廷试第一。何棅，何兆清之子，字舆偕，清顺治四年（1647）进士。何氏"三世业《礼》，矻矻穷经"。该书为何思佐讲授《礼记》时，其子何兆清笔受。上栏为《礼记说约》，下栏为《礼记摘注辑要》，为何兆清据陈澔《云庄礼记集说》摘录，故牌记题"礼记说约纂序集注"。《传是楼书目》载《礼记说约》三十卷，四本，与此本卷册不同，今已不存。未有其他国内目录著录该书，现存于日本国立公文书馆。

16. 乐律志（李若楠）

《乐律志》四卷，明黄汝良撰，明崇祯刻本，共三册。每半页九行，行二十字，白口，四周双边，单白鱼尾，版心上镌书名，中镌卷次及页次，下镌刻工及字数。书前有黄汝良崇祯六年（1633）《恭进乐律志疏》。此本钤"秘阁图书之章""日本政府图书"朱文方印。黄汝良字明起，号毅庵，因喜读《易》，改号易庵，晋江安平（今晋江市安海镇）人。万历十四年（1586）进士。历南北国子司业，擢东宫讲官，累迁礼部尚书。著有《野纪蒙搜》《冰署笔谈》《河干集》。《明史》有传。

据《恭进乐律志疏》，该书始撰于万历二十三年（1595），至崇祯六年（1633），黄汝良出任礼部尚书，方复以《乐律志》进呈。是书于明朝一代乐律载之甚备，《明史·乐志》袭用此书，小有葺补。此书国内久佚。此本之外还存有一抄写本，行款版式与原书俱同，书写精良，首页钤"佐伯侯毛利高标字培松藏书画之印"朱文方印，知江户时期即为日人佐伯藩第八代藩主毛利高标收藏，二书均在日本国立公文书馆。

17. 春秋左传分类旁注评选（李若楠）

《春秋左传分类旁注评选》十四卷，首一卷，明龚而安选辑，明万历三十六年（1608）刻本，三册。上下两栏，上栏半页十八行，行四字；下栏半页九行，行二十字。文中有圈点旁注。白口，无鱼尾，四周单边，版心上镌书名，中镌卷数，下镌页码。内扉题"萃庆堂余泗泉识"。卷首钤"林氏藏书""浅草文库""书籍馆印""林氏传家图书""日本政府图书"印。龚而安字又安，号长沙，江西南昌人。万历三十一年（1603）解元，万历四十七年（1619）进士，曾任江西参政。

是书举凡四十类，每类之下条目不等，皆概括大义，拟为标题，题下载年，以类别目，故曰"分类"。正文之侧列小字注解，疏通大义，便于省读，故曰"旁注"。上栏择吕东莱、姚鼐、穆文熙、李九我等前人、时人评及龚氏评，故曰"评选"。若下栏旁注不尽者，亦有移于上栏者。徐乾学《传是楼书目》曾著录"《春秋左传分类旁注评选》十四卷，龚而安，六本"，后国内官私书目均未见著录，江苏真德2017秋季五周年文物艺术品拍卖会亦有该种书，内扉题"京正堂叶均宇识"，版式、内容与该本俱同。现日本国立公文书馆庋藏此本及一江户写本，颇足珍贵。

18. 孝经宗注（解树明）

《孝经宗注》一卷，清曹弘度、周起凤、应挚谦辑注，一函一册，清刻本。每半页九行，行二十字，白口，无鱼尾，四周单边，版心上镌"孝经宗注"，下镌页次，眉上镌评。半框高21厘米，宽14厘米。首周起凤序。此本钤有"昌平坂学问所""大学校图书之印""日本政府图书""浅草文库""文化辛未"等印。曹弘度，生平事迹不详，周起凤字舜仪，应挚谦字嗣寅，俱钱塘人。是书将《孝经》分为十八章。清人周中孚《郑堂读书记》评论此书云："采辑《孝经》旧注，而加以训释，大义略举，微言未晰，取便初学循诵而已。"今人刘毓庆、张小敏编著《日本藏先秦两汉文献研究汉籍书目》著录国立公文书馆所藏此书，未见其他著录。

19. 中庸今文臆说、中庸古文臆说（古亮）

《中庸今文臆说》不分卷，明李光缙撰，明张以忠校；《中庸古文臆说》不分卷，明李槃撰，明张以忠校，明崇祯元年（1628）刻本。每半页九行，行十九字，白口，单黑鱼尾，四周单边，版心上镌"中庸臆说"，中镌"今文"或"古文"，下镌页次。前有崇祯元年（1628）张以忠序两篇，内容一致。李光缙字宗谦，学者称"衷一先生"，福建晋江人。万历十三年（1585）解元。著有《四书要旨》《易经潜解》《读史偶见》等。生平事迹见清李清馥《闽中理学渊源考》卷七〇、《（乾隆）泉州府志·人物列传·明列传九》。李槃字用甫，号大兰，生平事迹见裴喆《明代戏曲家李槃考》。张以忠，编有《古今文统》。二书均为举业之书，前者据今文，后者据古文。张以忠以《中庸》一书传习日久，异说滋生，遂以二书为折中之论，将其合订于一。

20. 新刻朱太复玄栖山中授儿四书主意心得解（邱啸林）

《新刻朱太复玄栖山中授儿四书主意心得解》十卷，明朱长春、周延儒同著，明朱慎初参阅，明金陵周氏万卷楼刻本。每半页十二行，每行三十字。单鱼尾，四周单边，版心上镌"四书万卷楼主意"，下镌卷次和页次。钤"林氏藏书""林氏传家图书""昌平坂学问所""浅草文库""日本政府图书"等印。朱长春字太复，浙江乌程人。万历十一年（1583）进士，历常熟、阳信等县知县，升刑部主事、光禄寺正卿。著有《管子锥》《朱太复文集》。凡例称"考四书之原，学书之法，看书之弊，看书要在我心上体认"，可知本书内容。是书国内无藏，《孟子文献集成》第二十五卷收录此书《孟子》部分。

21. 绣古堂四书典（解树明）

《绣古堂四书典》十卷，明陈仁锡撰，一函三册，明刻本。每半页九行，行十八字，白口，无鱼尾，四周单边，版心上镌"绣古堂四书典"，中镌页次，下镌卷数。半框高 21 厘米，宽 15 厘米。此本钤有"东柄居士"等印。陈仁锡字明卿，号芝台，长洲（今江苏苏州）人。明天启二年（1622）获殿试第三名，授翰林院编修，后因得罪权宦魏忠贤被罢职，崇祯初复官，官至国子监祭酒。陈仁锡性好学，喜著述。是书分为《五帝》《二代（夏商）》《周》《鲁》《晋》《卫》《郑》《齐》《楚》《秦》十集。今人刘毓庆、张小敏编著之《日本藏先秦两汉文献研究汉籍书目》著录国立公文书馆所藏此书,未见其他著录。

22. 张太史家传四书印(张瑞)

《张太史家传四书印》十三卷,附《新刻张太史订正四书字句辩疑》一卷、《初学文式》一卷,明张溥纂辑,明杨廷枢校,明刻本,四册。白口,无鱼尾,四周单边,两截板。上栏小字二十二行,行十二字;下栏大字十一行,行二十四字,小字双行同。版心上镌四书印,中镌卷数,下镌页次。钤"昌平坂学问所""浅草文库""兼葭堂藏书印""日本政府图书""文化甲子"。张溥字干度,后改字天如,号西铭,江苏太仓人。崇祯四年(1631)进士,授庶吉士,与同邑张采齐名,时称"娄东二张",成立复社,提倡古学,著作颇丰,《明史》有传。杨廷枢字维斗,号复庵,人称皋里先生,吴县(今江苏苏州)人,编有《同文录》《古柏轩诗集》《全吴纪略》等。是书正文首朱熹章句,下附注解,并在上栏注明章节体例,皆不注出处,盖编者发挥。书中"校"字避讳,知此本之刊刻当不早于明天启年间。此书今存于日本国立公文书馆,不见其他著录。

23. 新锲四书新说国朝名公答问(邱啸林)

《新锲四书新说国朝名公答问》十五卷,明黄洪宪汇选,明陈懿典详阅,明刻本,四册。每半页十一行,行二十四字。单鱼尾,四周单边。版心上镌"国朝名公答问",下镌卷数和页次。钤有"昌平坂学问所""浅草文库""日本政府图书""佐伯侯毛利高标字培松藏书画之印"等印。黄洪宪字懋忠,嘉兴人,隆庆辛未(1571)进士,改庶吉士,官至少詹事,掌翰林院事,喜藏书刻书,著有《辂轩录》。此书汇集明朝名家关于"四书"之答问,以补传注之所未及。此书国内无藏,刘毓庆、张小敏编著《日本藏先秦两汉文献研究汉籍书目》著录此书,《孟子文献集成》第二十一卷仅收录此书《孟子》部分。

24. 四书参(邱啸林)

《四书参》十三卷,明钟惺撰,明刻本,三册。每半页八行,行十八字,小字行十六字。黑口,单鱼尾,四周单边,天头有小字评点。半框高21厘米,宽13厘米。卷首有钟惺序。钟惺字伯敬,号止公居士、退庵等,湖广竟陵(今湖北天门)人。明万历三十八年(1610)进士,晚明竟陵派代表人物,有《诗归》等传世,其事迹具《明史·钟惺传》。该书在《四书章句集注》的基础上,援引李贽《四书注》及当时诸家见解,兼下己意,以疏解四书。此本今存于日本国立公文书馆,未见其他著录。

25. 凭山阁精订四书备解(张瑞)

《凭山阁精订四书备解》十六卷,清董喆、陈枚纂辑,清康熙二十八年(1689)刻本,一函八册。每半页十二行,行三十字,小字双行同。白口,单黑鱼尾,四周单边,版心上镌"四书备解",中镌卷次、篇名、页次,下镌"凭山阁定本"。扉页镌"太史仇沧柱先生鉴定,信州董二吉、武林陈简侯两先生纂辑,四书备解,康熙乙巳新镌,圣雨斋梓行"。钤"学业标准""重纶堂""浅草文库""昌平坂学问所""文政癸未""日本政府图书"及魁星印。书中有朱蓝批点。董喆字二吉,江西金溪人,官训导。陈枚字简侯,浙江仁和人,诸生,有《凭山阁纂辑诗林切玉》《留青采珍集》《留青新集》《写心集》《写心二集》等。

此书盖由董喆撰稿,陈枚参订,所引如万经《辨志堂集解》、戴名世《四库朱子大全》、陈锡嘏《怡堂随笔》等,今俱不传,略窥一斑,幸在于此。《续修四库全书总目提要》有"《四书大全汇正备解》十六卷,康熙己丑刊本",亦题董喆、陈枚纂辑,凭山阁定本,盖二书同源,先后刊印,致书名不同。此本藏于日本国立公文书馆,未见其他著录。

26. 家塾四书讲义录(张瑞)

《家塾四书讲义录》十六卷,清黄瑞撰,清康熙四十八年(1709)古吴植槐堂刻本,八册。每半页八行,行二十四字,白口,单黑鱼尾,四周双边,版心上镌"家塾四书讲义录",中镌各书卷次、篇名,下镌页次。扉页题"四书讲义录,上元黄辑五订,门人陈苍御、戴履昌参,康熙己丑冬镌,易解古文嗣出,古吴植槐堂梓行"。有朱笔圈点、断点。钤"传经堂印""浅草文库""昌平坂学问所""文化癸酉""日本政府图书"等印。黄瑞字辑五,谥号孝洁,上元(今江苏南京)人。康熙五十二年(1713)举人,任晋江令,雍正四年(1726)以岁贡坐选震泽训导,著有《会要录》《家塾文录》等。该书以朱熹《四书章句集注》为本,摘讲《四书》,附以己说,以明要义,旁征博引,然不注引文出处。此本藏于日本国立公文书馆,不见其他著录。

27. 乐道发蒙(李若楠)

《乐道发蒙》十二卷,明瞿九思撰,明末刻本,共八册。每半页十行,行十九字,白口,四周单边,单黑鱼尾。版心上镌书名,中镌卷次,下镌页数。书首钤"秘阁图书之章"与"日本政府图书"朱文方印。瞿九思字睿夫,号慕川,湖北黄梅人,以受徒讲学为业,撰《乐章》及《万历武功录》,遣子诣阙上之。卒年七十一,《明史》有传。瞿氏复有《乐经以俟录》十六卷,国家图书馆、上海图书馆并有藏明万历三十五年史学迁刻本,考其内容与此书大略相同。《发蒙》于《俟录》之上重为修订,调易次序,重整卷帙,移旁批为正文,纠原文之缪脱。是书国内久佚,且历代官私书目均未见著录,今仅见存于日本国立公文书馆。

28. 论语驳异(钱永棒)

《论语驳异》二十卷,明王衡辑著,娄坚参订,明万历三十七年(1609)刻本,六册。半页十行,行二十字,小字双行同。四周单边,单鱼尾,白口,版心镌书名、卷次及页次。此本娄坚序缺首页,幸娄坚《学古绪言》收此序,可据以补缺。钤"日本政府图书""秘阁图书之章""日本政府图书"朱文方印。王衡字辰玉,号缑山,别署蘅芜室主人,明太仓(今江苏苏州)人,诗文俱名家,书法亦善。万历十六年(1588)举顺天乡试第一。因郎官高桂、饶伸疏论有私之事爆发而受牵连,不复会试。至万历二十九年(1601),其父罢相已久,始举会试第二,廷试亦第二,授编修,旋即告归。该书为王衡绝笔,方具草而疾作。既殁,其子时敏刊行之。该书博集众说,抒己之言。程树德作《论语集释》,对《论语驳异》亦有征引。此书旧藏日本枫山秘阁,今存日本国立公文书馆。

29. 五经纂注(刘心明)

《五经纂注》二十卷,明李廷机等辑,明刻本,十册。每半页九行,行二十字,小字双行同。四周单边,白鱼尾,版心刻书名简称、卷次、页次。扉页刻"遵五太史馆辑原本,附先儒暨名家疏论,五经纂注,读书坊藏版"。书前有缺名《重刻五经纂注叙》、沈一贯《五经纂注叙》。

该书《周易》用程颐本,《尚书》用蔡沈本,《诗经》用朱熹本,《礼记》用陈澔本,《春秋》用胡安国本。各经文字多寡不同,一律厘为四卷,经文往往选录而非全文。每篇采录子夏以下至明末名贤百余家"疏论"以释证经义,即所谓"纂注",也是本书最具价值之处。但所引各家姓名前皆无朝代,又多称表字、别号甚或地望,颇为疏略。日本国立公文书馆所藏此本虽属坊刻,但十分罕见。

30. 白云岫韵鉴（姜复宁）

《白云岫韵鉴》五卷，清葛宽中、顾烜辑，陆玉圭、葛弘中校，清康熙二十一年（1682）刻本，一函一册。正文半页八行，行六字，白口，四周双边，无鱼尾。葛宽中字栗夫，江苏昆山（今江苏昆山）人，生平事迹无载，《（光绪）昆新两县续修合志》载其著作《梦航杂缀》十卷、《梦航诗集》两种。顾烜字舒君，江苏昆山人，生平事迹无载。陆玉圭字禹锡，江苏昆山人，生平事迹无载。葛弘中字苍舒，江苏昆山人，生平事迹无载。由序言可知，顾烜、陆玉圭与葛宽中相交甚笃，葛弘中则为葛宽中胞弟。此书执平水韵韵部以谈古韵通转，以上平声、下平声、上声、去声、入声分五卷，依平水韵体例编纂，每韵下以双行小字注其古韵通转情况。书内有朱笔所作圈阅痕迹，当为后人阅读时所存，但圈阅者身份无从考论。此书钤"佐伯侯毛利高标字培松藏书画之印""浅草文库"，可知此书原为丰后佐伯藩主毛利高标旧藏，今藏日本国立公文书馆，国内公私书目未见。

31. 新刻女四字经（李若楠）

《新刻女四字经》不分卷，佚名，明刻本，一册。书首题"虎林胡氏文会堂校"。每半页六行，行十字，白口，左右单边，双白鱼尾。版心上镌"女四字经全"，中镌卷次，下镌页数。书首钤"秘阁图书之章"与"日本政府图书"朱文方印。是书体例、内容、文辞与宋若梓《女论语》相近。首句取《周易·系辞下》"坤道成女"为篇始，其后论次顺序大约依女子长成、未嫁从父、既嫁从夫、夫死从子。凡四字一句，八字一韵，两韵而易之，举凡三百四十八句，千三百九十二字。其韵不甚严，但以劝诫为的，贴近生活实际，属民间规范女子日常生活行为之女教书。是书国内未见流传，当为存世孤本，现存日本国立公文书馆。此本之出，不惟有版本价值，亦可考女训之流变也。

32. 音韵启钥（姜复宁）

《音韵启钥》十一卷，明徐守纲撰，明刻本，一函六册。正文半页十一行，行二十字，白口，四周单边，单鱼尾。此书钤"秘阁图书之章""日本政府图书"印。徐守纲字正公，号观澜，浙江乌程（今浙江湖州）人，世称莲隐先生，生平事迹《（同治）湖州府志》卷七五所载最为备悉。此书为初学者学习反切而作，分为"谱考""类考""互考""古考"四部分。此书国内公私书目未见，日本国立公文书馆藏。

33. 倪玉汝先生中秘点评五言便读皇明纪略鼎脔、刻倪玉汝先生中秘点评注解五言便读鉴略鼎脔（解树明）

《倪玉汝先生中秘点评五言便读皇明纪略鼎脔》四卷，明倪元璐点评，明陈仁锡韵次，明崇祯七年（1634）刻本，一册。正文每半页十行，行二十五字，小字双行，行二十四字。白口，无鱼尾，四周单边，版心上镌"皇明纪略鼎脔"，中镌卷次，下镌页次，眉上镌评。半框高21厘米，宽12厘米。首有倪元璐序。此本钤有"日本政府图书""林氏藏书""浅草文库""昌平坂学问所""弘文学士馆"等印。

《刻倪玉汝先生中秘点评注解五言便读鉴略鼎脔》六卷，明倪元璐批点，明杨居谦订梓，日本国立公文书馆藏明崇祯七年（1634）刻本，二册。正文每半页十行，行二十五字，小字双行，行二十四字。白口，无鱼尾，四周单边，版心上镌"便读鉴脔"，中镌卷次，下镌页次，眉上镌评。半框高21厘米，宽12厘米。首有陈仁锡序。此本钤有"日本政府图书""林氏藏书""浅草文库""昌平坂学问所""弘文学士馆"等印。

倪元璐字汝玉，一作玉汝，号鸿宝，浙江绍兴府上虞（今绍兴市上虞区）人。明天启二年（1622）进士，改庶吉士，授编修，官至户部尚书，兼翰林院学士。《皇明纪略鼎脔》节略明人陈建《皇明通纪》，而《鉴略鼎脔》则广采古今各类文献典籍，概述了从上古至明初的历史脉络。此二书国内未见著录，惟见日本藏本，颇为稀见。

34. 靖台实录（布吉帅）

《靖台实录》不分卷，清黄耀炯撰，清刻本，一册。每半页九行，行二十一字，白口，四周单边，单黑鱼尾。版心上镌书名"靖台实录"，下镌页次。扉页镌"靖台纪略，缅贤堂藏板"。首有康熙间作者引言。钤"秘阁图书之章"。黄耀炯，银同（今福建省同安县）人，生平事迹无考。该书记述平定台湾朱一贵变乱一事。清蓝鼎元《平台纪略》序言称此书所记多传闻。此书现藏于日本，国内未见。

35. 昭代纪略（陈肖杉）

《昭代纪略》六卷，明朱怀吴撰，车应泰编，明天启六年（1626）刻本，六册。每半页十行，行二十字，四周单边，白口，无鱼尾。版心镌书名、卷次、页次、刻工及字数。前有天启六年朱怀吴自序，胡维元序，天启丙寅（1626）仲冬邵武县知县车应泰序。钤"秘阁图书之章"。朱怀吴,钱塘(今浙江杭州)人,万历二十五年(1597)举人,曾任邵武府同知。该书为明代诸臣传记,旨在警鉴治乱。隆庆之后较略,盖近事未有成籍,作者闻见未确。该书不见于《千顷堂书目》《明史·艺文志》《四库总目》等。此本今藏日本国立公文书馆。复旦大学图书馆亦藏天启六年刻本,缺卷四。

36. 平西管见(陈锴)

《平西管见》二卷,明支应瑞编,明万历刻本。每半页十行,每行二十字,单黑鱼尾,四周双边,版心上镌卷数,下镌页次,文中有多处剜改,且附朱笔圈点。前有万历壬辰(1592)徐应鹤引,万历壬辰(1592)支应瑞自序。钤"秘阁图书之章"。支应瑞字汝贤,江西进贤人,万历五年(1577)进士,曾任浙江宁波府通判,慈溪县知县。支应瑞搜集了万历二十年(1592)"宁夏之役"中李如松等人的相关奏疏,汇编而成《平西管见》一书。此本今藏日本国立公文书馆,未见国内相关著录。

37. 野纪蒙搜(陈锴)

《野纪蒙搜》十二卷,明黄汝良编,明刻本。每半页九行,行二十字,单黑鱼尾,四周单边,版心上镌"野纪蒙搜",下镌卷数与页码。钤"秘阁图书之章"。黄汝良字明起,号毅庵,福建泉州晋江人,万历十四年(1586)进士,历任国子司业、东宫日讲官,官至礼部尚书。该书搜集明朝朝野大事,按时间先后排序,分年记述,起自太祖高皇帝,终于穆宗隆庆帝,可作为明史研究的相关补充资料。此本今藏日本国立公文书馆,《明史·艺文志》有著录,国内未见存藏。

38. 威暨录(解树明)

《威暨录》五卷,明林兆鼎撰,明崇祯刻本,二册。正文每半页八行,行十八字,白口,无鱼尾,四周单边,版心上镌"威暨录",中镌卷次,下镌页次。半框高21厘米,宽14厘米。首有经筵官通家侍生王锡兖撰《少保林公传》,次李弘济序,次明崇祯六年(1633)自序,书末有明崇祯九年林古度序。此本钤有"秘阁图书之章"等印。林兆鼎字时廉,号九聚,福建福清人。明万历癸丑年(1613)武进士,天启中任四川参将,积功至都督同知,后充总兵官。是书为林氏自刻,记载了林兆鼎一生的显赫战功。《福清县志》赞林氏"虽古名将弗过也"。该书惟见日本藏本,国内未见著录。

39. 激劝三言(潘守皎)

《激劝三言》不分卷,明任韬撰,晚明刻本,一册。每半页八行,行二十字,白口,无鱼尾,四周单边,版心上镌"激劝三言",下镌页次。书末题"崇祯十七年(1644)四月初八日谨拟"。钤有"秘阁图书之章"朱文方形印。任韬,崇祯末苏州府学生员,籍贯、事迹未详。《激劝三言》为激劝各地将帅、缙绅士民起义兵勤王所撰,有《檄文》一道,并《激劝将帅》《激劝缙绅士民》两篇组成。崇祯十七年三月,明帝朱由检吊死于煤山,苏州府学生员任韬为"发公愤、历同仇、明大义"而撰。该书于晚明历史研究有参考价值,现藏日本国立公文书馆,国内未见存藏。

40. 三国志纂(钱永棒)

《三国志纂》八卷,明张毓睿撰,明崇祯十六年(1643)刻本,四册。半页九行二十字,四周单边,白口,单黑鱼尾。版心上镌"史瑜",中镌卷次,下镌页次。书衣贴签题"三国史瑜",卷端题"三国志纂"。书前有崇祯十六年张毓睿序。钤"秘阁图书之章"。张毓睿字圣初,钱塘(今浙江杭州市)人。是书于陈寿《三国志》中择其事迹较著者,条分件系,缀以评语。自汉献帝初平元年迄建安二十五年(190—220),分国未定,仍称季汉。自魏黄初元年迄咸熙元年(220—264),三国并建,则称三国。《四库存目》收录是书,作《三国史瑜》,入史部史抄类。另哈佛燕京图书馆有八册本,与此本相较,版式同而内容次序略异。是书国内无藏,此本现存于日本国立公文书馆。

41. 施门吴烈女杂录(武文杰)

《施门吴烈女杂录》不分卷,佚名辑,清顺治刻本。每半页八行,行二十字,白口,无鱼尾,四周单边,版心上镌"烈女集",小字注分别为"赞""题辞""传""行实""状",下镌页次。是书由五篇文章辑成,分别为清成性《吴烈女淑官小赞》、田缉馨《吴烈女题辞》、施起元《玉塘吴烈女传》、林饬《施门吴烈女行实》、黄见泰《施门吴烈女状》。各文详略不一,互为补充。此书编辑目的是为迎合顺治皇帝纂修孝义贞烈之事,以供采摭,教化乡民。卷首钤有"林氏藏书""浅草文库""日本政府图书",卷末钤有"昌平坂学问所"等印。此本现存日本国立公文书馆,国内未见其他著录。

42. 郑门俞烈女传（武文杰）

《郑门俞烈女传》一卷，明叶向高编，明万历刻本。每半页十行，行十九字，小字双行不等，白口，单黑鱼尾，左右双边，版心上镌"烈女传"，下镌页次、字数。叶向高字进卿，号台山，晚号福庐山人，福州府福清（今福建省福清市）人。官至礼部尚书、东阁大学士，出任首辅，曾任南京礼部、吏部右侍郎，著有《说类》等。《郑门俞烈女传》汇总关于俞烈女事迹的诗文、挽联、批文。作者编辑此书是为备观风使者采择，并借以警示教化乡民。此本卷首钤有"林氏藏书""日本政府图书""浅草文库"，卷末钤有"昌平坂学问所"等印。今藏日本国立公文书馆，国内未见其他著录。

43. 杨载南公传附祠堂记（解树明）

《杨载南公传》一卷附《祠堂记》，明丘远撰，明刻本，一册。正文每半页八行，行二十字，白口，无鱼尾，四周双边，版心上镌"杨公传"，下镌页次。半框高21.7厘米，宽13.6厘米。此本钤有"秘阁图书之章"等印。丘远，生卒年与生平事迹不详。该书是丘远为杨应箕撰写的传记。杨应箕字拱宿，是北宋著名理学家、程门四大弟子之一、"闽学鼻祖"杨时的十八世孙，因他"居尝念龟山载道南来"，故里人称他为载南公。该书惟见日本藏本，国内未见著录。

44. 李公生祠捐资纪义实录（陈锴）

《李公生祠捐资纪义实录》一卷，明王廷锡等编，明刻本。每半页九行，每行二十字，白口，无鱼尾，四周单边，版心上镌"李公生词纪义"，下镌页次。钤"秘阁图书之章"。书前有万历戊申（1608）金学鲁序，后有万历庚戌（1610）王廷锡跋。王廷锡字君宠，号怀我，钱塘（今浙江杭州）人，万历壬辰（1592）进士，曾任华亭知县，事迹可参见《华亭县志》《云间志略》等。李公即李文奎，字廷烨，万历壬辰（1592）进士，福建侯官人。万历三十二年（1604）起，任杭州知府，勤政爱民，德行高尚，颇具声望，乡人遂为其修建生祠，以表纪念。该书记载此次修祠的缘起与过程，前半部分为捐资情况，后半部分为"物料""纪工"与"纪费"。此本今存日本国立公文书馆，《日藏汉籍善本书录》著录，未见国内存藏。

45. 诰赠夫人节烈赠言录（武文杰）

《诰赠夫人节烈赠言录》四卷，清余国柱辑，清康熙十九年（1680）刻本，存一函三册,缺卷二。每半页八行,行二十字,小字双行同。白口,单黑鱼尾,四周单边。版心上镌"节烈赠言录"、卷数,下镌页数、"拥翠亭"。书衣题"节烈赠言录"。首王飔昌《荆门节烈赠言录序》,次孙卓《周太母孙夫人贞烈赠言序》,次黄光会《叙》。此本钤有"昌平坂学问所""日本政府图书""浅草文库""文化癸酉"等印。余国柱字两石,号佺庐,湖北大冶县(今湖北省黄石市大冶市)人。清顺治八年(1651)辛卯科举人,翌年壬辰科进士,康熙二十六年(1687)任武英殿大学士兼户部尚书。后受到御史郭琇弹劾,罢官思过。《诰赠夫人节烈赠言录》为荆门周太母节烈事迹的诗文汇总集。今藏日本国立公文书馆,国内未见著录。

46. 故鸿胪寺署丞慎所汤公元配高孺人合葬墓志铭附汤母高孺人传、先妣高孺人行实(邱啸林)

《故鸿胪寺署丞慎所汤公元配高孺人合葬墓志铭》一卷,附《汤母高孺人传》一卷、《先妣高孺人行实》一卷。墓志铭为明胡亶撰,传为族人汤之奇撰,行实为族人汤明扬等述。每半页九行,行二十字,四周单边,版心上镌"志铭"或"传",下镌页次。框高18.5厘米,宽13.5厘米。卷首钤"秘阁图书之章"朱文方印。高孺人为明鸿胪寺署丞汤嘉言之妻。胡亶字保林、保叔,号励斋,浙江仁和(今浙江省杭州市)人,历官江苏常镇道、鸿胪寺卿,进右通政,著有《中星谱》《周天现界图》等。该书记述汤公及高孺人生平。

47. 明敕封孺人严母李氏墓志铭附严母李孺人行状(邱啸林)

《明敕封孺人严母李氏墓志铭》一卷附《严母李孺人行状》一卷。墓志明王弘诲撰,江铎书,查允元篆。行状明韩爌撰。每半页八行,行十八字,四周双边,版心上分别有"志铭""行状"字样,版心下镌页次。半框高20.5厘米,宽13.5厘米。卷首钤"秘阁图书之章"。王弘诲,广东琼州府(今海南省)定安县人,嘉靖四十四年(1565)进士,官至南京礼部尚书。韩爌,山西蒲州(今山西省永济市)人,万历二十年(1592)进士,历任翰林院编修、少詹事、礼部右侍郎、礼部尚书、内阁首辅等职。李氏为明给事中严用和之妻,钱塘东园里(今浙江杭州)人,墓志铭、行状记录其嘉德懿行、一生事迹。此书今藏日本国立公文书馆,国内未见著录。

48. 明童母张太孺人葬录(解树明)

《明童母张太孺人葬录》不分卷,明童汝龙、童维坤、童维岳等撰,明刻本,一册。正文每半页八行,行十九字,白口,无鱼尾,四周单边,版心上镌"志铭"或"行略",下镌页次。半框高 22.7 厘米,宽 14.1 厘米。首页有题记云"期杖生童汝龙顿首,率男维嵩、岩、坤、岳、尌泣血稽亲拜",次篆文书写"明童母张太孺人之墓"。此本钤有"秘阁图书之章"等印。该书分两部分:一是"明童太君墓志铭",题婿沈应文、年家子张鸣鹗、年家子葛寅亮顿首拜书;二是"太孺人先妣张氏行略",题不孝男童维坤、维岳泣血稽亲谨述。书中所述之人,查阅史书无载。该书惟见日本藏本,国内未见著录。

49. 晋传韵略(武文杰)

《晋传韵略》四卷,明郑陞著,明崇祯七年(1634)刻本,一函两册。每半页九行,行十八字,小字双行同。白口,黑单鱼尾,四周单边。版心上镌"晋传韵略"、卷数,下镌页数。贴签题"晋传韵略"。首黄道周《〈晋传韵略〉序》,次张燮《〈晋传韵略〉叙》,次《郑台擢自题》。此本卷首钤"秘阁图书之章"印。郑陞,生卒年不详,字台擢,号龙幽,福州府长乐县(今福建省福州市长乐区)人。万历十六年(1588)戊子科福建乡试举人,三十二年(1604)甲辰科进士,兵部观政,天启二年(1622)升两淮运使,三年(1623)京察免官。著有《政议纪要》《盐政要》等。《晋传韵略》汇总《晋书》列传,以四字韵语缀联,诗史相合,便于记诵。今藏日本国立公文书馆,国内未见著录。

50. 勋贤祠志(武文杰)

《勋贤祠志》不分卷,明喻均撰,明万历十二年(1584)刻本。每半页九行,行十七字,白口,单白鱼尾,四周双边。版心上镌"勋贤祠志",下镌页数。卷末题"万历拾贰年冬拾月癸卯日"。卷首钤"秘阁图书之章"印。喻均字邦相,号枫谷,明江西新建(今江西省南昌市新城区)人。隆庆二年(1568)进士,初任工部主事。因朝廷政争牵连,险被下狱,出为浙江兰溪县令,升杭州府同知,转处州知府,不久即于万历十五年(1587)调松江知府,万历十七年(1589)升山东按察副使,后调任天津兵备副使,复遭朝中讥议弹劾,遂决计辞官,归乡隐居。正德初年,王阳明为避刘瑾迫害曾到访杭州天真山。其门人薛侃、王公弼、欧阳德、邹守益等为纪念先师,于嘉靖九年(1530)在天真山创建了天真精舍,又称天真书院,兼有祭祀、集会、讲学功能。万历七年(1579)书院曾遭毁,五年后重建,恢复祭祀，万历帝赐额"勋贤祠"。此本今藏日本国立公文书馆，未见其他著录。

51. 贞录（武文杰）

《贞录》四卷，明蒋德璟辑，明崇祯十年（1637）刻本，一函两册。每半页八行，行二十字，小字双行同，白口，黑单鱼尾，四周单边。版心上镌"贞录"、卷数，下镌页数。首蒋德璟《曹贞吴颂言序》。此本钤"秘阁图书之章"印。蒋德璟字中葆，号八公，又号若椰，泉州晋江福全（今福建省晋江市金井镇福全村）人。天启二年（1622）进士，改庶吉士，授为编修。崇祯十五年（1642），晋礼部尚书兼东阁大学士。崇祯十六年（1643），改任户部尚书，晋太子少保文渊阁大学士。崇祯十七年（1644），引罪去位。南明隆武时，入召。后以足疾辞归，卒于家。《贞录》辑录记载曹贞吴节烈事迹的文章，以告采风之臣，为之表彰。今藏日本国立公文书馆，未见其他著录。

52. 大明律例添释旁注（解树明）

《大明律例添释旁注》三十卷，附一卷，明徐昌祚辑注，翁愈祥校，明刻本，四册。正文每半页八行，行二十一字，小字双行，行十九到二十一字。白口，单白鱼尾，左右双边，版心上镌篇名，中镌卷次，下镌页次。半框高 23 厘米，宽 16 厘米。首有"洪武三十年五月御制大明律序"。此本钤有"秘阁图书之章"印。徐昌祚字伯昌，号昆竹，苏州府常熟（今江苏常熟）人。明万历元年（1573）诸生，承祖父荫授后府都事，擢太仆寺寺丞，迁刑部河南清吏司员外郎，升刑部郎中。该书是《大明律例》的注解书，惟见日本藏本，国内未见著录。

53. 天庖承事（解树明）

《天庖承事》九卷，明李植撰，明万历二十六年（1598）刻本，四册。正文每半页九行，行十九字，白口，无鱼尾，左右双边，版心上镌卷次，下镌页次。半框高 20.2 厘米，宽 12.8 厘米。首页有明万历二十五年（1597）五月十七日上敕命，次明万历戊戌（1598）秋日光禄寺卿李植叙录。此本钤有"秘阁图书之章"等印。李植字汝培，江苏江都（今扬州市江都区）人，明万历五年（1577）进士，选庶吉士，曾官任御史、太仆少卿，一度被贬为知州，后任右金都御史，巡抚辽东。明朝光禄寺主要负责祭祀、朝会与接待外宾。据李植序言，明嘉靖时期，光禄寺岁用钱粮的数额大幅增加，至万历年间已捉襟见肘。该书包括奏疏、文移、申文、呈折等,内容丰富。该书惟见日本藏本,国内未见著录。

54. 文庙乐书(武文杰)

《文庙乐书》八卷,明武位中撰,明崇祯二年(1629)刻本,一函八册。每半页九行,行二十字,小字双行同。白口,单黑鱼尾,四周双边。版心上镌书名、卷数,下镌页数。此本钤"秘阁图书之章"。武位中字国宝,明末金陵溧水(今江苏省南京市溧水区)人,博雅渊通,素以礼乐自任。崇祯元年(1628)曾刻印《远西奇器图说录最》三卷、《新制诸器图书》一卷。《文庙乐书》记载了历代礼乐建置、声音乐律与乐器类别,采摭繁复,深究道器,考论异同。今藏日本国立公文书馆,国内未见著录。

55. 两浙学政(陈锴)

《两浙学政》一卷,佚名,明刻本。每半页九行,每行十八字,单黑鱼尾,四周双边,版心上镌"学政",下镌页码。钤"秘阁图书之章"。书前有致"钦差提督学校浙江等处提刑按察司副使"的公文书。时陈大绶任浙江提学。陈大绶字长卿,号赤石,万历二十三年(1595)进士,屡任泾县知县、工部主事、两浙提学等。此书应为万历三十八年(1610)所颁布的浙江学政规则。此本今藏日本国立公文书馆,国内未见著录。

56. 军制条例(宋晓晨)

《军政条例》七卷,明谭纶撰,明万历二年(1574)刻本,四册。每半页九行,行十八字,四周双边,白口,单黑鱼尾,版心上镌书名,中镌页数。钤"秘阁图书之章"。谭纶字子理,江西宜黄县谭坊人。明军事家,万历年间官拜太子少保。该书申明法理,整饬军制,旨在"申饬旧规,敷陈末议,以剔时弊,以裨军政事"。此书国内未见收藏,今藏日本国立公文书馆。

57. 抚吴檄略(陈锴)

《抚吴檄略》八卷,明黄希宪编,明崇祯刻本。每半页八行,每行二十字,单黑鱼尾,四周单边,版心上镌"抚吴檄略",下镌卷数及页次。无钤印。黄希宪字又生,江西宜春人,天启五年(1625)进士,累官至太仆少卿。崇祯十三年(1640),黄希宪接替张国维任应天巡抚,以治境安民。该书为公文汇编,载其任中发布的相关告示与政策。该书惟见日本藏本,国内未见著录。

58. 六部续增则例(解树明)

《六部续增则例》六卷,清达哈塔等奉敕撰,清刻本,二册。正文每半页八行,行二十字,白口,单黑鱼尾,四周双边,版心上镌"某部续增则例",下镌页次。半框高 27 厘米,宽 19 厘米。首有"康熙二十五年御制序"。此本钤有"秘阁图书之章"印。达哈塔,清朝大臣,满洲正白旗人,佟佳氏。清顺治九年(1652)翻译进士,后授国史院侍读,康熙三年(1664)迁宏文院侍读学士,官至吏部尚书。该书是在康熙帝的旨意下编纂而成,汇集六部历来所行之例。该书惟见日本藏本,国内未见著录。

59. 汇纂经世全编(解树明)

《汇纂经世全编》二十卷,清翁富业撰、杨莲倣编,清康熙三年(1664)刻本,十册。正文每半页九行,行二十五字,白口,无鱼尾,四周单边,版心上镌"汇纂经世全编",中镌卷次,下镌页次。半框高 21 厘米,宽 12 厘米。书前有牌记"钱唐翁以伟、杨云声辑著,汇纂经世全编,文遂堂发行"。首有清康熙三年(1664)翁富业序,次清康熙三年(1664)杨莲倣序,次清康熙三年(1664)监官冯恽序。此本钤有"日本政府图书""大学校图书之印""浅草文库""昌平坂学问所"等印。翁富业与杨莲倣,生平事迹不详。该书按照"吏""户""礼""兵""刑""工"六部来分类,内容颇丰。该书惟见日本藏本,国内未见著录。

60. 明楚宪约(宋晓晨)

《明楚宪约》,明翁汝进编,万历三十五年(1607)刻本,一册。半页九行,行十六字。白口,无鱼尾,四周单边,版心下镌页数、刻工。翁汝进字献甫,号周野。会稽(今浙江绍兴)人,一作仁和(今浙江杭州)人,万历二十三年(1595)乙未科进士,历官至山东参政,以忤逆魏忠贤罢归。全书针砭明末风俗之弊,痛陈整饬民风民俗之必要。今藏日本国立公文书馆,国内未见收藏。

日本名古屋大学和蓬左文库藏珍本书志九则

解树明　武文杰　刘心明等

一、名古屋大学

1. 老子新传（解树明）

《老子新传》二卷，佚名撰，清蓝格抄本，一册。正文每半页八行，行十八字，半框高14.7厘米，宽11厘米。此本钤"名古屋大学图书印"等印。该书对传世本《老子》八十一章逐一传解，并取每章前三、四字为该章小标题，避讳"玄"字。书中传解时有新意。该书惟见日本藏本，国内未见著录。

2. 柴桑和诗（解树明）

《柴桑和诗》四卷，清陶成撰，清雍正九年（1731）吾庐刻本。正文每半页十行，行十八字，白口，无鱼尾，左右双边，版心上镌"柴桑和诗卷之某"，下镌页次。半框高17.3厘米，宽13.7厘米。书前有牌记"盱水存轩著，柴桑和诗，吾庐藏板"。首有雍正辛亥（1731）吴炯序，次雍正辛亥愚侄嘉序。此本钤"半亩花竹""易水赵永藏书"等印。陶成字企大，号存轩，因结庐于南昌曰"吾庐"，学者称"吾庐先生"，清代文学家、方志学家。清康熙四十四年（1705）乡试解元，四十八年（1709）进士，改庶吉士，授翰林院检讨。由于他斥功利，鄙钻营之徒，故无意仕进，不久致仕归乡。雍正二年（1724）应聘主持南昌豫章学院讲席，学生云集。雍正八年（1730）被聘重修《江西通志》，后又被聘修《（乾隆）南城县志》。著述有其子整理编辑的《吾庐先生遗书》十二卷，另有《皇极数抄》《象纬书》《河洛合抄》

《丧言集》《柴桑和诗》等，多散佚。该书是作者的诗文集，收录其平生所作诗文，据序文，其诗宗陶渊明。该书惟见日本藏本，国内未见著录。

二、蓬左文库

1. 新刻麟经宝定（邱啸林）

《新刻麟经宝定》十二卷，明来集之撰，林时对校集。明崇祯十三年（1640）书林朱氏艺苑堂刻本，三册。两节版，下栏每半页九行。四周单边，无鱼尾。书末牌记"时崇祯庚辰岁孟春月书林艺苑堂朱振敬梓"。此本钤有"翰墨风泳"印。来集之字符成，号元成子，别号倘湖，浙江萧山人，崇祯十三年（1640）进士，精于《易》学，工曲，著有《易图亲见》《读易偶通》等。该书以春秋鲁国十二公划分，上栏小字为作者疏通《春秋》的讲章，下栏为《春秋》经传及胡安国解。此本今存日本蓬左文库，未见其他著录。

2. 论语释文音义附论语纂图（陈肖杉）

《论语释文音义》一卷前附《论语纂图》一卷，唐陆德明撰，元元贞二年（1296）平阳府梁宅刻本，一册。每半页十三行，四周双边，白口，双花鱼尾。《纂图》卷末牌记"元贞丙申平水梁宅印"，《音义》卷末牌记"平阳府梁宅印行"。陆元朗字德明，苏州吴人，贞观初拜国子博士，撰《经典释文》。此本仅藏日本蓬左文库，不见其他馆藏信息。

3. 林子年谱（陈锴）

《林子年谱》一卷，明林兆珂等编，明刻本。每半页九行，行十七字，黑口，单鱼尾，四周双边，版心上镌"林子年谱"，下镌页次。卷首有万历三十八年（1610）郭乔泰序。此本钤"蓬左文库"印。林兆珂字孟鸣，福建莆田人，万历二年（1574）进士，官刑部侍郎，历知廉州、安庆，著有《宙合编》《考工记述注》等。林子即林兆恩，林兆珂族兄，字懋勋，号龙江，道号子谷子，为宗教领袖，倡导儒、道、佛二教合，世称"三一教主"。该书载林兆恩的家世传承与生平，逐年记述，较为详细，可为林兆恩与"三一教"研究提供丰富材料。此本今存日本蓬左文库，《日藏汉籍善本书录》著录，未见国内学界有相关研究。

4. 明职（布吉帅）

《明职》不分卷，明吕坤撰，明天启四年（1624）抚闽使南居益刻本，一册。每半页八行，行十六字，白口，左右单边，单黑鱼尾。版心上镌书名，下镌页次。前有天启四年（1624）南居益序，次万历二十年（1592）作者自序。此本钤"尾阳大库"印。吕坤字叔简，归德府宁陵（今河南宁陵）人，万历二年（1574）进士，官至刑部侍郎，著有《实政录》《呻吟语》等。本书为发明职掌，验其成效，末篇督抚之职未完。此书国内所藏为清刻本，此明刻本藏于日本蓬左文库。

5. 圣学传衣（武文杰）

《圣学传衣》六卷，明桂启芳辑，明崇祯八年（1635）刻本，一函六册。每半页九行，行二十字，小字双行同。白口，单黑鱼尾，四周单边。版心上镌"圣学传衣"、卷次，下镌页次。桂启芳字叔开，号鲁庵，湖广蕲水（今湖北省黄冈市浠水县）人。万历四十六年（1618）举人，崇祯四年（1631）进士，都察院观政，授晋江县知县，七年（1634）起补广东海阳知县。时海盗刘香肆虐，桂氏协助两广总督熊文灿平定刘香，却被陷害夺职。此后专心学术，著有《类海策略》等书，皆散佚。士民为其建海观书院，后易名为海观禅寺。《圣学传衣》将以往儒家各派学说汇集成帙，所辑上溯周秦，下逮宋明，旨在指明儒学研习之门径。今存日本蓬左文库，原尾张内库旧藏，严绍璗《日藏汉籍善本书录》著录此本，未见其他著录。

6. 新刻筮林总括断易心镜大成（武文杰）

《新刻筮林总括断易心镜大成》三卷，明夏从仁辑，明万历三十五年（1607）积善堂陈奇泉刻本，一函三册。每半页十一行，行三十二字，小字双行同。白口，单黑鱼尾，四周单边。版心上镌"断易心镜""断易心镜大成""断易大全"及卷次，下镌页次。贴签题"断易心镜"。内扉题"积善堂，筮林总括断易心镜，书林陈奇泉梓行"，卷前有夏从仁《新刻断易心镜大成叙》，卷末有荷盖莲座牌记"万历丁未岁仲冬吉旦积善堂陈奇泉梓"。此本钤"尾阳内库"印。夏从仁字青山，号武夷居士，武夷（今福建省南平市武夷山市）人，生平事迹不详。编有《星平总会命海全编》等书。《新刻筮林总括断易心镜大成》为卜筮断易之书，分门别类，补释发明。严绍璗《日藏汉籍善本书录》著录此本。今存日本蓬左文库，原种村肖推寺、尾张内库旧藏,未见其他著录。

7. 金氏画谱(刘心明)

《金氏画谱》不分卷,明金□编,明杭州豹变斋刻本。各册封面皆有墨书"共五"二字,可知原本五册,今残存四册。全书各册各页行款各异,皆为四周双边。第一册扉页分题"孙雪居百花兰竹谱""清绘斋",有"杭城豹变斋仓板发行,每部纹银贰钱"楷书朱文印、"金完玉印"鼎形朱文印。本册卷前有许令典《金氏画谱题辞》,据知编者金姓,可惜名字已不可考。本册画作皆出自明万历时书画家孙克弘,绘竹、兰、梅、菊二十二帧,每图皆配诗,诗作出自祝允明、李攀龙等十数人之手,大都早于孙氏。第二册不知绘者何人,凡二十四帧。第一、二两册皆线装,第三、四两册乃包背装,皆为扇面,第三册收二十九帧,第四册收十七帧。日本蓬左文库所藏此书虽有残缺,但十分罕见。

海外汉籍图书馆评介

东亚同文书院与日本爱知大学
所藏汉籍考

宋晓晨①

摘　要：日本建于上海的东亚同文书院(1900—1945)在中日文化交流史上充满争议。原本以中日友好交流而创设的书院在第一次、第二次世界大战中均参与了对我国所藏古籍的劫掠,其中部分汉籍战后由爱知大学继承。本文在分析日本亚洲历史资料中心所藏档案和目前已掌握爱知大学汉籍藏书目录的基础上,以爱知大学图书馆所藏汉籍的来源、特点、价值为纲,简述该馆所藏汉籍状况,以期为汉籍经眼编目调查工作提供参考。

关键词：汉籍;东亚同文书院;爱知大学

---

① 宋晓晨,男,山东大学儒学高等研究院博士研究生,研究方向为中国古典文献学。

在中日文化交流史上，东亚同文书院是一个具有特殊含义的文化现象。书院由日本政府于世纪之交的1900年出资在中国设立，教育方针重视对中国古代典籍的学习，有针对性地培养学生对中国政治制度、物产、民俗、地方史、地理的兴趣[1]。在45年的办学历程中有超过5 000名来自日本的学生远渡重洋求学问道，在中国开展所谓"大旅行调查"，足迹遍布除西藏以外的中国各省份，收集中国经济、地理、民俗的第一手素材，也正因如此，学生普遍具有很高的汉语水平和较强的实践能力。然而，以"东亚友善"为名创立的书院最终在日本军国主义思想的挟持下成为日本侵略者的帮凶。在两次世界大战中，同文书院利用文献领域的专业特长，参与了对汉籍的劫掠行动，并在日本战败投降前将部分汉籍运回日本。

爱知大学位于日本爱知县名古屋地区，该校图书馆设有丰桥校区图书馆、名古屋校区图书馆、车道校区图书馆等分馆，总藏书量约138万册，远超日本全国私立大学约30万册、国立大学约111万册的平均藏书水平。其中，馆藏汉籍约3 800部，22 700册，主要存于丰桥校区图书馆（爱知县丰桥市町畑町1-1）下辖的霞山文库、简斋文库、谷文库、佐藤文库、小川文库中[2]。另外，尚有部分汉籍没有经过任何整理，其信息没有编入图书馆数据库检索系统或目录，数量可达数百册。[3] 本文通过日本亚洲历史资料中心所藏档案和目前已掌握的爱知大学汉籍藏书目录，以爱知大学图书馆所藏汉籍的来源、特点、价值为纲，简述该馆所藏汉籍状况。

一、历 史 沿 革

爱知大学的前身可追溯至1900年创立于南京，后迁至上海的东亚同文书院。学院设立伊始即提出"教授中外实学，培育中日英才，一则有利于巩固中国的国基，

---

[1] 郭晶：《东亚同文书院研究》，中国社会科学出版社，2016年，第1—3页。
[2] 爱知大学图书馆官方网站：https://www.aichi-u.ac.jp/profile/campus/library，2023年1月28日。
[3] 感谢日本爱知大学原图书馆长盐山正纯教授提供信息。

一则有利于加强中日的友好关系。这也是保全中国、定策东亚长治久安、立计天下太平所在"①的兴学要旨,克服经费上的困难,不遗余力地筹措专款在华搜购图书,历经45年的发展,已颇具规模,包括汉籍在内的中文藏书总量已达255 084册②。

  1914年,日军战胜德军,侵占青岛,实施了蓄谋已久的大规模文化劫掠行为,将总督府、胶州图书馆、德华特别高等专门学堂(德华共同出资合办)内所藏两万余册西文书籍(主要是德文书籍,另有少量英文书籍和法文书籍)和超过4 000册汉籍劫掠一空,后以寄赠战利品为名分配给日本政府、学校等藏书机构③。根据现藏日本亚洲历史资料中心的"青岛掳获书籍"相关档案显示,东亚同文会(书院创立机构)会长牧野伸显子爵亲自向日本占领军参谋长、时任陆军大臣的山梨半造发信,言"时下春暖之际,闻贵青岛守备军欲处分旧德军书籍,弊会所经营之上海东亚同文书院因经费关系,书籍尚不完备,颇为遗憾,乞望贵处割爱与支那相关之书籍幸甚",并钤有"东亚同文会会长之印"④。(图1)大正十一年(1922)收到这批图书后,又特地去信陈谢,内陈"承蒙青岛守备军司令部将所保管日德战争纪念之掳获图书割爱寄赠上海东亚同文书院图书馆,图书已抵沪查收,书目如别纸所具,敬颂厚志,御礼奉谢"。(图2)随信一并寄达的,还有"别纸"上记录的接收汉籍的类别和册数。⑤(图3)按照日本守备军青岛司令部所编《掳获书籍及图面目录》⑥内容来看,图3中,"官费"书籍指德国总督府藏书,多为介绍当时中国法律、历史、经济、哲学和古代科技类汉籍,分散于德国殖民政府各部门。"学堂汉"则是指德华特别高等专门学堂所藏汉籍,从数量上看,共分到青岛掳获汉籍894册,经、史、子部皆有涉及。由此看来,青岛占领当局基本满足了同文书院索要汉籍的目的。

---

① [日]根津一:《东亚同文书院创立要领·兴学要旨》,转载自[日]大学史编纂委员会编:《东亚同文书院大学史——创立八十周年纪念志》,社团法人沪友会,1982年,第715页。
② [日]大学史编纂委员会:《东亚同文书院大学史——创立八十周年纪念志》,《东亚同文书院大学资产负债状况》,社团法人沪友会,1982年,第166—167页。
③ 刘群艺:《青岛"掳获书籍"在日本的流布》,《文献》2020年第2期,第100—101页。
④ 《卤獲書籍分配に関する件》,日本亚洲历史资料中心,C08040313700,欧第227号。
⑤ 同上。
⑥ [日]青岛守备军陆军参谋部编:《卤獲書籍及圖面目録》,日本亚洲历史资料中心,C08040315300,大正九年(1920)。

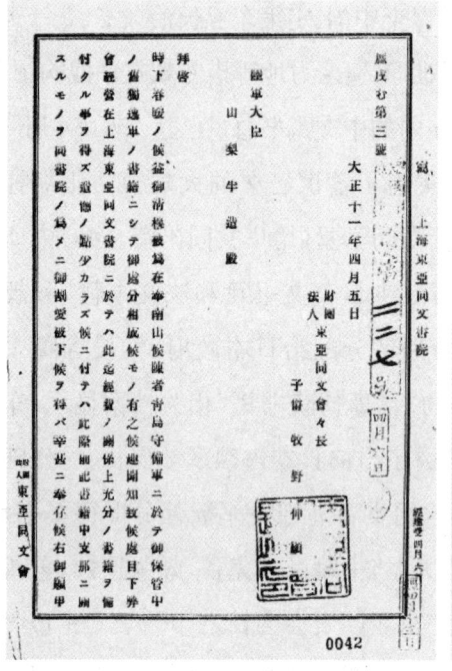

图 1　东亚同文会会长牧野伸显致陆军大臣山梨半造索要图书函

图 2　东亚同文会会长牧野伸显致山梨半造感谢函

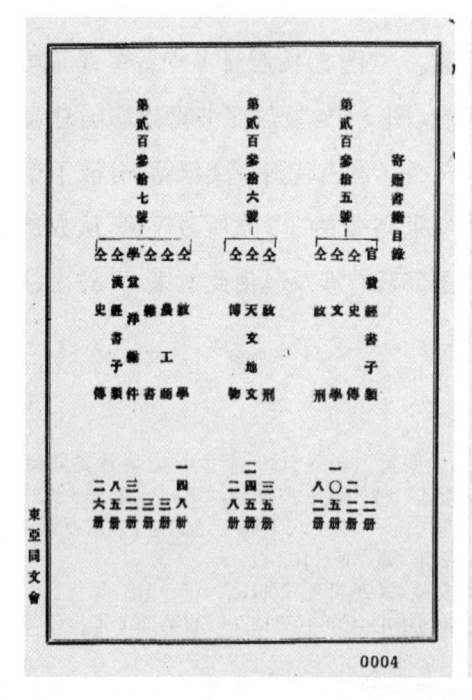

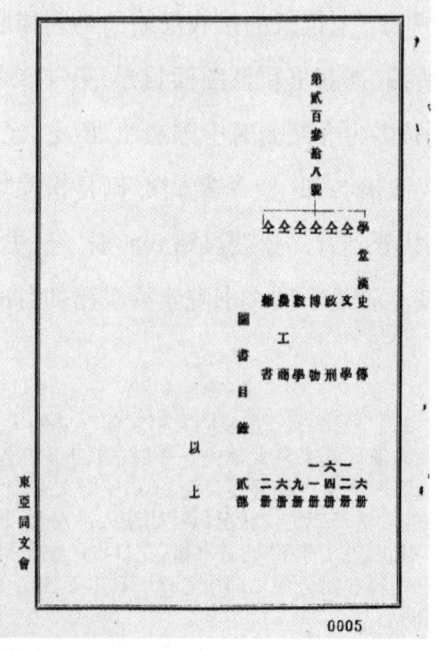

图 3　东亚同文书院接收汉籍类别与册数

1938年初,日军悍然入侵上海,其间同文书院除部分贵重图书因事先进行了转移而得以保存外,原有图书遭遇大火损失殆尽。幸得时任校长大内畅三向银行、企业及校友会筹集资金购买书籍,又接收了日本在上海的居留民团、大连满铁图书馆、沈阳满铁图书馆捐赠的大量书籍,才逐渐恢复了图书馆原收藏规模①。

然而,1937年12月初,就在侵华日军攻占南京的前夕,日本在上海的"华中方面军"特务机关就无耻地组织了所谓"(华中)占领地区图书文献接收委员会"的机构,专门负责有计划地劫掠南京等地的图书文献。该机构从东亚同文书院征调了以中国思想史专家小竹文夫为首的教师、学生各6人,对沦陷后南京的古文献进行了骇人听闻的洗劫。据战后统计,南京地区被劫掠的汉籍总量高达42万册,不仅包含了在当时具有重要意义的有关历史、政治、经济、军事、社会的文献,也包括许多难得一见的善本丛刊。日军择被劫图书之精华部分运回了日本,直到战后都没有完全归还中国,导致了不可忽视的战争遗留问题②。不管这其中有多少汉籍流入了东亚同文书院,又有多少汉籍漂洋过海流向了日本,同文书院为虎作伥的行径在中日交流关系史上着实留下了不堪回首的一笔。

至1945年日本侵略者战败前,东亚同文书院的汉籍收藏包括了曾任曾国藩幕僚的赵烈文"天放楼"藏书、日本学者大谷光瑞和村上贞吉在上海设立的"东亚攻究会"的所有藏书,以及贵重的中国府县志一千三百多种③。总先行研究所述,这些书籍中,除部分贵重图书已在1938年初带回日本,交付东亚同文会总部霞山会馆负责管理,后部分成为爱知大学"霞山文库"藏汉籍外,其余书籍或在战后被当时的中华民国政府教育部京沪区特派员办公处接收,或下落不明。仅通过1960年出版的《爱知大学汉籍分类目录》和日本"全国汉籍数据库"中爱知大学所藏汉籍后台数据,尚难以判明其藏书源流。

---

① 郭晶:《东亚同文书院研究》,中国社会科学出版社,2016年,第56页。
② 经盛鸿:《南京沦陷八年史(增订版)》,社会科学文献出版社,2013年,第667—683页。
③ 郭晶:《东亚同文书院研究》,中国社会科学出版社,2016年,第56页。

二、存藏概况及特点

通过前文所述不难看出,由于爱知大学在草创之初即部分继承了东亚同文书院所藏体量巨大的中文书籍,再加上多年来不断搜藏汉籍,该校已形成了较为独特的中文藏书特色。爱知大学图书馆曾对所藏汉籍进行过系统化整理,参照《东方文化研究所汉籍分类目录》,将古籍以四部分类法归类,并结合实际藏书情况又添加了"丛书部""近人杂著部"等两类,最终于1960年出版《爱知大学汉籍分类目录》。

然而,不难发现爱知大学图书馆所编《爱知大学汉籍分类目录》①(以下称"旧目")与我国通行的古籍著录规范大相径庭。首先,在收录范围上,爱知大学图书馆采取了目前日本高校藏书机构中比较常见的做法,不仅将大量1912年后出版的中文古籍视作"汉籍",还将日本人以汉语编著的文献(日语称"国书",音:kokusho)也等同视之。如"菜根谭讲义前集后集 明洪应明撰 日本山田孝道讲 明治四十二年东京光融馆铅印本"(P178);其次,在著录体例上,缺乏对汉籍版本的详细描述,如"宋忠定赵周王别录八卷 清叶德辉撰 光绪三十四年序长沙叶氏刊本",既没有记录板框高广,也没有描述行款、书口、鱼尾、刻工、版式、藏书印、纸背文献等信息,对于前人序跋,也仅限说明有无,一笔带过,十分简略;最后,旧目使用了时代+年号+纪年的方法表示出版时间和作者年代,中国与日本的古代年号一齐使用,没有附上公元纪年。另外,旧目还使用了"伪满洲国"国号"大同"和"康德",如"钦定热河志一百二十卷 清乾隆四十六年敕撰 大同三年(民国二十三年)辽海书社铅印本",再如"全辽志六卷附校勘记一卷 明李辅等辑 校勘记满洲高凤楼·许麟英同撰 康德元年(民国二十三年)辽海书社铅印本"(P118)。笔者希望正在进行的"全球汉籍合璧工程"在调查编目过程中能够有针对性地关注爱知大学所藏古籍,与日方合作编制更加详细的汉籍目录,这不仅能够补全该馆1960年至今所收汉籍信息,还能精确反映爱知大学图

---

① [日] 爱知大学图书馆:《爱知大学汉籍分类目录》,爱知大学图书馆,1960年。

书馆所藏汉籍的真实面貌,通过藏书印等信息厘清汉籍的递藏关系。

正如前文所述,爱知大学所藏汉籍主要存于霞山文库、简斋文库、谷文库、佐藤文库、小川文库中。

霞山文库得名于日本前首相、第二次世界大战甲级战犯近卫文麿,"霞山"是近卫文麿的字。1938年,预感到日益迫近的战争阴云,东亚同文书院将部分贵重书籍运回日本,交至东亚同文会总部保管直至战败。日本投降后,美军对日实施全面占领,时任东亚同文书院大学助教授的神谷龙男事先得知了美军即将接收霞山会馆的消息后,匆忙召集部分学生将这批书籍转移[①]。爱知大学建立后,神谷龙男成为爱知大学图书馆初代馆长,并于昭和二十五年(1950)买回这些书籍,设立"霞山文库"进行管理。霞山文库藏书尤以政治制度考查、地理方志研究和历史档案为主,所藏经部汉籍反而较少,据此或能反证东亚同文书院对近代中国的制度、人口、物产、交通、地理、风俗、语言有着不同寻常的关心。

简斋文库所藏汉籍主要是曾任近卫文麿内阁国务大臣、大藏大臣(财政大臣),后任住友总理事的小仓正恒旧藏书。简斋是小仓正恒的号。小仓正恒自幼熟读四书五经,曾师从明治时期金泽地区著名"汉学四大家"(五香屋休哉、北方心泉、三宅真轩、木苏岐山),在汉诗、汉文、书法方面颇有造诣,尤其倾心于杜诗研究,任住友财阀要职期间甚至效仿中国古代皇帝的"经筵"制度,专门邀请当时的杜甫研究名家三宅真轩到自家宅邸"讲筵"。其藏书中不乏明版,以中、日杜诗研究类汉籍见长,于昭和二十三年(1948)赠与爱知大学。

谷文库所藏汉籍较少,约170部,为原爱知大学文学部教授谷光隆所藏书,多是研究明代马政、制度史、河工史的资料。仅有登账式简要目录,只著录了书名和册数,汉籍版本信息不得而知。

佐藤文库藏书来自原爱知学艺大学(现爱知教育大学)佐藤匡玄教授的个人藏书,以经学藏书见长。根据从爱知大学获得的《佐藤文库简易目录》判断,所藏汉籍约508部,简目已著录部类、书名、索书号和册数,无版本信息、作者信息。

---

① 郭晶:《东亚同文书院研究》,中国社会科学出版社,2016年,第81页。

小川文库得名于唐诗研究家小川昭一,藏书中汉籍数量约 208 部,多唐诗研究类文献和中国学基础文献。已有《小川文库简易目录》,著录情况与佐藤文库类同。

三、小　　结

兴建于世纪之交的东亚同文书院在第一、二次世界大战中均以不同方式参与了对我国所藏汉籍的劫掠。目前,爱知大学图书馆所藏汉籍集中于丰桥校区的霞山文库、简斋文库、谷文库、小川文库、佐藤文库,各文库所藏汉籍总量达 3 800 部以上。爱知大学虽然在 1960 年整理出版了霞山文库、简斋文库所藏汉籍目录,之后随着其他各文库的成立又按照不同体例陆续编制了汉籍目录,但总体上来看没能有效区分汉籍与准汉籍"国书",缺乏对版本的详细描述,再加上部分汉籍尚未进行整理著录,因此现有旧目已经难以反映爱知大学所藏汉籍的真实面貌。时过境迁,1946 年在日本名古屋地区重新建校以来,爱知大学基本继承了原东亚同文书院设立时的初心,总体上奉行了对华友好政策,在中日邦交正常化之前即与中国学界建立了较为广泛的合作关系,其编纂《中日大辞典》过程中跌宕起伏的经历早已在后代中日进步学人间传为佳话。这些颇有先见之明的举措都为该校日后开展更加深入的中国学研究打下了深厚的基础,确立了今天该校在日本中国学研究中的地位。遗憾的是,由于现阶段缺乏内容翔实的藏书目录,也缺乏赴日实地目验藏书的手段,尚无法确切证实爱知大学接收东亚同文书院藏书的数量。这些问题,相信通过"全球汉籍合璧工程"开展的汉籍调查编目后,将得到进一步解答。

A Study on Chinese Ancient Books Collected in the East Asian Common Culture Academy and Aichi University, Japan

Song Xiaochen

Abstract: The East Asian Common Culture Academy, founded by Japan in Shanghai during 1900—1945, remained a controversial subject in Sino-Japanese cultural study even today. Originally built to promote the value of maintaining the mutually beneficial relationship between the two neighboring countries, it has played a despicable part in the pillage of Ancient books as well as other cultural artifacts preserved in China in WWI and WWII. This passage focuses on the overall status including the origin, special features and value of these books currently preserved in Aichi University Japan, by analyzing the original book catalogue and recently released documents and records from Japan Center for Asian Historical Records. It is also the aim of the author to lay a solid foundation for future field investigation of Chinese ancient books preserved in Japan.

Keywords: Chinese Ancient Books; East Asian Common Culture Academy; Aichi University

伦敦大学亚非学院图书馆与巴黎东方语言文化学院图书馆馆藏汉籍情况概述

徐巧越　高佳华[①]

摘　要：伦敦大学亚非学院图书馆与巴黎东方语言文化学院图书馆是英法两国重要的汉籍馆藏地。亚非学院图书馆的特藏汉籍由《永乐大典》、马礼逊特藏、庄士敦藏书及其他传教士藏书等部分组成。东方语言文化学院图书馆则藏有约2 000种汉籍，其中包括35份彝族手稿以及约20份纳西族手稿。两大图书馆目前均未对馆藏汉籍进行详细的调查编目工作，有待后来者完善。

关键词：汉籍；伦敦大学亚非学院图书馆；巴黎东方语言文化学院图书馆

[①] 徐巧越，女，浙江海宁人。文学博士、历史学博士后，现为中山大学中国语言文学系特聘副研究员。主要研究方向为英藏汉籍研究、中英文化交流史。高佳华，女，山东淄博人。文学博士，山东理工大学文学与新闻传播学院讲师，硕士研究生指导教师。研究方向为法国文学。

伦敦大学亚非学院图书馆与巴黎东方语言文化学院图书馆是英法两国重要的汉籍馆藏地,收藏汉籍历史悠久,馆藏汉籍中存有中国大陆缺藏的品种和版本,对这两大图书馆所藏汉籍开展深入调研很有必要。在"全球汉籍合璧工程"的支持下,徐巧越、高佳华两位老师分别前往伦敦大学亚非学院图书馆与巴黎东方语言文化学院图书馆进行实地调研,获取了大量第一手资料。现根据两位老师的调研情况,对两大图书馆的馆藏汉籍情况作一介绍。

一、两大图书馆及其所藏汉籍情况总介

(一)伦敦大学亚非学院图书馆

伦敦大学亚非学院(School of Oriental and African Studies,University of London,英文简称 SOAS)成立于 1916 年,是英国唯一专门进行亚洲、非洲、近东与中东研究的高等教育学院。该校现有两个校区,主校区在伦敦的罗素广场(Russell Square,WC1H 0XG),辅校区在伊斯灵顿区的弗农广场(Vernon Square,WC1X 9EW)。亚非学院的图书馆位于主校区。

伦敦大学亚非学院图书馆是英国重要的汉籍收藏机构。该馆不仅收藏了大量的中文书籍,还藏有丰富的杂志,而包罗万象的版画、地图、照片与音像资料更是研究中国的重要史料文献。

中文藏书在该馆二层(Level C),可供开架阅览,绝大部分图书允许校内师生借阅,其中亦包括少数晚清民国名流的旧藏书籍(调查者曾翻阅到附有徐志摩题字的民国二十七年版《雪压轩集校注》)。汉籍特藏位于图书馆负一层(Level F),可在网上提前预约或现场填写索书单(现场索书,每批至少等待 45 分钟)阅览,开放时间为周一、周二、周四、周五的上午九点至下午五点。另外,亚非学院数字典藏(The SOAS Digital Collections)在网络开放部分特藏文献的阅览,中国典藏的网址为:https://digital.soas.ac.uk/chinese(最后访问时间:2021-05-13)。

据汪雁秋主编的《海外汉学资源调查录》,伦敦大学亚非学院图书馆的中文藏书约十万册。另外,该馆尚有大量的杂志、报刊、手稿档案、微缩胶片、幻灯片、照片与地图等珍贵资料文献。

伦敦大学亚非学院图书馆的早期汉籍主要来源于传教士马礼逊(Robert Morrison,1782—1834)的藏书。此后,该馆还收到了庄士敦(Reginald Fleming Johnston,1874—1938)、莫理循(George Ernest Morrison,1862—1920)、麦克维尔(Henry McAleavy)与爱德华兹(Evangeline Dora Edwards,1880—1957)等英国学者捐赠的私人藏书,其中不乏孤本与珍本汉籍。自20世纪中叶起,英国政府开始扶持高校大力发展中国学研究,学院利用拨款,从中国香港、新加坡与马来西亚的图书中介处,采购了大批量的中文图书,馆藏中文书籍数量不断增长。

(二)巴黎东方语言文化学院图书馆

巴黎东方语言文化学院图书馆是巴黎东方语言文化学院下设的为学校教学和科学研究服务的图书馆,自2011年以来一直向公众开放。巴黎东方语言文化学院(法文:Institut national des langues et civilisations orientales)简称Inalco,可以上溯到1669年,1795年法国政府正式颁令设立成为"东方语言专院"(École spéciale des langues orientales)。

巴黎东方语言文化学院主要研究亚洲语系尤其是东亚语言,所以汉语、藏语等语言类型的书籍丰富。馆内藏有数量可观的第一手汉学资料供学生、教师与研究者使用,不仅有中国当代小说,还包括明清时期很完整的几百套小说以及民国时期各位大家的作品。

巴黎东方语言文化学院图书馆拥有超过70 000册中文图书(43 000种)和900种中文报刊和科学杂志,是法国关于现代和当代中国书籍最丰富的收藏地之一。近代以前的藏书包括16世纪至1911年清朝灭亡期间出版的两千多本中文书籍,这些作品主要是由传教士或中国第一批出版社制作的印刷品。现代和当代作品集包括从1912年到现在出版的作品。1912年之后的中文文集分为三个时间段:1912—1949年(约占中文藏书总数量的7%)、1950—1978年(约占中文藏书总数量的28%)和1978年后的版本(约占中文藏书总数量的65%)。中文书籍的来源包括了整个华语世界出版的古典或现代中文作品,还包括以中国境内少数民族的方言和语言编写的作品库。此外,巴黎东方语言文化学院图书馆的中文期刊收藏有900多种，涵盖了从19世纪下半叶到现在的出版物。馆藏资源极其丰富。

巴黎东方语言文化学院图书馆内中国书籍由多个法国图书馆的馆藏集结而成，主要由法国远东学院(EFEO)、法国社会科学高等研究学院(EHESS)、近现代中国研究中心(CECMC)、巴黎狄德罗大学东方语言与文化研究中心(LCAO)的四个藏书组成。

根据巴黎东方语言文化学院图书馆网上电子目录和刘蕊等学术论文，初步统计本馆馆藏汉籍至少3 000种。遵照图书馆官方发布的数据来看，馆内1760—1912年间的馆藏汉籍(Bulac 1760—1912)约为2 100种，全部冠以"巴黎东方语言文化学院图书馆—汉籍 + 编号"(BULAC CHI + 编号)为索书号，例如：BULAC CHI.780为《器象显真》(Qi xiang xian zhen)；BULAC CHI.782为《奇门遁甲》(Qi men dun jia)；BULAC CHI.783为《楞严经易知录》(Leng yan jing yi zhi lu)；BULAC CHI.784为《楞伽经会译》(Leng jia jing hui yi)；BULAC CHI.785为《楞伽阿跋多罗宝经》(Leng jia a ba duo luo bao jing)；BULAC CHI.80为《历代陵寝备考》(Li dai ling qin bei kao)。

巴黎东方语言文化学院图书馆通过从拍卖行购买以及与学校派设在中国的法国通讯员交流，图书馆很早就开始了中国作品的收藏。学校主要联系了在重庆的德弗莱什(Mgr Desflèches, 1814—1887)、在上海的朗吉拉(Mgr Languillat, 1808—1878)、在北京的法国公使馆翻译官加布里埃尔-德维里亚(Gabriel Devéria, 1844—1899)以及在广州的领事菲利贝尔-达布利-蒂埃桑(Philibert Dabry de Thiersant, 1826—1898)等人，他们在中国期间不断地发展汉籍收藏、协助运回法国与图书入馆等工作。此外，巴黎东方语言文化学院的行政人员、秘书和图书管理员不定期地去中国探索书目，以发展汉籍收藏。巴黎东方语言文化学院图书馆的工作人员科莱特-莫夫雷(Colette Meuvret, 1896—1990)，在她在图书馆工作期间(1923—1965)，开掘到大量的汉籍资源。除此之外，中国人的捐赠也为丰富汉籍馆藏做出了贡献，特别是在1927—1928年，一位中国毕业生让-博韦(Jean Beauvais)向图书馆捐赠了一批重要的中文专著，还有小说、古典版本和一些罕见的作品。

从 1970 年代起,中华人民共和国与西方国家重新建立了外交关系,促进了巴黎东方语言文化学院图书馆的汉籍购买活动。中国改革开放以来,图书馆收购中文图书量大幅增加,并随着法国读者的中文图书需求量增加而不断上调购买量与馆藏量。在法国的中国学生数量正在蓬勃发展,而西方的汉学创作也在经历着前所未有的发展,这要归功于更广泛地获取来自中国的文献,这些文献的质量也在不断提高,不过在这个时期,几乎没有涉及中国的古籍。

值得注意的是,巴黎东方语言文化学院图书馆内的中国古代藏品中不仅有汉语文本,还包括若干中国少数民族的文化印记,例如中国古籍馆藏中还有 35 份彝族手稿以及约 20 份纳西族手稿。2015 年 10—11 月,巴黎东方语言文化学院图书馆曾以"寻找纳西族手稿"(À la recherche des manuscrits naxi)为题举办展览,在此期间展出了部分以纳西族手稿为题材的摄影作品以及部分原始手稿,值得本项目中国研究者的关注与开掘。

二、两大图书馆及其所藏汉籍情况详情

(一)伦敦大学亚非学院图书馆所藏汉籍的构成及特色

伦敦大学亚非学院图书馆特藏汉籍的构成及特色如下:

1. 马礼逊特藏

马礼逊是首位赴华传教的新教传教士,也是"第一位系统收集中国藏书的西人"(《马礼逊藏书书目》)。马礼逊收藏汉籍的初衷,是为了完成编纂《华英字典》。经过 17 年的积累,他收藏了近一万卷的中文藏书。1922 年 4 月,马礼逊的中文藏书从伦敦大学学院(University College London,简称 UCL)移交至亚非学院图书馆。这批汉籍种类丰富,其中尤以宗教、医学与地理类书籍数量最多,这也是其他赴华传教士最热衷收集的三类汉籍。驻华期间,马礼逊主要生活在澳门与广州两地,因此,其藏书以广府刊本为大宗,还包括了少量的福建、江南及北京刻本。马礼逊藏书的索书号均以"RM"开头。

2. 庄士敦藏书

庄士敦曾担任溥仪的老师,他的中文藏书亦是该馆汉籍的重要组成部分。

庄士敦年轻时喜欢游历名山宝刹,故偏好收集佛教与地方志等汉籍文献;担任帝师之后,由于交游圈的变化,他入藏的多为当时中国较流行的文学作品。此外,他的收藏不仅有来自皇家御赐的画册、汉籍,也不乏胡适、徐志摩等文坛名流赠送的签名本著作。值得注意的是,溥仪曾为他在北京樱桃沟的宅院亲题"乐净山斋"的牌匾,故庄氏藏书大多贴有"乐净山斋"的标签。庄士敦的藏书目前尚未有编撰书录,索书号均以"RJ"开头。

图1 庄士敦藏书的"乐净山斋"书签

3.《永乐大典》

亚非学院图书馆藏有5册《永乐大典》,索书号分别为：MS.48364[1](卷3944—3945)、MS.48364[2](卷13629)、MS.83398(卷10115—10116)、MS.128052(卷13193—13194)与PDF(卷11312—11313)。其中,MS.48364为莫理循藏书;MS.83398为爱德华兹教授的遗赠,她早年在中国传教,曾担任奉天女子师范学堂校长;MS.128052为考陶德艺术学院(the Courtauld Institute)的转让,此册破损较为严重;PDF由大维德艺术基金会(Percival David Foundation)移交至亚非学院代为保管,这一册包含有乾隆皇帝的批注手稿,并钤有三枚红印。

4. 其他收藏：传教士特藏

传教士特藏(Missionary Collections)是亚非学院馆藏的特色馆藏之一。这一批档案资料由世界传教总会与英国传教会委托亚非学院代为保管,是英国传教士档案材料最为集中的特藏室,收存了早期英国教会团体在华活动与发展的一手数据,涵盖了中国语言、文学、历史、地理、宗教、哲学、艺术、科学及经济贸易等多个领域。最早踏上中国大地的西人多为传教士,他们的著述、档案与信件都反映出西方最早接触中国的感想与认知。除此以外,传教士特藏还存有七万多张中国老照片,这些影像数据多数是传教士摄影,许多照片配有详细的文字说明,更有传教士的日记和绘图可以参考。这些文字及影像数据记录了中国历史上的重大事件,是研究中西外交关系的重要资料。

图 2 MS.48364(卷 3944—3945)封面书影   图 3 MS.48364(卷 13629)封面书影

图 4 MS.83398(卷 10115—10116)封面书影

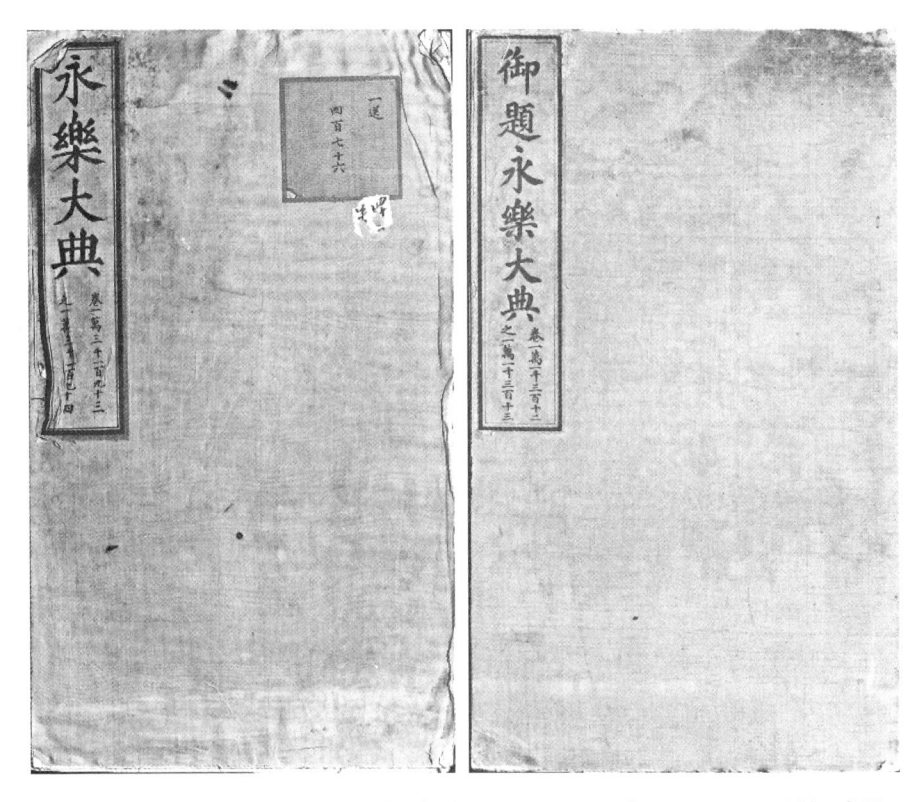

图 5　MS.128052(卷13193—13194)封面书影　　图 6　PDF(卷11312—11313)封面书影

图 7　PDF(卷11312—11313)乾隆手稿批注

(二) 巴黎东方语言文化学院图书馆所藏汉籍的构成及特色

巴黎东方语言文化学院图书馆的馆藏分为中国古籍区与中国现当代图书区两个部分,现着重介绍中国古籍收藏部分。

巴黎东方语言文化学院图书馆近代以前的中文藏书约 2 000 种,它们出版于在 16 世纪至 1911 年。

中国古籍馆藏中不仅有中文古籍,还有数量可观的法国汉学家所作的与中国古代文化相关的研究著述,这一部分书籍也被巴黎东方语言文化学院图书馆收藏在中国古籍馆藏的名录中,包括利玛窦的《德克里斯蒂安娜远征队》(*De Christiana Expeditione apud Sinas suscepta ab Societate Iesu*,1615)、杜哈尔德神父的《中国描述》(*la Description de la Chine*,1735)、阿米奥神父的《中国的军事艺术》(*l'Art militaire des Chinois*,1772)、普雷玛尔神父的《中国语言记》(*la Notitia linguæ sinicæ*,1831)和塞拉宾-库弗勒的《中国-法国词典》(*le Dictionnaire chinois-français*,1890)。这些作品虽为法国汉学家所作,但是在一定程度上能体现出当时中国文化对法国社会产生的影响,以及法国社会尤其是汉学家们对中国文化的高涨热情。

就具体藏书情况而言,巴黎东方语言文化学院图书馆藏有的经部文献包括:丛编类,例如《皇清经解》一千四百卷(CHI.2000)、《重刊宋本十三经注疏》四百一十六卷(CHI.2004)等;《易》类,例如《监本易经》四卷(CHI.520)、《御纂周易折中》二十二卷首一卷(CHI.1511)等;《书》类,例如《书经集传》六卷首一卷末一卷(CHI.524)、《书经集传》六卷(CHI.525)等;《诗》类,例如《监本诗经》八卷(CHI.531)、《诗集传》八卷(CHI.532)等;《礼》类,例如《周礼精华》六卷(CHI.536)、《礼记增订旁训》六卷(CHI.537)等;《春秋左传》类,例如《爱日堂春秋左传杜林》五十卷(CHI.542)等。除此之外,还有《孝经》类、四书类、群经总义类、《尔雅》类、小学类等中国古籍。

史部的古籍包括:纪传类,例如《二十四史》附考证(CHI.6),《史记》一百三十卷、《方望溪评点史记》四卷(CHI.88)等;编年类,例如《宝经堂钢鉴易知录》九十二卷、《明鉴易知录》十五卷(CHI.3)、《重订王凤洲先生纲鉴会纂》四十六卷、《续宋元纪》二十三卷(CHI.23)等;纪事本末类,例如《历朝纪事本末》九种

(CHI.112)、《圣武记》十四卷(CHI.84)等;地理类,例如《皇朝舆地略》一卷(《皇朝舆地韵编》一卷)(附《皇朝内府舆地图缩摹本》一卷)(CHI.222),《西湖游览志》二十四卷、《志余》二十六卷(CHI.252)等。除此之外,还有方志类、政书类、传记类、杂史类、目录类、金石考古类等中国古籍。

子部的古籍包括:儒家类,例如《小学体注大成》(附《孝·忠经》六卷)(CHI.715)、《大学衍义补》一百六十卷首一卷(CHI.1445)等;道家类,例如《庄子集释》十卷(CHI.699)、《庄子集解》八卷(CHI.701)等;杂家类,例如《十驾斋养新录》二十卷、《余录》三卷(CHI.725)、《重刻添补传家宝俚言新本》初集八卷(CHI.738)等;艺术类,例如《唐宋八大家法书》十二卷(CHI.1197),《泛槎图》六卷、《续》一卷、《三集》一卷、《四集》一卷、《五集》一卷、《六集》一卷(CHI.1635)等。除此之外,还有谱录类、释家类(783—819)、医家类、农家类、天文算法类、术数类、新学类、小说类等中国古籍。

集部的古籍包括:《楚辞》类,例如《楚辞灯》四卷(CHI.292)、《屈骚心印》五卷首一卷(CHI.293)等;总集类,例如《全上古三代秦汉三国六朝文》七百四十一卷(CHI.243)、《昭明文选集成》六十卷首二卷(CHI.247)等;诗文评类,例如《宋诗纪事》一百卷(CHI.280)、《带经堂诗话》三十卷首一卷(CHI.392)等;别集类,例如《李太白文集》三十二卷(CHI.303)、《昌黎先生诗增注证讹》十一卷(附《昌黎先生年谱》一卷)(CHI.308)等;除此之外,还有小说类、词类、曲类等中国古籍。

类丛部最主要的是类书类,其中又细分为韵编之属,例如《佩文韵府》一百零六卷(CHI.618)、《佩文韵府》一百零六卷(CHI.619);类编之属,例如《格致镜原》一百卷(CHI.764)、《北堂书钞》一百六十卷首一卷(CHI.1087)等。其次,还见丛书类,它可被细分为独撰之属,例如《群书拾补》三十七种(CHI.722)、《拾余》四种(CHI.1624);杂纂之属,例如《古香斋鉴赏袖珍丛书》十种(CHI.565)、《学津讨原》一百七十三种(CHI.1542)等。

巴黎东方语言文化学院图书馆的中文馆在公开发布的声明中宣称,馆藏内还有一些从未向公众展示过的罕见汉籍,他们下一步将致力于整理中国古籍以及定期公开发布中文古籍名录。

三、两大图书馆馆藏汉籍编目现状及展望

伦敦大学亚非学院图书馆对所藏汉籍进行过一定的整理与编目工作,主要包括《马礼逊藏书书目》《伦敦大学亚非学院藏中文图书简目》。现择要介绍如下:

1. 魏安《马礼逊藏书书目》

1997年,魏安(Andrew West)对亚非学院图书馆的马礼逊藏书进行系统的梳理,并于次年出版了《马礼逊藏书目录》(*Catalogue of the Morrison Collection*)。这部书目采用五部分类法的体例,以中英双文详细著录了书籍的版本信息与索书号,总计录入1 001种文献。同时,该书目还依据馆藏的实际情况新设了一些类目,譬如,子部之下设置了"基督教类""伊斯兰教类"。另外,由于马礼逊藏书最初在亚非学院图书馆是对外借阅的,有部分典籍现已佚失,可从该书目的附录("未见书条目")中了解这160余部佚失书籍的版本情况。

2. 龙彼得《伦敦大学亚非学院藏中文图书简目》

20世纪下旬,荷兰汉学家龙彼得(Piet van der Loon, 1920—2002)曾为亚非学院编撰了一部中文图书目录。该书目以中文所编,按每种图书题名的首字笔画分类排序,著录了600余种中文图书的书名、索书号、年份与册数等版本信息。目录上有大量的增补、修改笔迹,应为龙彼得协助亚非学院图书馆整理中文藏书时的手稿书目。可在图书馆Leve C的参考书区查阅这部目录。

综上,除了马礼逊特藏外,伦敦亚非学院图书馆的其余中文书籍尚有待系统地整理与编目。而且,该馆网络目录对中文图书的著录不够规范,部分信息不准确,影响了对馆藏汉籍的发掘和利用。现亟须专业的图书管理员编撰一部能展现该馆中文藏书全貌的目录,为海内外学者提供有效的访查指南。

而巴黎东方语言文化学院图书馆几乎没有开展中文古籍影印数字化的工作,馆中的中文古籍只有简单的中法文目录,至今没有调查、编目、复制等前期工作的展开,国内外调查、编目、复制工作尚属空白,需要对这部分藏书重新编纂目录,尽快数字化保存。

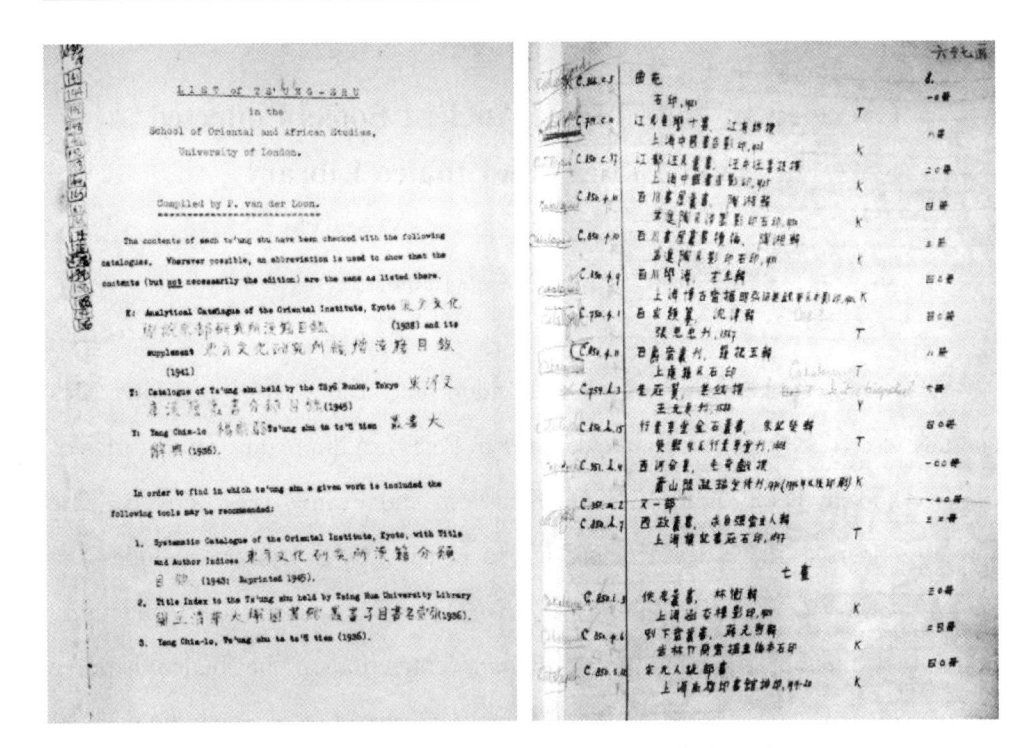

图 8　龙彼得《伦敦大学亚非学院藏中文图书简目》书影

目前,"全球汉籍合璧工程"对伦敦亚非学院图书馆和巴黎东方语言文化学院图书馆所藏汉籍的调查编目、拍摄书影的工作正在有序进行中。

Overview of the Chinese Ancient Books Collected in SOAS Library and Inalco Library

Xu Qiaoyue　Gao Jiahua

Abstract: SOAS University of London and the Institut national des langues et civilisations orientales (Inalco) in Paris are important repositories of Chinese ancient books in the United Kingdom and France, respectively. The special collection of Chinese ancient books in the SOAS Library includes the *Yongle Dadian* (or *Great Canon of the Emperor Era*), Morrison Collection, Johnston Collection, and other missionary collections. The Inalco Library houses approximately 2000 types of Chinese ancient books, including 35 Yi manuscripts and around 20 Naxi manuscripts. Both libraries have not conducted a detailed survey or cataloging of their Chinese ancient books, leaving room for future improvements.

Keywords: Chinese Ancient Books; SOAS Library; Inalco Library

本期论文英文简介

张 莉

Introduction to the German Translation of *The Blue Cliff Record*

Dai Hui

School of Philosophy, Shanxi Normal University

There are currently five German versions of *The Blue Cliff Record* (《碧岩录》), with Wilhelm Gundert's translation being the earliest and most faithful to the original. Other translations in the 20th century either streamlined Gundert's translation or supplemented its unfinished parts. The 2002 translation relied heavily on the Japanese version and Zen philosophy, without opening up new paths. In 2013, the translator of the translation converted to the Japanese Rinzai sect but attached importance to Chinese classics. This article takes Gundert's translation as the core to introduce different translations and provide text comparisons for readers.

The German title of Gundert's translation is *Bi-yän-lu: Meister Yüan-wu's Niederschrift von d. Smaragdenen Felswand. Verfasst auf dem Djia-schan bei Li in Hunan zwischen 1111 u. 1115, im Druck erschienen in Sitschuan um 1300*, which was published in three volumes by Carl Hanser in Munich over a period of thirteen years, totaling 1111 pages. The first volume translates up to the thirty-third koan, and the second volume translates up to the fiftieth. When Gundert was 88 years old, he completed half of the translation, and thereafter focused on Yuanwu's instructions and Master Xuedou's principles and verses, but omitted Yuanwu's commentary and evaluation. The translator's explanations and comments were retained, and the translation work stopped at the sixty-eighth. The third volume is Gundert's posthumous manuscript, which was edited and published by Günther Debon.

Gundert's translation principles and methods emphasize accurate philological analysis and the conveyance of spiritual connotations, and his explanations and comments reflect an understanding of the work. Günther Debon points out the consistent nature of Noh and Zen, suggesting that translations should prioritize spiritual resemblance over formal resemblance. Debon expresses his respect and gratitude towards Gundert in the manner of Eastern culture, recalling the scenes and stories of their acquaintance, and highlighting Gundert's language proficiency and the elegance of his translations.

The translation by Wilhelm Gundert is highly accomplished, being second to none in both literary quality and ideological depth. The untranslated koans in Gundert's German version are a pity for German readers. Achim Seide once refined the first fifty koans of Gundert, hoping they would be easier to understand. For the parts not translated by Gundert, German readers can refer to the translation by Ernst Schwarz, which, although not as thorough and meticulous as Gundert's, is still considered quite satisfactory. Peter Lengsfeld's translation relies heavily on Japanese and Yamada Koun's explanations, disseminating Yamada Koun's ideas. However, the translation language is dry and does not correspond to the vivid interest of the ancient koans of Zen.

Compare the three German translations, Gundert's translation has a preface, and the verses mentioned the case of Guanxi. Schwarz's translation has explanations of the lines of poetry, and finally has "Translator's Notes" and footnotes. Lengsfeld's translation has no Chui Shi, but mentions other instructions of the case in Zhaozhou, with explanations and commentary notes on Zhaozhou.

The translation of *The Blue Cliff Record* has new developments in the 21st century. In 2013, Dietrich Roloff's work of translation and commentary was published and reprinted in 2018. Roloff is a tea master and inherits the Japanese tea ceremony school. His new work aims to enhance the evaluation of Chinese Zen and Japanese Zen. So far, the spread of Zen in Europe and America still relies on Japan, which is worthy of reflection.

The Translation and Introduction of *Book of Changes* in *Confucius the Philosopher of China*

Hei Yongjian

Faculty of History, Nankai University

Scholars have previously studied the history of the early Western dissemination of the *Book of Changes* (also *Zhouyi*, *Yijing*, or *I Ching*), with important works by authors such as Lin Jinshui (林金水), Zhang Xiping (张西平), and Li Weirong (李伟荣). However, previous research has not conducted a detailed analysis of the specific content of the *Book of Changes* in *Confucius the Philosopher of China* (*Confucius Sinarum Philosophus*). *Confucius the Philosopher of China* is the first comprehensive translation of the *Book of Changes* in Europe and was published in 1687. Thierry Meynary (梅谦立) and Chen Gang (陈岗) recently translated the work, providing important materials for research in this field.

In the 16th century, Spanish and Portuguese writings barely mentioned the *Book of Changes*. Jesuit missionaries became interested in Confucian classics and began translating and introducing them to Europe. In the early 17th century, Jesuit priests like João Rodrigues（陆若汉）and Álvaro de Semedo（曾德昭）first documented the relevant content of the *Book of Changes* in Western languages. Martin Martini（卫匡国）'s *A History of China in Ten Parts*（*Sinicae Historiae decas Primas*）stands as one of the earliest Western texts providing a comprehensive introduction to the *Book of Changes*.

Confucius the Philosopher of China is a translation of Confucian classics by Jesuit missionaries in the 17th century. The book introduces the history, structure, and ideas of the *Book of Changes*. The preface was written by Prospero Intorcetta（殷铎泽）and covers the studies of the *Book of Changes*. Hexagrams（gua，卦）are formed by combining yang（阳）and yin（阴）lines（yao，爻）, representing characteristics of perfection and imperfection. The Taiji is understood as a boundless ocean divided into smaller seas of yin and yang. The eight trigrams originate from the four symbols and combine to form a complete circle. However, the book does not mention the sequence diagram and the directional diagram of the Eight Trigrams of King Wen（文王）.

According to the description in *Confucius the Philosopher of China*, the Eight Trigrams gradually evolved into sixteen-, thirty-two-, and sixty-four-Trigrams. King Wen and Duke of Zhou（周公）attempted to explain the meaning of the sixty-four Trigrams. The sixty-four Trigrams diagram is arranged according to the order of the upper and lower classics of the Book of Changes, with eight columns of Trigrams in each row. Prospero Intorcetta emphasized the importance of the Qian（谦）hexagram and introduced the first fourteen Trigrams from Qian（乾, also known as "The Creative" or "Heaven"）to Da You（大有）, referencing the *Xugua zhuan*（《序卦传》, *The Sequence of Hexagrams*）. The Qian（乾）Trigram was interpreted as a model of a king and his subjects, representing eternal stability and a balanced order for all things. The hexagrams of Qian（乾）is explained as four virtues of greatness and eternity, clarity and understanding, harmony and satisfaction, and correctness and perfection, which reflects the common ground between Confucianism and Catholicism.

In explaining the Qian (谦), the views of *Wenyan zhuan* (《文言传》, *Words of the Text*) and Zhu Xi are combined. Prospero Intorcetta provides a detailed explanation of the Qian (谦) hexagram and considers it representative of the sixty-four hexagrams. He emphasizes humility as an important virtue, drawing parallels between it and the Catholic concept of humility. He explains the symbol and meaning of the Qian hexagram, highlighting the significance of humility in personal moral cultivation and the governance of a virtuous ruler. Jesuit missionaries' interpretations of the Qian (谦) hexagram demonstrate the integration of Confucianism with Catholic ideas and their attempts at cross-cultural exchange.

Compared to earlier Western scholars, *Confucius the Philosopher of China* has had a greater influence and offers extensive coverage. Its translation of the *Book of Changes* had a profound impact on sinology in Europe, inspiring scholars like Gottfried Wilhelm Leibniz and Theophilus Siegfried Bayer to engage in related research. Additionally, *Confucius the Philosopher of China* became an important source for other works on the *Book of Changes*, such as the 1735 publication of *The General History of China*.

Confucius the Philosopher of China has had a profound influence, but there is also another path taken by the Figurist missionaries, such as Joachim Bouvet (白晋), who studied and interpreted the *Book of Changes*. The Figurists are characterized by their interpretation of metaphors and the mutual confirmation of Confucian classics and the Bible. The translation of *Confucius the Philosopher of China* on the *Book of Changes* had a greater impact in Europe, and the relationship between the two awaits further research.

As far as we know, *Confucius the Philosopher of China* is the first Western publication that systematically introduces the *Book of Changes* and analyzes its hexagrams and line statements. It has had a significant influence in the West and has become an important bridge for cultural exchange between China and the West. As a formal publication, it has had a wider dissemination than the manuscripts of other missionaries, holding symbolic significance and deeply influencing the subsequent writings of missionaries on the *Book of Changes*.

Study on the Citation of Han and Tang Commentaries in James Legge's English Translation of the "Four Books"

Zeng Xiaoying

International Institute of Chinese Studies,
Beijing Foreign Studies University

This paper examines the translation of the "Four Books" in the work *The Chinese Classics: with a Translation , Critical and Exegetical Notes Prolegomena, and Copious Indexes* by British sinologist James Legge（理雅各）in the 19th century. It focuses on the extensive use of annotations by Han and Tang scholars, such as Zheng Xuan（郑玄）, Kong Yingda（孔颖达）, Kong Anguo（孔安国）, and Zhao Qi（赵岐）, in Legge's lengthy preface and footnotes. The study summarizes the usage and characteristics of Legge's citations of Han and Tang commentaries and explores the reasons behind his extensive reliance on these commentaries within specific historical contexts, aiming to further understand his scholarly approach to ancient Chinese texts and exegetical traditions.

In his translation and annotations of the "Four Books" in *The Chinese Classics*, he Legge extensively quoted commentaries by Han and Tang scholars, primarily from the *Commentary on the Thirteen Classics*（《十三经注

疏》). For *The Analects of Confucius* (also *The Analects* or *Lunyu*), he referenced annotations by He Yan (何晏), Kong Anguo, Zheng Xuan, Ma Rong (马融), and others, with a total of 127 instances. However, there are instances of confusion and misplacement in regard to Xing Bing (邢昺)'s interpretations.

For *The Great Learning* (《大学》) and *Doctrine of the Mean* (《中庸》), Legge cited annotations by Zheng Xuan and Kong Yingda. In his annotations, Legge sometimes quotes the annotations of Zheng Xuan or Kong Yingda separately, and at other times, he cites both, using Kong's commentary as supplementary explanation to Zheng's annotations. Legge's translation of the *Mencius* (《孟子》) heavily relies on the *Commentary on the Thirteen Classics*, with extensive reference to the annotations by Han Dynasty commentator Zhao Qi, totaling 89 instances.

Zhao Qi is the only commentator in Han Dynasty whose annotations have survived to this day. His annotations held an important position in Legge's translation of *Mencius*. However, Sun Shi (孙奭)'s annotations were hardly referenced in this translation. Additionally, the first appearance of Xu Shen (许慎)'s *Shuowen Jiezi* (《说文解字》, also *An Explication of Written Characters*) in the footnotes of the translation of *Mencius* was used to explain the meanings of Chinese characters and identify their variant forms.

During the process of annotating the "Four Books," Legge employed references from the Han and Tang commentaries, elaborating on different commentators' perspectives through affirmation or refutation. He also adopted a moderate approach, incorporating distinctive features of both the Han and Tang commentaries and Zhu Xi (朱熹)'s viewpoints. In terms of format, he imitated the arrangement style of traditional Chinese commentaries and consulted Zhu Xi and the Han and Tang commentaries for chapter divisions. Furthermore, he extensively cited content from the Han and Tang commentaries, making the translation closer to the layout of Confucian classics and enhancing its authority. This annotation style attracted attention from Western missionaries and Chinese scholars, emphasizing the importance of studying Confucian classics and elevating the status of missionaries' sinological research.

Legge's annotations drew on the commentaries of the Han and Tang Dynasties, which align with the Han-Song exegesis tradition. He prioritized the interpretation of Chinese characters and the exegesis of chapters and sentences, opting for Han and Tang commentaries that align with his approach. While Zhu Xi's annotations were his primary source, the Han and Tang commentaries served as supplementary materials, reflecting the characteristics of both the Han and Song schools. Legge synthesized multiple commentaries, supplementing and complementing Zhu's annotations with the Han and Tang commentaries to interpret the scriptures. This showcased his respect for and emphasis on the tradition of Chinese Confucian studies, highlighting his profound expertise in classical commentaries and the history of Chinese Confucian studies.

As a missionary, Legge referenced the Han and Tang commentaries when translating core religious concepts, flexibly incorporating them into his explanations. He leaned towards the Han and Tang commentaries rather than Zhu Xi's interpretations in his choice of explanations, because he aimed to present his own perspective and adapt to Chinese cultural traditions during the translation process. He selected the most appropriate interpretation based on the context, avoiding direct use of Christian interpretations to minimize controversy. Additionally, he occasionally obscured Zhu Xi's explanations and chooses simpler explanations focused on the literal meanings of words from the Han and Tang commentaries to avoid conflicting with Cheng-Zhu Neo-Confucianism.

There are four reasons for Legge's citation of various commentaries throughout history. Firstly, during the Ming and Qing Dynasties, Christian missionaries favored Zhu Xi's interpretations as they aligned with Christian theological concepts and philosophical systems. Legge continued this tradition by referencing Zhu Xi's commentary in his translated texts, but he goes beyond Zhu Xi and explores new research areas, introducing Han and Tang Dynasty scholarly traditions related to the Four Books. He also recognized the importance and authority of the official classics of the Han Dynasty.

Secondly, the academic atmosphere of late Qing China exhibited a blending and adoption of Han and Song studies. Legge maintained a neutral stance toward this academic climate, appreciating both Zhu Xi's influence and the criticisms raised by some Qing scholars. This open and inclusive scholarly environment allows him to critically incorporate different perspectives and provide specific annotations through an analysis of particular issues.

Thirdly, in the West, the development of natural sciences facilitated the rise of empirical research methodologies, which had an impact on Sinology. As a Sinologist educated in the Western elite tradition, Legge inherited this empirical approach, focusing on textual and linguistic studies and incorporating multiple commentaries to provide diverse reference points.

Fourthly, Wang Tao (王韬) played an important role as one of Legge's key assistants in translating *The Chinese Classics*. Wang Tao assisted in collecting materials, translating, and proofreading. With a moderate attitude towards the controversies within the exegetical schools, Wang Tao's interactions with Legge influenced Legge's translation style and material selection. Legge cited commentaries from the Han, Tang, and Song Dynasties, without favoring any particular school, but rather selecting interpretations that align with his own understanding for use in the translation work.

In summary, during the late Qing Dynasty and modern transformation period, James Legge incorporated Han and Tang commentaries and annotations into his translation of *The Chinese Classics*, reflecting his efforts to adapt to Chinese traditional culture and integrate Christianity with Chinese commentaries.

This article compares and analyzes the characteristics of the Han and Tang commentaries cited by Legge in terms of form, preference, and understanding, and explores whether these characteristics are reflected in other translations of classical works. Legge adhered to an academic translation strategy, extensively incorporating commentaries from various periods in Chinese history. This approach was influenced not only by the missionary tradition of scripture translation but also by the academic atmosphere of late Qing China and the West. His method of selecting and reconciling Chinese traditional commentaries was instructive, not only for cross-cultural communication but also for interreligious exchange and cultural interchange between China and the West.

An Introduction to Zhu Xi's Works Complied by Jeongjo of Joseon Dynasty

Yuan Cheng　Zhang Xu

Wuxi Institute of Technology

Korean king Jeongjo (1776—1800) of the Joseon Dynasty promoted a literary reform movement, taking "honoring Zhu Xi" as the banner, which led to the prosperity of zhuzi literature. *Seokmok Pyollam* is an official bibliographic catalogue of the Joseon era that records many books compiled by Emperor Jeongjo, including a considerable number of Zhuzi literature. Emperor Jeongjo had reviewed and sorted out the Zhuzi literature he had edited, including *Zhu Shu Huixuan* and *Zhuzi Huitong*, but it is not certain whether the *Zhu Shu Ge Ti* was completed. He also planned to compile a "complete book" of Zhuzi literature, but failed to do so due to the late planning.

Seokmok Pyollam records six collections of Zhu Xi' poetry and prose and three collections of Du Fu and Lu You. Among the six collections of Zhu Xi's poetry and prose, two have been lost. The book was written between 1774 and 1799, and the existing versions include manuscripts kept in Gyujanggak, printed editions from the seventh year of Emperor Cheoljong, manuscripts kept in the Toyo Bunko, movable type from the year Dingyou, a printed edition from the first year of Emperor Sunjo, and movable type from the year Renyin. The compilation of these documents is related to Yi San's reverence for Zhu Xi. Yi San's admiration for Du Fu and Lu You may partly stem from Zhu Xi's affirmation of them.

Zhuzi Huixuan is preserved in the Gyujanggak. It was compiled by Xu Mingying, a guest of Li San, in the 50th year of King Yeongjo (1774). The book follows the style of the *Zhuzi Daquan* and includes various genres such as Zhu Xi's poems. There are also special treatments of Zhu Xi's books by Li Huang and Zheng Jingshi, as well as the external editions of Zhu Xi's poems and prose. Currently, there are 48 volumes and 40 copies of the manuscript, with single borders on all sides, 18 characters per line.

Liangxian Chuanxinlu is preserved in the Gyujanggak. It was compiled by Li San in the 50th year of King Yeongjo (1774) as an anthology of poems and prose by Zhu Xi and Song Siyeol. The first four volumes contain Zhu Xi's poems and prose, while the last four volumes contain those of Song Siyeol. The appendix includes biographies of the two sages. Currently, only the manuscript of the appendix, consisting of two volumes and one booklet, remains in the Gyujanggak, while a handwritten copy of the eight-volume *Liangxian Chuanxinlu* is held in the library of Aichi University in Japan. No printed copy was made during the reign of King Jeongjo. The eight-volume, four-booklet printed edition from the seventh year of King Cheoljong (1856) does not include the appendix. There is some controversy as to whether the printed edition from the reign of King Cheoljong is a reprint.

Ziyangzi Huiying is preserved in the Toyo Bunko in Japan. It was compiled by Li San in the 51st year of King Yeongjo (1775), categorized by themes. The current version consists of six volumes and six booklets. The first four booklets are extracted from the *Zhuzi Shu Jieyao*, while the last two booklets contain other literary forms besides letters. The "three volumes" or "three booklets" recorded in *Seokmok Pyollam* might refer to the original version before the change in style, which had not yet become a definitive edition at that time.

Zhuzi Xuantong has been lost. It was compiled by Li San in the fifth year of King Jeongjo (1781) by selecting from the *Zhuzi Daquan* and *Zhuzi Yulei*. It was not divided into volumes but copied into three booklets, with similar divisions to *Yuzuan Zhuzi Quanshu* of the Kangxi era. References to "three copies" or "three volumes" in documents such as *Xi Xu Shumu Caoben* likely refer to the number of booklets. As there are no extant copies today, it is difficult to conduct detailed research.

Zhu Shu Baixuan exists in the world. It was compiled by Li San in the eighteenth year of King Jeongjo (1794), selecting one hundred letters written by Zhu Xi and adding annotations. The book was first printed and distributed using the Dingyou movable type, and later reprinted by local and cabinet, spreading widely. The Dingyou character version has a title page label and table of contents, with marginal notes, but the later reprint editions removed the marginal notes. There are also three sets of woodblocks for the *Zhu Shu Baixuan* in Hunan, Lingnan, and Kansai. In recent times, there were still reprint editions in Daegu and Jeonju.

Wuzi Shouquan exists and was created in the 22nd year of King Jeongjo (1798) as an "imperially ordered" book. This book excerpts sentences from the works of the Five Masters of the Song Dynasty and belongs to the *Sibu Shouquan* series. King Jeongjo read the articles of the Five Masters of the Song Dynasty and others, and collected his hand-circled comments to form the *Sibu*

Shouquan. According to statistics, this book excerpted multiple contents from many works of Zhou Dunyi and others. The Kyujanggak Archive holds various manuscripts of the *Sibu Shouquan* from the period of King Jeongjo, among which the part related to Zhu Xi is called *Zhu Wen Shouquan*. The engraved version of *Sibu Shouquan* was published in the first year of King Sunjo (1801). This book has double borders on all sides, a general table of contents, and a title page label, including the contents of the classics, history, philosophy, and literature.

Ya Song exists and was created in the 23rd year of King Jeongjo (1799) as an "imperially ordered" book. King Jeongjo selected and compiled the poems of Zhu Xi to form this book, which was first printed using the Imjin movable type and later reprinted and stored internally. This book has no colophon and contains various literary styles, with differences in the number of chapters.

Zhuzi Shu Jieyue has been lost. It was also an "imperially ordered" book in the 24th year of King Jeongjo (1800). The compilation of this book took many years and was revised by many people. It extensively excerpted from *Zhuzi Daquan* and *Zhuzi Yulei*, and may have referred to the Kangxi's *Yuzuan Zhuzi Quanshu*. Nowadays, no copies of it have been found.

"Cultivating Moral Character and Helping Others": Study on *Collected Interpretations of the Analects* by Yasui Sokken

Xie Yingmin

Advanced Institute for Confucian Studies, Shandong University

Yasui Sokken (安井息轩) lived in the period of modern Japanese transformation from the end of the Tokugawa shogunate to the Meiji

Restoration, and had profound insights into the political and cultural changes inside and outside Japan. He often regarded himself as a "Confucian."

Yasui criticized Zhu Xi's official academic tradition inwardly, believing that knowledge must traverse ancient and modern times, and should particularly focus on annotations promoted by Han and Tang studies rather than indulging in the emptiness and confinement of Neo Confucianism. Externally, he opposed the social mentality of blindly worshiping Western countries, thus fiercely criticizing the Christianity that was widely spread in Japan at that time. The academic origin of Yasui Sokken is inherited from ancient school system upheld by his father Yasui Sochu (安井沧洲).

The book *Collected Interpretations of the Analects* (《论语集说》, also *Rongoshusetsu*) is one of Yasui Sokken's most diligent classics, which repeatedly chews on the meaning of *The Analects of Confucius* (《论语》, also *The Analects* or *Lunyu*) to explore Confucian principles. It is something that Yasui had been dedicated to throughout his life.

The purpose of Yasui Sokken's study of Confucian classics is to cultivate moral character and help others. Yasui believed that *The Analects of Confucius* was based on various classics of *Book of Changes* (《易》, also *Yijing* or *I Ching*), *Classic of History* (《书》, also *Shangshu* or *Shujing*), and *Book of Songs* (《诗》), and was a masterpiece of the teachings of sages. He was greatly influenced in the process of transformation from "Zhuzixue (朱子学, Zhu Xi Studies, known as Shushigaku in Japan)" to "Guxue (古学)," and his academic methods were biased towards the latter. More importantly, Yasui was not confined to the boundaries of Han and Song studies and proposed a series of highly enlightening insights. In *The Analects of Confucius*, he underscored the practical use of classics, believing that the essence of the "path of sages" or Confucian orthodoxy was to "cultivate one's moral character and ensure the well-being of the people." The purpose of the saying "good scholar will make an official" is not to be an official itself, but to ensure the well-being of the people.

Collected Interpretations of the Analects is not simply a compilation of interpretations, but more importantly, Yasui Sokken attached his own notes after various annotations, including a balance of the previous cited annotations, as well as his unique understanding of the chapters and sentences in *The Analects of Confucius*. In addition, the notes also have excellent proofreading achievements.

Yasui Sokken laid emphasis on the author of *The Analects of Confucius*, as he believed it was related to the nature of the book. He argued that the book was a classic work because it recorded the words and actions of both the sage Confucius and his disciples, reflecting the moral and ethical teachings of Confucius as well as the interactions and learning of his disciples. Therefore, *The Analects of Confucius* should not be seen solely as the work of one or a few individuals. Yasui gave the concept of "editors" and believed in a group of "editors" who were disciples of Confucius known as the Seventy Disciples. The role of the "editors" was to unify and organize the sayings of Confucius, providing coherence and internal consistency. The notion of the editors encompasses their subtle "principles" of arranging similar contents in order to clarify the main purpose of each chapter.

One of Yasui's contributions lies in revealing the existence of the editors and proposing a new perspective for interpreting *The Analects of Confucius*. He suggested that when these works of "quotation style (语录体)" were compiled together, they exhibited certain commonalities, which often implied the deep anxieties of the Confucian scholars about the decline of political situation and social order, as well as their attempt to reconstruct a moral order. The arrangement of the sayings and narratives between Confucius and his disciples by the editors not only enhances the clarity of the content of *The Analects of Confucius* but also expands the interpretation possibilities for scholars.

In addition to exploring the understanding and original meaning of *The Analects of Confucius* from the perspective of the editors, it was also regarded by Yasui as a separate and self-contained text, focusing on summarizing some literary examples and terminology in *The Analects of Confucius* to aid in understanding its content. Yasui excels at making analogies and cross-references among the various chapters of the Analects, "interpreting *The Analects* with *The Analects*." Under this concept, Yasui's *Collected Interpretations of the Analects* often combined relevant chapters to observe the essence of a single chapter. By doing so, the image of Confucius, his disciples, and the depth of their conversations in the Analects became more evident.

Yasui Sokken lived during the transitional period from the Edo to Meiji era in Japan, where traditional Confucianism was shifting from the dominant "Zhuzixue" endorsed by the government towards the "Guxue pai(古学派)" which emphasized using of ancient classics to annotate texts. This era also saw the influence of Western learning entering Japan. Yasui's principle of scholarship was to combine "Zhuzixue" with "Guxue pai," aiming to surpass the Han and Song studies and revive Confucianism. He sought to go beyond the mere acquisition of textual knowledge and emphasized the application of learning for the betterment of society, aligning with the Confucian ideals of self-cultivation and benefiting others. This approach aimed to reintegrate Confucianism into the contemporary Japanese society of that time.

In summary, *Collected Interpretations of the Analects* by Yasui Sokken gathered various theories and ultimately led to Yasui's own exploration and judgment of the meaning of the texts. He was good at exploring the meaning from subtle aspects and proposing that "editors" integrate chapters and seek appropriate explanations in the previous and next chapters, highlighting the connections within them instead. At the same time, Yasui was adept at using the method of "interpreting *The Analects* with *The Analects*" to compare similar chapters and sentences in *The Analects of Confucius*, making their scripture meanings self-evident. He attached great importance to the practical part of Confucianism, attempting to establish an interpretation that transcends the Han and Song studies. Finally, there is still value for further exploration of the influence of textology in the Qing Dynasty on Japanese scholars regarding the book *Collected Interpretations of the Analects*.

Study on the Value of *Yuzhu Baodian* in the Collection and Collation of Liu Zhen's Works

Xu Chuanwu　Yan Suhao

Advanced Institute for Confucian Studies, Shandong University

The works of Liu Zhen (刘桢) are limited, scattered and lost, with only six surviving fragments. Modern scholars have edited and collated Liu Zhen's collection, with particular importance given to the editing and collation of *Yuzhu Baodian* (《玉烛宝典》). This paper examines the value of *Yuzhu Baodian* in the compilation and proofreading of Liu Zhen's collection.

Firstly, *Yuzhu Baodian* has been relatively underutilized in the compilation and collation of Liu Zhen's works. The book had limited circulation and suffered from errors until it was engraved by Yang Shoujing (杨守敬) and others in the 10th year of the Guangxu period of the Qing Dynasty (1840). It was then widely used by domestic scholars for research and collation. The *Guyi Congshu* (《古逸丛书》) edition became the only extensively used fine edition for a long time, exerting a profound influence on the compilation of literature. Additionally, Yoda Riyou (依田利用) conducted meticulous collation work in *Yuzhu Baodian*, which was not seen by Yang Shoujing and others. The use of the *Guyi Congshu* edition of *Yuzhu Baodian* for collation and compilation of Liu Zhen's poetry and prose began with Yu Shaochu (俞绍初)'s compilation and collation of *Collected Works of the Seven Masters of the Jian'an Era* (《建安七子集》). *Yuzhu Baodian* itself has the nature of an almanac and exhibits a clear bias in the selection of Liu Zhen's poetry and prose, focusing mostly on folklore and seasonal aspects. The most recent editions have incorporated new materials, including Japan saved classics like the *Wen Jing Mi Fu Lun* (《文镜秘府论》) and *Yuzhu Baodian*, making the compilation more comprehensive and systematic. However, it should be noted that *Yuzhu Baodian* is not a conventional encyclopedia-style book but is influenced by the annotations and interpretations of the Southern and Northern Dynasties, possessing a unique explanatory structure and presentation method. In Liu Zhen's works, the sentences preserved in *Yuzhu Baodian* should be understood within their continuous context.

Secondly, *Yuzhu Baodian* provides important insights for the supplement to Liu Zhenji's compilation. Although scholars generally agree on using newly discovered precious books like *Yuzhu Baodian* to collect lost texts and sentences, there is a tendency to be conservative in the work of compilation, which hinders its perfection. Ma Guohan (马国翰)'s edition, *Yuhanshanfang Ji Yishu* (《玉函山房辑佚书》, *The Yuhanshanfang Collection of Fragments of Lost Books*), provides beneficial supplements to *Maoshi Yiwen* (《毛诗义问》), but Ma Guohan did not have access to a printed version of *Yuzhu Baodian*, resulting in incomplete inclusion of certain literature. Currently, the compilation of *Maoshi Yiwen* still relies on Ma Guohan's *Yuhanshanfang Ji Yishu* as the base text and does not incorporate new materials. This indicates that the fragmented verses of *Maoshi Yiwen* in *Yuzhu Baodian* have not been completely compiled and adopted. This is related to the emphasis placed by editors and scholars on poetry and their disregard for treatises. Such a mindset prevalent among ancient scholars held that literary collections only included poetry, Fu (赋),

memorial inscriptions, etc., and did not encompass discussions on matters related to canonical texts. Through analysis and verification, it is evident that *Yuzhu Baodian* itself remains unaltered in terms of quoting original texts and adjusting citation formats, thereby better reflecting the appearance of the original texts. In comparison, later works like *Beitang Shuchao* (《北堂书钞》) made varying degrees of alterations to the original texts, resulting in slightly less accuracy. It should be noted that there are still significant gaps in *Maoshi Yiwen*, and further improvements are required in the work of compilation and restoration.

Thirdly, *Yuzhu Baodian* plays an important role in referring the actual author of the *Jingkou Ji* (《京口记》). The authorship of *Jingkou Ji* has long been misattributed to Liu Zhen. However, evidence provided in *Yuzhu Baodian* indicates that the true author should be Liu Sun (刘损), not Liu Zhen. Confusion between the names "Liu Zhen" and "Liu Sun" in the literature has led to the recurring error of "Liu Zhen's *Jingkou Ji*" in works such as *Yiwen Leiju* (《艺文类聚》), *Taiping Huanyu Ji* (《太平寰宇记》, Universal Geography of the Taiping Era), *Taiping Yulan* (《太平御览》, Imperial overview from the Taiping), and *Beitang Shuchao*. The example in the *Yuzhu Baodian* where "Liu Zhen" is mistakenly written as "Liu Sun" reflects an error that occurred at least in the Sonkeikaku (尊经阁) edition which was written from the third year of Kahou era (1096) to the fourth year of the Jouwa era (1349) in Japan. As the ancestral version of existing copies, the Sonkeikaku edition is meticulously transcribed, and its errors likely stem from even older copies, possibly dating back to the Wu Zetian era. Thus, the myth of "Liu Zhen's *Jingkou Ji*" is finally solved: It was neither an avoidance of Emperor Renzong's name, as stated in Kong Guangtao (孔广陶)'s proofreading of *Beitang Shuchao*, nor a mistake between the characters "Sun (损)" and "Zhen (桢)," as claimed by Liu Wenqi (刘文淇). Instead, it represents a typical case of shape confusion and the differentiation of error characters occurred very early.

In summary, since the late Qing Dynasty, the use of Japan collected Chinese literature for collecting and proofreading has become a major trend in modern academia. The excavation of citation materials such as *Yuzhu Baodian* showcases the unique version value of Japan collected Chinese classics. However, there are many unresolved regrets in the different editions of the *Collection of Liu Zhen* (《刘桢集》), which reminds us that we have not fully utilized Japan collected Chinese literature such as *Yuzhu Baodian*. Especially, the long-term dependence on *Guyi Congshu* has led to almost neglect of ancient manuscripts and related academic information, which is very regrettable. Liu Zhen's works are rare and fragmented with errors of substitution, making it difficult to read them in their entirety.

From a macro perspective, there is no doubt that *Yuzhu Baodian* has made great contributions to Jian'an literature, especially in terms of compilation and proofreading. However, these materials have not yet been effectively utilized, and there is an urgent need for knowledgeable individuals to further explore and organize them.

A Brief Discussion on the Collection and Utilization of Chinese Ancient Books in Japan

Wang Xiaojing

Advanced Institute for Confucian Studies, Shandong University

In recent decades, significant progress has been made in the research of Chinese ancient books preserved in Japan, including literature surveys, cataloging, photocopying, compilation, and study. Japan is known for preserving the largest quantity and highest quality of Chinese ancient books outside of

China. This article explores the dissemination and collection of Chinese ancient books stored in Japan, as well as the compilation and utilization of catalogs of these works.

Firstly, the term "日藏汉籍" in this paper specifically refers to a narrow range of meaning. According to Kanda Nobuo(神田信夫), Japanese use this term to refer to books written in Chinese by Chinese authors from ancient times until the end of the Qing Dynasty in the early 20th century, essentially equivalent to "Chinese ancient books."

The introduction of Chinese books into Japan has been a lengthy process influenced by factors such as culture, geography, diplomacy, and trade. The earliest recorded instances can be traced back to Sima Qian(司马迁)'s *Shiji* (《史记》, also *Historical Records* or *Records of the Grand Historian*) during the Western Han Dynasty and Ouyang Xiu(欧阳修)'s "The Song of Japanese Swords(《日本刀歌》)" in the Song Dynasty. During the Sui and Tang periods, Japan dispatched missions to China to seek classical texts and took back many to Japan. From the Song Dynasty onward, personal exchanges between Buddhist monks and merchants continued, with their purchases, transcriptions, and transport of Chinese books to Japan being documented and cataloged.

Over time, although official interactions between China and Japan were interrupted, cultural exchanges, woodblock printing, and trade facilitated the significant transmission of Chinese books to Japan. These books were transported via merchant ships and were transcribed and printed in Japan. The Gozanban (五山版)is a famous example, which imitated the engraving methods of five Buddhist temples in the Southern Song Dynasty for publishing Zen Buddhism and exoteric scriptures. In the early 20th century, Japan conducted large-scale acquisitions, such as the purchase of Lu Xinyuan(陆心源)'s collection by Seikado Bunko(静嘉堂文库) of Mitsubishi Group. It is estimated that Japan currently possesses around 100000 types of Chinese ancient books, totaling approximately 5 million volumes. Over 300 institutions in Japan are involved in these collections.

The preservation of Chinese classics in Japanese libraries holds significant importance. It preserves Chinese books that have been lost or destroyed within China and versions of Chinese books that are no longer extant in China resulted from wars, natural decay, and shifts in academic trends. During the late Qing and early Republican eras, many Chinese scholars and officials traveled to Japan to purchase, transcribe, or reproduce lost Chinese books. Yang Shoujing (杨守敬) was one important figure in this regard, as he acquired a substantial number of precious ancient books through his exchanges with Japanese scholar Mori Risshi (森立之) and brought them back to China for publication. The dissemination of Japanese books in Chinese language in China is also a related topic. Overall, the preservation of Chinese ancient books in Japan has played a positive role in recovering lost Chinese classics.

Not only does the collection of Chinese books from overseas include lost works in China, but it also encompasses lost versions of Chinese works. The introduction of Chinese books to Japan also involves different versions. Some books still exist within China, but early editions or printings may have been lost, while Japan and other places still retain these versions. Japanese scholar Yamanoi Tei (山井鼎) paid special attention to the significance of lost Chinese editions when proofreading at Ashikaga School, documenting them as valuable references for future research.

Indeed, besides the rarity of editions, deeper research into Chinese ancient books preserved in Japan involves studying their text and content. Specific collation and comparative work are needed to explore the value and issues addressed by these lost books and editions.

To access Chinese books held in Japan, first one should learn about the collecting institutions such as the National Archives of Japan (Cabinet

Library), the Imperial Household Agency Shoryobu, and the Institute for Advanced Studies on Asia at the University of Tokyo. Then utilize Japanese catalogues of Chinese books to search for relevant literature. By consulting these catalogs, you can gain a comprehensive understanding of the collection and conduct in-depth research.

Understanding the evolution of the book collection institutions and the relationships between the catalogues is crucial for a dynamic examination of the books. For example, the Chinese books in the Cabinet Library can be traced back to the Momijiyama Bunko(红叶山文库) or Shōheizaka Gakumonjo(昌平坂学问所), etc., and the holdings of the Imperial Household Agency Shoryobu also include materials from these sources. The books from the Ashikaga School are preserved in the school itself, while those from the Kanazawa Bunko(金泽文库) have been scattered to other places, such as Shoryobu of the Ministry of the Imperial Household and Seikado Bunko. Comprehensive utilization of knowledge about the history of the book collection institutions, relationships between the catalogues, and materials related to book transfers can cover various fields including cataloging, bibliology, and textual criticism.

Finally, to understand the terminology commonly used in bibliography in Japan (comparable to classical philology in China), one can refer to reference books like works by Nagasawa Kiyoshi(长泽规矩也).

The Block-Printing and Overseas Preservation of Books Printed by the Taiping Heavenly Kingdom

Wu Wenjie

Advanced Institute for Confucian Studies, Shandong University

Books printed by the Taiping Heavenly Kingdom refer to the books officially compiled and printed during the period of the Taiping Heavenly Kingdom regime. These books mainly include 29 types from "Zhi zhun ban xing zhao shu zong mu（旨准颁行诏书总目）" and 12 types that are not included in "Zhi zhun ban xing zhao shu zong mu," possessing both cultural and historical value. Due to the destruction of most books within China after the failure of the Taiping Heavenly Kingdom, the preserved copies overseas have become the main source for researching the Taiping Heavenly Kingdom.

Book printing of Taiping Heavenly Kingdom was conducted under strict regulations. The government monopolized the entire process and prohibited private printing. Each book had to be approved by the Heavenly King Hong Xiuquan（洪秀全）before official publication, with the Heavenly King's seal imprinted on them. Before 1853, there was no strict approval system in place, but afterward, an officially authorized system was implemented and the printing catalogue was updated annually. Various printing institutions were established, creating a systematic operation for the printing industry. The authors of Taiping Heavenly Kingdom books were primarily Hong Xiuquan, Feng Yunshan（冯云山）, Hong Renkan（洪仁玕）, and other top decision-makers and some civil officials. The names of craftsmen were not signed during the printing process, which differed from traditional practices.

The Taiping Heavenly Kingdom established six major printing institutions: the Imperial Edict Office（诏书衙）, the Decree Office（诏命衙）, the Engraving Office/Camp（镌刻衙/营）, the Editing Office（删书衙）, the Printing Office（刷书衙）, and the Proclamation Office（宣诏衙）. These institutions were responsible for compiling, proofreading, engraving, editing, printing, and distributing official documents and books of the Taiping Heavenly Kingdom. They played an important role in managing and promoting the printing activities during the period of the Taiping Heavenly Kingdom's regime.

When determining the characteristics of editions printed by the Taiping

Heavenly Kingdom, several aspects can be noted. Firstly, the cover and the imprint on the first scroll: Some printed books have a distinction between the initial engraving and subsequent printings, where the time engraved on the cover usually represents the initial engraving time, even if it underwent reprints, the time on the imprint in the first scroll remained unchanged. Secondly, the color of the inner cover and the "Zhi zhun ban xing zhao shu zong mu" in the front of the book: early editions of Taiping Heavenly Kingdom books often had red covers and did not include "Zhi zhun ban xing zhao shu zong mu," while later reprinted books mostly used yellow covers and added "Zhi zhun ban xing zhao shu zong mu." By considering the color of the cover paper and the presence or absence of "Zhi zhun ban xing zhao shu zong mu," the order of book printing can be determined. Furthermore, attention should be paid to the differences in the listed book titles in the appendix: by comparing the listed book titles in the appendix "Zhi zhun ban xing zhao shu zong mu," the printing order of books can be determined. Lastly, consider the supplements and revisions in the books: some printed books have additions and revisions, such as modifying titles or deleting content. When determining the publication year of the Taiping Heavenly Kingdom printed books, it is important not to solely rely on the engraved year in the inner cover but to conduct a comprehensive assessment based on the book's content. The revisions behind the revisions often signify significant historical events, which deserve further in-depth research.

During the establishment of the Taiping Heavenly Kingdom, missionaries and diplomats from various European countries visited and received a large number of printed books. Some national libraries, such as the British Library, Bibliothèque municipale d'Angoulême in France, and the Bodleian Libraries at the University of Oxford, have books printed by the Taiping Heavenly Kingdom. Some of these books were taken to their respective countries by foreigners. The overseas preservation of these books was first noted in 1877, the third year of Guangxu era, Qing Dynasty. The Chinese version of *Shincho zenshi* (*Complete History of the Qing Dynasty*) published in 1915 mentioned for the first time the returning of books printed by Taiping Heavenly Kingdom books from abroad.

Since the beginning of the reform and opening-up, an increasing number of Chinese scholars have ventured abroad to search for books printed by the Taiping Heavenly Kingdom. Wang Qingcheng（王庆成）is one of them. Starting from the 1980s, he traveled to libraries in the United Kingdom, United States, France, Germany, the Netherlands, Russia, Hong Kong, Taipei, and other places in search of Taiping Heavenly Kingdom printed books, acquiring a large number of them. Recently, he discovered two significant books, *Tianfu Shengzhi* (《天父圣旨》) and *Tianxiong Shengzhi* (《天兄圣旨》) at the British Library. This discovery is of great significance and provides new materials for the study of the history of the Taiping Heavenly Kingdom.

Currently, books printed by Taiping Heavenly Kingdom are distributed worldwide, with Europe having the most abundant collection. The most comprehensive collection is held in the United Kingdom, with important institutions like the British Library, Cambridge University Library and Bodleian Libraries at Oxford University. France, Germany, the Netherlands and Russia also have a considerable number of Taiping Heavenly Kingdom publications.

Books printed by Taiping Heavenly Kingdom are relatively limited in other regions such as North America and Oceania. The Library of Congress in the United States has collected 11 types, including calendars, imperial edicts, rituals, and enlightening readers. Additionally, the New York Public Library is reportedly in possession of approximately 19 volumes, although further investigation is needed to confirm this information. In 1961, the National Library of Australia acquired a collection of Chinese books from the London

Missionary Society, which included original documents of the Taiping Heavenly Kingdom.

Besides, Recently, the Tamazato Collection of Kagoshima University Library in Japan discovered three types of books printed by the Taiping Heavenly Kingdom, filling a gap in the discovery of those materials in East Asia except for China.

As the search continues, it is hoped that more attention will be given to whether more libraries and museums have collections of Taiping Heavenly Kingdom printed books. This would facilitate their protection and enable their value to be effectively showcased. Many of those books had been given as gifts to foreign envoys and are currently held in public cultural institutions or by individuals. It is hoped that they will be brought to public view again in the future.

Revisiting the Value of *Nanqianlu* in the University of British Columbia Library, Canada

Huang Wan

Advanced Institute for Confucian Studies, Shandong University

Nanqianlu(《南迁录》) is a work that chronicles the process of the capital of the Jin(金) Dynasty moving south from Yanjing to Kaifeng. Most existing versions are fragmented, but a complete version is held by the University of British Columbia (UBC) library, Canada. It was proofread and annotated by Li Wentian(李文田), who also added the suspect lack of words in the text. While the book has been identified in the academia as a book of dubious authenticity actually written by someone from Song Dynasty, Li Wentian's meticulous editing and completion have bestowed it with enduring value. Therefore, the question of whether *Nanqianlu* has no value at all deserves further discussion.

The edition of *Nanqianlu* in UBC Library possesses significant cultural and literary value. It is the only known well-preserved copy so far, featuring exquisite calligraphy, neat handwriting, and various book seals, prefaces, postscripts and annotations from multiple collectors. Li Wentian's corrections and supplements make it one of the most refined versions available. Furthermore, the annotations and postscript by Li Wentian found in this edition provide insights into his scholarly methods and academic interests, adding to its scholarly value. Despite being regarded as a book of dubious authenticity written by someone from Song Dynasty, Li Wentian believed that it still held certain historical value and proposed reassessing its significance for the study of conceptual history. Hence, the presence of this edition of *Nanqianlu* in the UBC library warrants a reevaluation of its worth.

Despite its well-recognized dubious authenticity, *Nanqianlu* still holds historical value. It records the rebellion led by Dabian（大辨）, King of Ai, at the City of Five States, which had some rumors at the time and left traces in other historical documents apart from *Nanqianlu*. Although there is no explicit mention of Ai Wang in *The History of Jin*（《金史》）, Li Wentian believed that we should not easily overlook the existence of Dabian the King of Ai, who could possibly be the third son of Yun Zhong（允中）the King of Gao, named Asimen（阿思懑）. *Nanqianlu* differs from the historical records and combines and confuses the record of the rebellions of Yun Dao（允蹈）the King of Zheng and Yun Zhong the King of Gao, mistakenly identifying the son of Yun Zhong as the son of Yun Dao. Despite this event being avoided in official historical records, it widely circulated among the common people and possibly became a slogan for popular rebellions. Although *Nanqianlu* exaggerates and fantasizes about Dabian's rebellion, even attributing the downfall of the Jin Dynasty to his revolt, its account still holds certain historical value.

Dabian's rebellion at the City of Five States had rumors at the time and appeared in other historical documents. Although not explicitly recorded in official historical records, we should not overlook his existence. Despite the exaggeration of Dabian's rebellion, the account in *Nanqianlu* still has historical value as it can be cross-referenced with other literature to supplement the gaps in official history. The rebellion caused troubles for the border regions of Jin Dynasty and also served as a catalyst for the Mongols' invasion from the south. Scholars such as Huang Pilie(黄丕烈), Peng Yuanrui(彭元瑞), Li Wentian(李文田), Zhou Shutao(周叔弢), etc., have provided annotations to *Nanqianlu*, suggesting that it is not entirely fictional and has some historical and literary value.

Nanqianlu reflects the concept of home and country among the people of the Song Dynasty. Although considered to be unauthentic, the events described in the book are not entirely fictional. Written from the perspective of the Jin Dynasty, *Nanqianlu* chronicles the history of the Mongol invasion and conveys the views of the Song people. Firstly, it blames the downfall of Northern Song on treacherous officials rather than the lack of virtue in the monarch, showing reverence for Emperor Huizong(宋徽宗). Secondly, the book attributes the failure of Southern Song's northern expedition to internal traitors, such as labeling Qin Hui(秦桧) as a spy of Jin Dynasty obstructing the northern expedition in the tone of the Jin people, aligning with the Song people's hatred for Qin Hui.

Moreover, *Nanqianlu* contains numerous fabricated facts that vilify the Jin Dynasty and attribute its troubles to retribution for the humiliation of the Jingkang Incident. For instance, it falsely refers to the mother of Emperor Zhangzong(金章宗)of Jin Dynasty as a woman from Zhao clan of the Song Dynasty and claims that the mother of Yun Dao the King of Zheng, who surrendered to the Jin, was one of Emperor Huizong's daughters. These claims are baseless.

While the depiction of the Jin Dynasty in *Nanqianlu* is unfair, its purpose is to vent the anger of the Song people and uphold their national dignity. The book embodies the strong desire of Song intellectuals to regain the lost territory and seek revenge. They aimed to express their political views through historical narratives and discussions, particularly regarding the shame of the Jingkang Incident. At that time, there was a surge of national sentiment in the Song Dynasty, with hopes of reclaiming the lost territory and overthrowing the Jin Dynasty. Although it is a fraudulent historical work, *Nanqianlu* reflects the historical context and emotions of the Song people at the time.

In summary, *Nanqianlu* is considered by most scholars to be unauthentic filled with errors and fictional content. Nevertheless, this book still holds some research value. From a historical perspective, it provides information about historical events such as the Rebellion of Dabian the King of Ai, which can help fill gaps in official historical records. Additionally, from the standpoint of intellectual history, analyzing the associations and imaginations of the people of the Song Dynasty within the book allows us to understand their attitudes towards a fallen nation, the Song-Jin relationship, and their political aspirations. Therefore, some historians and geographers use it as a research material, conducting textual criticism and annotations. Despite its fictional historical account, *Nanqianlu* possesses unique research significance, and its entire value cannot be simply dismissed by classifying it as a spurious book.

Overview of *The Catalogue of Youshilou Collection* by Yi Xueqing Collected in Canada

Jiang Sirui

Advanced Institute for Confucian Studies, Shandong University

The Catalogue of Youshilou Collection (《有是楼藏书目》) is a handwritten manuscript that is preserved in the library of the University of British Columbia. Each volume bears the inscriptions "Youshilou Shumu(有是楼书目)" and "Mugengtang Yishi Cangshu(目耕堂易氏藏书)," documenting the collections of Youshilou(有是楼) and Mugengtang(目耕堂). The compiler of the catalogue is Ruan Kuanran(阮宽然) from Xin Hui.

Yi Rongzhi(易容之, 1791—1854), the owner of Youshilou, was from Heshan, Guangdong Province, China. He was a wealthy merchant and an avid book collector who amassed numerous valuable editions. His tenth son, Yi Xueqing(易学清, 1841—1920), inherited his collection and organized it into *The Catalogue of Youshilou Collection*. The books were stored in Yi Xueqing's Mugengtang, a three-story building that preserved the collection.

However, over time, due to wars and economic reasons, the books in Youshilou gradually dispersed, with some being acquired by Lunming Xushulou(伦明续书楼), it is impossible to trace the whereabouts of Youshilou collection.

Yi Rongzhi and Yi Xueqing both had a passion for collecting books and were eager to lend them and share with fellow book enthusiasts. However, many valuable books in Yousilou collection did not survive to this day. Detailed information about Ruan Kuanran, the editor of *The Catalogue of Youshilou Collection*, is scarce in historical records. Although the catalogue contains several errors, it cannot overshadow its contribution to the preservation of Yousilou collection. Through Ruan Kuanran's editing, the originally scattered books in the collection are presented once again in a more complete catalogue form.

The Catalogue of Youshilou Collection is divided into five volumes, categorized into Classics(经), History(史), Philosophy(子), and Literature(集), referencing the descriptions in the *Siku Quanshu Zongmu Tiyao*(《四库全书总目提要》, also *The Annotated Catalogue of the Complete Imperial*

Library). It holds significant value for studying Yousilou collection and has influenced research on book collections in late Qing and early Republican China.

The Catalogue of Youshilou Collection includes 1044 books, with 109 in the Classics category, 169 in History, 471 in Philosophy, and 295 in Collected Works. The Yis particularly emphasized books in the Philosophy and Collected Works categories, reflecting their preference for these types of books and serving as a concrete manifestation of their personal and generational aspirations.

Yi Xueqing inherited the spirit of self-cultivation from his family's teachings and practiced the belief of governing the country and bringing peace to the world as a social elite. *The Catalogue of Youshilou Collection* reflects his choice to align with the times. A considerable portion of Yi Xueqing's collection came from his father, Yi Rongzhi, with a large number of works dedicated to various subjects, indicating his earnest expectations for future generations.

Yi Rongzhi showed great concern for strategies for governing, matters of benevolence and righteousness, and works by talented individuals. Strategies for governing recorded in *The Catalogue of Youshilou Collection* demonstrate Yi Rongzhi's care for future generations, hoping that they will be self-disciplined, upright, and loyal to the sovereign, and undertake the important task of cultivating oneself and establishing peace. The matters of benevolence and righteousness documented reflected Yi Rongzhi's courage, loyalty to the country and high expectations for his descendants in the catalogue. The books collected showcased the spirit of loyalty and filial piety, inheriting the values of faithfulness. Works by talented individuals in the collection reflect the importance placed on anthologies. The existing anthologies, whether in terms of basic title and author information or summaries describing their origins and developments, provide valuable historical records due to their proximity to the history.

As the inheritor of Youshilou, Yi Xueqing inherited his father's tradition of collecting books while also embracing changes in the era and personal thoughts. He had amassed a collection of medical books to fulfill the role of a "healer" and had also collected books on maritime defense and overseas geography, which reflects his concern and attention to the current situation.

In conclusion, *The Catalogue of Youshilou Collection* not only reflects the reading preferences of the Yi family but also mirrors the collision between traditional traditions and innovative ideas of the time. As a book collector who witnessed the invasion of the West, Yixueqing still carried a strong mark of traditional gentry, yet he sought to save the country from peril in his own unique way, adhering to the ancient Confucian principles while pursuing a solution.

A Study on Chinese Ancient Books Collected in the East Asian Common Culture Academy and Aichi University, Japan

Song Xiaochen

Advanced Institute for Confucian Studies, Shandong University

Based on the archives held by Japan Center for Asian Historical Records and the currently available catalogue of Chinese ancient books collected in Aichi University, this article briefly describes the source, characteristics, and value of the Chinese ancient books housed in Aichi University Library.

Aichi University traces its roots back to the East Asia Common Culture Academy(东亚同文书院), founded in Nanjing in 1900 and later relocated to Shanghai. The academy aimed to teach practical scholarship, cultivate Chinese, Japanese, and English talents, consolidating the foundation of China and strengthening the Sino-Japanese friendship. Over 45 years of development, including Chinese ancient books, the total collection of Chinese books reached 255084 volumes. However, existing records indicate that during the Japanese occupation of Qingdao in 1914, Viscount Makino Shinken(牧野伸显), the president of the founding organization of the academy, assisted the Japanese army in carrying out large-scale cultural plunder, seizing around 40000 volumes of German and Chinese books, which were then distributed among Japanese government institutions and schools.

In early 1938, when the Japanese army invaded Shanghai, most of the books of the East Asian Common Culture Academy were lost in the fire. The principal, Ouchi Chouzou(大内畅三), raised funds to purchase new books and received donations from resident groups and the Libraries of South Manchuria Railway, gradually restoring the collection scale. However, in early December 1937, on the eve of the occupation of Nanjing, the espionage agency organized the so-called "Committee for the Reception of Books and Documents in the Occupied Areas," recruiting teachers and students from the East Asia Common Culture Academy, and looting ancient literature in Nanjing, including 420000 Chinese ancient books, covering important historical, political, economic and military literature, and rare book series. The Japanese army took the essence to Japan, but did not return it in full to China after the war, which became a legacy issue of the war. Before Japan's defeat in 1945, the Chinese ancient collections in the East Asia Common Culture Academy included Zhao Liewen collection, the chronicles of Chinese prefectures and counties, etc. Some valuable books were taken to Japan in 1938 and managed by the East Asia Common Culture Association, while the rest may have been taken over by the government of the Republic of China or their whereabouts are unknown. It is difficult to determine the specific origins of book collections.

Aichi University Library houses approximately 3800 Chinese ancient books, some of which have not been organized or included in the database or catalogue. The library previously classified its Chinese books based on the categorization system developed by the Institute of Oriental Studies, Kyoto University, and published the *Catalogue of Chinese Ancient Books in Aichi University* (《爱知大学汉籍分类目录》) in 1960. However, this old catalogue differs from the standard practices of cataloging ancient books in China.

Firstly, Aichi University includes a significant number of Chinese books published after 1912 and Chinese-language works written by Japanese authors as "Hanji," which is different from the practice in China. Secondly, the old catalogue lacks detailed descriptions of stylistic rules and layout, such as not recording the binding styles, engraving techniques, and does not provide AD dating. Additionally, the old catalogue uses the names "Datong(大同)" and "Kangde(康德)," which were fictitious era names used during the Manchukuo period, to indicate publication dates.

It is hoped that the Global Collaboration Project for Chinese Rare Book Consolidation will pay attention to the Chinese ancient books held in Aichi University Library and collaborate with Japan to create a more detailed catalogue. This would reflect the actual situation and clarify the relationships between different collections of Chinese ancient books.

The collection of Chinese ancient books in Aichi University Library is mainly distributed in five libraries, including the Kazan Collection, Kansai Collection, Tani Collection, Sato Collection, and Ogawa Collection. Among them, Kazan Collection mainly focuses on political system examination, geographical chronicle research, and historical archives; Kansai Collection is a collection of old books by Ogura Masatsune(小仓正恒), specializing in the Chinese and Japanese study of Du Fu poetry; Tani Collection is collected by former professor Tani Mitsutaka(谷光隆) and mostly contains information on the history of horse administration, institutional systems, and river engineering during the Ming Dynasty; Sato Collection is a personal collection of books by Professor Sato Kyogen(佐藤匡玄), mainly focusing on the collection of classic Confucian writings; Ogawa Collection mainly focuses on the study of Tang poetry and basic literature on Chinese studies. The number of Chinese books stored in these libraries varies, and there are some differences and deficiencies in the way the directory is compiled.

The current catalogue of Chinese ancient books lacks clear distinction and detailed description, which cannot accurately reflect the real situation. But Aichi University adheres to a friendly policy towards China and has established extensive cooperative relationships with the Chinese academic community, laying the foundation for research on Chinese studies in Japan. However, due to the lack of a detailed collection catalogue and on-site verification, there is no definite confirmation of the number of books collected by the East Asian Common Culture Academy accepted by Aichi University. The global integration of Chinese and Chinese is expected to answer these questions.

Overview of the Chinese Ancient Books Collected in SOAS Library and Inalco Library

Xu Qiaoyue[1]　Gao Jiahua[2]

[1] Department of Chinese Language and Literature, Sun Yat-sen University
[2] School of Literature and Journalism, Shandong University of Technology

The Library of the School of Oriental and African Studies (SOAS), University of London, is an important institution in the UK for Chinese books and Chinese ancient book collections. It houses approximately 100000 volumes of Chinese books, including general Chinese collections and special collections, according to the *Compilation of Overseas Sinology Resources Survey* (《海外汉

学资源调查录》) edited by Wang Yanqiu（汪雁秋）. The library offers open-shelf access and appointment-based reading services. It has received private donations from missionaries like Robert Morrison（马礼逊）, as well as contributions from British scholars such as Reginald Fleming Johnston（庄士敦）, George Ernest Morrison（莫理循）, Henry McAleavy, and Evangeline Dora Edwards. Additionally, a significant number of Chinese books have been acquired through government funding.

The Library of the Institut national des langues et civilisations orientales (Inalco) has a rich collection of Chinese and Tibetan books. Its pre-modern works were mainly printed by missionaries or the first Chinese publishing houses. Based on the online electronic catalog of the Inalco Library and academic papers such as Liu Rui（刘蕊）'s research, it is estimated that the library houses at least 3000 types of Chinese ancient books. According to the official data provided by the library, their collection of Chinese ancient books from 1760 to 1912 comprises around 2100 types.

Inalco library started collecting Chinese works early on through purchases from auction houses and exchanges with French correspondents stationed in China. Chinese donations have also contributed to enriching the collection, particularly during the years 1927—1928 when a Chinese graduate student named Jean Beauvais（让-博韦）donated a significant number of important Chinese monographs, novels and classical editions as well as some rare works. From the 1970s onwards, the establishment of diplomatic relations between the People's Republic of China and Western countries facilitated the acquisition of Chinese ancient books by the Inalco Library. It's worth noting that the ancient Chinese collections in the library include not only texts in Mandarin but also cultural imprints of several Chinese ethnic minorities. For example, the collection includes 35 Yi（彝）manuscripts and approximately 20 Naxi（纳西）manuscripts.

SOAS library houses a collection of Chinese ancient books that includes Morrison Collection, the Bodman Collection, Johnston Collection, *Yongle Dadian* (or *Great Canon of the Emperor Era*), etc. Robert Morrison, the first Protestant missionary to China, amassed nearly 10000 volumes of Chinese books. The collection is predominantly composed of religious, medical, and geographical works, with a focus on Cantonese editions, as well as some from Fujian, Jiangnan, and Beijing.

Reginald Fleming Johnston, who served as tutor to Puyi(溥仪), the last Emperor of China, gathered a collection that encompassed Buddhist texts, local gazetteers, and popular literary works of the time. His collection includes not only imperial pictorial albums and Chinese books but also signed works gifted by prominent figures such as Hu Shi(胡适) and Xu Zhimo(徐志摩).

Within the SOAS Library, there are five copies of the *Yongle Dadiani*, including the Morrison Collection, a bequest by Professor Edwards, a transfer from the Courtauld Institute of Art, and a PDF version donated by the David Davies Art Foundation. The PDF version contains annotations by Emperor Qianlong and three red seals. Additionally, the SOAS Library houses the Missionary Collections, a set of archives entrusted by the British Missionary Society. These materials cover various fields, including Chinese language, literature, history, geography, religion, philosophy, art, science, and economics. The Missionary Collections also feature over 70000 vintage photographs of China, documenting significant historical events and providing valuable resources for studying Sino-Western diplomatic relations.

The collection of Chinese books in Inalco library can be divided into two sections: Chinese ancient books and Chinese modern and contemporary books. The Chinese ancient books section comprises approximately 2000 types of books published between the 16th century and 1911, including classical Chinese texts as well as writings by French sinologists on ancient Chinese culture. The collection covers various fields of Chinese ancient works, such as Classics(经), History(史), Philosophy(子), and Literature(集). Additionally, the library preserves some Chinese rare books that have never been publicly displayed and plans to regularly publish the catalogs of Chinese ancient books.

Inalco library has conducted certain organization and cataloging work on its collection of Chinese ancient books. This includes the *Catalogue of the Morrison Collection of Chinese Books* by Andrew West(魏安) which adopts a five-category system and provides detailed information on book versions and call numbers for a total of 1001 types of works. Another catalogue is the *List of Ts'ung Shu in the School of Oriental and African Studies, University of London* compiled by Dutch sinologist Piet van der Loon(龙彼得). It is arranged in stroke order of the initial Chinese character of each book title and records version information such as book titles, call numbers, publication years, and volumes for over 600 types of Chinese books.

Further organization and cataloging are needed for the Chinese book collection in the SOAS library, as the online cataloging of Chinese books lacks standardization and contains inaccuracies in some information. A comprehensive catalog showcasing the collection of Chinese books needs to be created to serve as a research guide for scholars. The Chinese ancient books in the Inalco library also require investigation, cataloging, and digital preservation. Currently, the Global Collaboration Project for Chinese Rare Book Consolidation is progressing in an orderly manner, which includes surveying, cataloging, and photographing the Chinese ancient book collections of both libraries.

海外汉籍与汉学研究动态

一、美国汉籍与汉学研究动态

1. 题目：Didactic Narrative And the Art of Self-strengthening：Reading the Bamboo Manuscript *Yue Gong Qi Shi* 越公其事(《教训类叙事与自强艺术：读竹简〈越公其事〉》)

论文摘要：

　　该文集中讨论了《越公其事》中的"教训类叙事"与勾践所实施的自强政策。《越公其事》中勾践的自强政策，为研究战国时期政治思想的演变提供了新的视角，有利于深化对战国时期政治思想特性的认识，并不断开辟新的研究视野。

　　勾践作为一个进行体力劳动的耕耘者，也将这种耕耘精神灌输给了他的随行人员。通过对勤劳的农民的大力表彰，勾践成功地将这种精神灌输给了全体人民。由于勾践对农业的全面动员，从高地到湿地的所有耕地都得到了耕种，越国从而获得了丰收。周代文献的记载中，存在着通过适当的奖惩来管教民众的传统观念。诚信是政治秩序正常运行的一个必要的先决条件，越国人口的增加是勾践政策最显著的成果之一。勾践把他的人民变成了英勇的战士，他们愿意为勾践牺牲自己的生命，勾践自强政策的正确实施创造了吴越战争的胜利。

　　产生于春秋战国之际的教训类叙事，作为一种常常被忽略的史学新类别，《越公其事》是"教训类叙事"的代表性作品。《左传》至《史记》中伍子胥故事的主要线索是"愚君智臣"，相比之下，越王恢复了统治者的统治权和智力权威，这是越王站在统治者立场的明显特征。它淡化了大臣作为独立政治行动者的作用,并不重视如何寻找有价值的臣子,尽管没有过分美化君主,但已经将重点转移到了统治者身上。"教训类叙事"的作品在某种程度上背离了战国时期的历史史实,为了强调某些重点信息,文本有时会偏离历史史实,增加想象的内容和叙事的细节,并容许某些轻微的错误的产生。但"教训类叙事"与教训类轶事的增加,同时反映了中国政治传统形成时期存在争论的思想观念,有利于重新认识中国传统文明形成时期世界政治、社会和文明的发展轨迹。

作者:Yuri Pines

期刊:Early China,Volume 45,pp.375－412.(《古代中国》第45卷,第375—412页。)

2. 题目:Rethinking the Ancestral Shrines in the Early Empires(《重述早期帝国宗庙》)

论文摘要:

该文以里耶、岳麓秦简与其他出土、传世文献为切入点,重述了早期帝国宗庙的发展历程。

学者们过去认为"郡国庙"制度最早是在西汉时期实施的,但新出土的文献表明,这一制度遵循的是秦始皇时期的先例。秦始皇创立了帝国宗庙制度,在县级行政区设立太上皇庙是其中重要的部分之一,根据研究推测,在秦始皇统一后的一年左右,当地的太上皇祠堂就已经建立起来了,这使得宗庙祭祀成为地方日常行政的一部分。该文认为,秦汉时期的地方祠堂在宗祠祭祀制度的发展中起着关键作用。如果祠堂缺乏精心的管理,它们很容易腐烂、倒塌,甚至是被盗。西汉时代的郡国庙制度承自秦始皇。西汉晚期的宗庙制度改革,使帝国的宗庙制度更贴近儒家礼制的规定,也将血缘关系与继承关系的冲突带回到了宗庙制度中。关于帝国宗庙制度改革的辩论突出了相互竞争的政治合法性观念之间的紧张关系,这种观念涉及王位的继承以及皇室宗祠的家族义务。秦始皇为新统一的帝国制定的管理制度,改革了宗祠的使用和供奉方式,改革宗祠制度是秦始皇建立统一帝国的一部分。建立、维护和提供定期的祭祀,都是为了将帝国事务纳入地方的日常管理,弥合权力中心和其他地区的差异,并坚持在日常生活中提醒秦国臣民帝国的存在。宗祠是随着郡治制度而大规模实施的，这是为了使宗祠成为皇权和地方合法统治者的化身。

早期帝国的宗庙制度并非前代的延续，而是经历了两次变革才变为东汉以后的形态，其中核心的问题是地方宗庙与皇帝亲祭，帝国宗庙与皇室秩序合法化之间有着密切的关系。

作者：Tian Tian、Zhou Wen

期刊：Early China，Volume 45，pp. 167－201.（《古代中国》第 45 卷，第 167—201 页。）

3. 题目：The Chronology of Western Zhou（《西周年表》）

论文摘要：

该文通过系统分析完整青铜铭文日期之间的相对关系，研究专门术语所描述的月相，既生霸、既望，和既死霸。传统的方法试图通过直接计算月相来推断特定术语的含义，然而这种方法需要事先厘清西周的明确日期，因此，这种传统方法根本不足以用来推断特定术语的含义。

为了克服这一方法上的缺陷，该文提出了一种新的策略，即在不事先知道西周明确日期的情况下，推断西周专门术语的含义。这一方法使得对西周历法中术语的解释能够在实证的基础上得到严格的检验，从而揭示出西周历法中术语的正确含义以及西周历法的主要特征。

研究发现，专门术语"初吉"与月相无关。该研究随后重建了一个完整的西周年表，该年表与考古和文本证据高度一致。研究结果能够支持传统的周历年始于冬至这一观点，并表明西周的月历是从新月第一次消失开始的，而日历是从日出开始的。本研究论证了《今本竹书纪年》不适用于年代学研究，证实西周的日期在东周已经很模糊了。总体证据表明，周武王在公元前 1046 年领导了反对商朝的第一次战役，并于公元前 1044 年打败了商纣王，这表明观兵孟津的叙述可信。幽王最后一年到平王第一年之间未知的七年由衍生的年表揭示了，由此可以说明《史记》与考古证据之间的差异。

这些研究结果为西周考古、历史、社会和文化的进一步研究提供了可验证的假设,并提出了新的问题。对专门术语的准确理解,使西周的完整年表得以成功推导,研究结果为中国文献遗产研究提供了新的视角,对西周考古、历史、社会和文化研究具有重要的意义。

作者:Pengcheng Zhang

期刊:Early China, First View, pp.1-112.(《古代中国》First View,第1—112页。)

二、泰国汉籍与汉学研究动态

1. 题目:On Philologic Value of *Summary of Chinese Rhymes* (*Gujin Yunhui Juyao*) Anthologised in *Imperial Collection of Four* Divisions in Imperial Wen-yuan Library(《文渊阁〈四库全书〉本〈古今韵会举要〉的语言文献价值初论》)

论文摘要:

《古今韵会举要》流传有多种版本,今对文渊阁《四库全书》本《古今韵会举要》进行考证,发现其在抄录的过程中存在一些舛误,但同时也有一定的修正和创变,我们可以从中提炼出非常重要的语言信息和文献信息。

通过考察以及归纳,可知文渊阁《四库全书》本《古今韵会举要》的谬误现象存在以下四种情况:一则,诸本不误而文渊阁本独误;二则,诸本不误而文渊阁本误改而谬;三则,诸本有误而文渊阁本同误;四则,诸本有误而文渊阁本校正亦误。

文渊阁《四库全书》本《古今韵会举要》的修正与创变则包括有九种情况:一则,诸本有误而文渊阁本校而改正;二则,诸本有误而文渊阁本有可资他校之处;三则,诸本不误而文渊阁本提供其他异文;四则,诸本不误而文渊阁本补充相关信息;五则,诸本与原文有差而文渊阁本改作原文;六则,诸本与原文有差而文渊阁本改而未尽;七则,诸本与原文有差而文渊阁本改而未善;八则,诸本有失而文渊阁本补充相关信息;九则,两可之间文渊阁本改而可信。

以上足可证明文渊阁《四库全书》本《古今韵会举要》具有一定的语言价值与文献价值。

作者:Jun Geng

期刊：Journal of Sinology and Chinese Language Education，Volume 4, number 1(2023).(《汉学与国际中文教育》2023 年第 4 卷第 1 期。)

2. 题目：On the Duke of Zhou's Consciousness of Crisis in *the Book of Documents*(《论〈尚书〉周公的忧患意识》)

论文摘要：

周公的一生历经殷商衰败、周代兴起的交替变革，明白家族的兴衰存亡不在天时而在人为，因此如何保住周王朝统治政权的稳定是他最为重视、最为关切的事情，这样的忧患意识体现为他对周王朝的责任感和使命感。

自从周武王之后，周公对周室安危的忧虑只增不减，开始汲取历史的教训并结合当时的礼乐文化制度，寻找稳固周王统治地位的方法，他推行宗法制来管理、规范社会秩序，提倡统治者以修德、任贤、安民为重，要求士人以正直、忠诚、无私的态度辅佐统治者。

周公强烈的忧患意识不仅奠定了中国文化的基础，同时也影响了历朝历代中国知识分子的价值观，后代的君王皇帝和士大夫无不受到周公忧患意识的感召。

作者：Pitchaya Vipaveenukul（余云素）

期刊：Journal of Sinology and Chinese Language Education，Volume 4, number 1(2023).(《汉学与国际中文教育》2023 年第 4 卷第 1 期。)

3. 题目：Analysis of Japanese Sinologist Daihachi Miyajima's Views on China(《日本汉学家宫岛大八的对华观分析》)

论文摘要：

宫岛大八是日本近代著名的汉语教育家，师从清末名儒张裕钊，其人一生从事汉语教学事业，在中日两国人民眼中都保持着较为正面的历史形象。但是通过分析宫岛大八在甲午战争爆发后起草的对清文书、流亡他乡以及归国途中所写的汉诗、日俄战争前后编写的教科书及其相关时事评论，考察其中词句的用例、行文的思路以及核心的观点，再结合宫岛大八自身及其父亲、友人、学生的对华行为，我们能够发现其人一面标榜中日和平的政治观点，一面却间接地服务于日本政府扩张侵略政策，持有一种极其矛盾的对华观。

作者：Yaohuan Shen(沈垚焕)

期刊：Journal of Sinology and Chinese Language Education，Volume 4，number 1(2023).(《汉学与国际中文教育》2023年第4卷第1期。)

三、日本汉籍与汉学研究动态

1. 题目：《京大人文研藏书印谱》（五）——《东方学资料丛刊》第30册

论文摘要：

本书乃是"汉籍观会"对京都大学人文科学研究所珍藏汉籍逐册调查的书面展示成果，目前已进展到汉籍目录中的"集部别集类金元之属"。

《京大人文研藏书印谱》（五）收录了经部、史部、集部、丛部的多种汉籍刊本，包括《毛诗稽古编三十卷（附考一卷）》《韩诗外传十卷》《夏小正集解四卷》《夏时考训蒙一卷》《魏郑公谏录五卷》《抱经堂丛书》《晁氏三先生集》《沈果堂全集》《安吴四种》，其中尤以"集部别集类"为中心，包括《杜工部集二十卷》《苏文忠诗合注五十卷》《烛湖集二十卷（附编二卷）》《虞文靖公诗集十卷（附年谱一卷）》《雁门集（附一卷 倡和录一卷 别录一卷）》《雕菰集（附〈蜜梅花馆诗〉一卷、〈文录〉一卷）》《元人十种诗》《国朝杭郡诗辑三十二卷》。

本书对古籍中"藏书印"的相关信息进行图片介绍以及文字解读，又有孙尔准、田潜、周永年、鏊孙、杜文湖、金衍宗、赵之让、汪喜孙、丁贡善等著名藏书家之印，同时也包含了遗漏的《续增汉籍目录》的书影，文末附有藏书印索引和书名索引以便检阅，排版精美，内容丰富，可供汉籍爱好者阅读。

作者：矢木毅

出版发行：京都大学人文科学研究所附属东亚洲人文信息学研究中心。

2. 题目：日本の书籍目录に占める汉籍の位置——江户时代以前の书目に注目して(《汉籍在日本书籍目录中所占的位置——关注江户时代以前的书目》)

论文摘要：

日本自古以来就收藏了大量汉籍，但是以传统四部分类方法为基础的书目在中世纪却极为稀少,这是因为当时的书目大多是以佛典为对象的圣教目录。19世纪以来,非佛典的汉籍开始使用四部分类方法进行编撰,汉籍数量的大幅增加、汉学在寺庙外世俗世界的不断兴盛、《四库全书总目》等来自中国的书目分类方法传入导致了这一历史进程。大正时代以后,汉籍开始得到专门化的处理,采用四部分类方法的目录著作蔚为大观,这是由于中国文化从日本文化中独立出来,从而使得汉籍开始独立于其他书目。总而言之,书籍目录之中对汉籍的处理反映了中国文化在日本所占的地位。

作者:永田知之

期刊:情報の科学と技術(《信息科学与技术》)2023年第5期,第178—183页。

3. 题目:Contemporary Japanese Sinology(《当代日本汉学》)

论文摘要:

日本对中国经典、历史、诗歌和其他文学的研究工作有着悠久的历史,相关学术工作通常被称为Kangaku(汉学),字面意思是"中国研究",涵盖了文学、历史、哲学、语言学和人类学等广泛领域。

从19世纪末开始,日本的教育机构和研究组织发生了重大变化,日本学者开始采用新的方法研究中国,尤其是近四十年来,随着中国大陆、台湾省、韩国、美国和日本汉学家之间的国际关系不断加深,日本汉学界最为显著的变化是日本大学中非日本人的急剧增加,日本大学的国际学生和研究人员凭借其多元文化背景、语言能力以及与本国的学术和社会联系,为日本汉学带来了新的视角和机会。

《当代日本汉学》重点关注近四十年来日本汉学关于历史方面的研究工作,中国的崛起不可避免地让日本汉学家重新思考为什么要从事中国史的研究,而华语和英语学术界日益增长的影响力,也让他们开始思考为什么要在日本从事中国史的研究,与非日本汉学家对话是日本汉学在这个转型时代的生存之道,《当代日本汉学》对于跨文明的学术交流对话无疑具有重要意义。

作者:Tomoyasu Iiyama

期刊:Journal of Chinese History,Volume 7,Issue 2.(《中国历史学刊》第7卷第2期,第311—325页。)

四、韩国汉籍与汉学研究动态

题目：《台湾省韩国汉学研究流变与现代变容及未来展望》

论文摘要：

本篇文章主要梳理、回顾以及探讨战后至2022年8月期间，台湾省学界有关韩国传统汉学或韩国近现代文学的研究发展史，并讨论其当代研究的转折动态变化与崭新研究趋势，进而提出对未来研究工作的展望。

总而言之，这七十余年来共经历了开创摸索期、承继发展期、转折开展期、变容多元期四个阶段。第一阶段，开创摸索期基本包括两大研究路线：一是朝鲜性理学、朱子学、儒学研究；二是以中韩比较研究为主要切入视角对韩国汉文小说、汉诗进行文化考察，以及与之相关的韩国语学习诸问题的研究。第二阶段，承继发展期，主要将第一阶段的朝鲜性理学研究由概论、通论、人物学术总论转向研究性理学之核心概念。第三阶段，转折开展期，原本的朝鲜性理学、朱子学研究被拓展为更加广泛的韩国儒学研究，不仅有朝鲜实学研究、朝鲜阳明学研究，更有韩国儒学与中国儒学、日本儒学、越南儒学相互比较的研究工作，与此同时本阶段也是台湾省学界研究燕行录的萌发期。第四阶段，变容多元期，主要表现在六个方面：一是开始出现专门介绍韩国古典文献的数据库与丛书；二是开始出现聚焦朝鲜儒者的先秦诸子著作，或是聚焦非儒家教派的研究工作；三是关于韩国道教神祇信仰的研究也应运问世；四是台湾省中文系教师群的韩国汉学研究，无论在研究对象或是研究方法方面，都不再局限于朱子学、性理学，呈现出多元化的倾向；五是台湾省韩文系教师群对韩国汉学的研究工作开始大幅度拓展出前所未有的研究对象，并取得了相对整全的比较研究视角；六是台湾省韩文系教师群在东亚脉络的视野下，立足于比较研究的立场，展开了中、日、韩、越比较研究视野下的韩国汉学研究，研究取径多元，视野开阔。

本文最后提出八个重点作为推动台湾省韩国汉学研究的未来展望。

作者：金培懿

期刊：《韩国学报》2023年第28期，第55—166页。

注释：

本版介绍来源于国外期刊电子版，在此仅做简要介绍。

1. Didactic Narrative And the Art of Self-strengthening：Reading the Bamboo Manuscript *Yue Gong Qi Shi* 越公其事（《教训类叙事与自强艺术：读竹简〈越公其事〉》）：https：//doi.org/10.1017/eac.2022.2。

2. Rethinking the Ancestral Shrines in the Early Empires（《重述早期帝国宗庙》）：https：//doi.org/10.1017/eac.2022.12。

3. The Chronology of Western Zhou（《西周年表》）：https：//doi.org/10.1017/eac.2022.5。

4. On Philologic Value of *Summary of Chinese Rhymes* (*Gujin Yunhui Juyao*) Anthologised in *Imperial Collection of Four* Divisions in Imperial Wen-yuan Library（《文渊阁〈四库全书〉本〈古今韵会举要〉的语言文献价值初论》）：https：//so08.tci-thaijo.org/index.php/cikkuhygj/article/view/1956。

5. On the Duke of Zhou's Consciousness of Crisis in *the Book of Documents*（《论〈尚书〉周公的忧患意识》）：https：//so08.tci-thaijo.org/index.php/cikkuhygj/article/view/1960。

6. Analysis of Japanese Sinologist Daihachi Miyajima's Views on China（《日本汉学家宫岛大八的对华观分析》）：https：//so08.tci-thaijo.org/index.php/cikkuhygj/article/view/1964。

7.《京大人文研藏书印谱》（五）——《东方学资料丛刊》第 30 册：https：//scholar.google.com/scholar?start＝10&q＝%E6%B1%89%E7%B1%8D&hl＝zh-CN&as_sdt＝0,5&as_ylo＝2023&as_vis＝1#d＝gs_qabs&t＝1696065877846&u＝%23p%3DB2X-HroNixgJ。

8. 日本の書籍目録に占める漢籍の位置——江戸時代以前の書目に注目して（《汉籍在日本书籍目录中所占的位置——关注江户时代以前的书目》）：https：//www.jstage.jst.go.jp/article/jkg/73/5/73_178/_article/-char/ja/。

9. Contemporary Japanese Sinology（《当代日本汉学》）：https：//www.cambridge.org/core/journals/journal-of-chinese-history/article/contemporary-japanese-sinology/CFE5E856C336E98C4E6D1162C3B65318。

10.《台湾省韩国汉学研究流变与现代变容及未来展望》：https：//scholar.google.com/scholar?as_ylo = 2023&q = ％E9％9F％A9％E5％9B％BD％E6％B1％89％E5％AD％A6％E7％A0％94％E7％A9％B6&hl = zh-CN&as_sdt = 0,5♯d = gs_qabs&t = 1696066541344&u = ％23p％3DN4Tpa9PzmzgJ。

附：海外汉籍部分书影

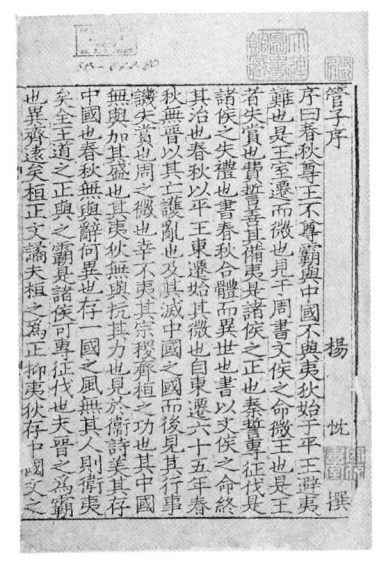

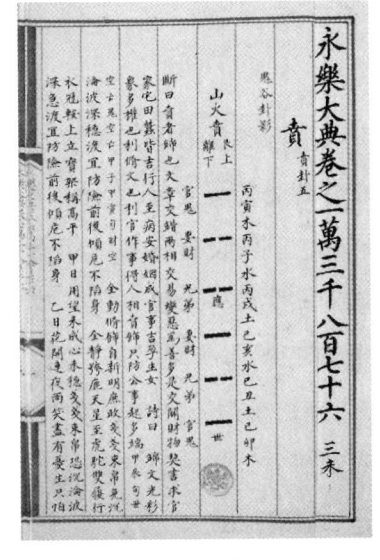

图1　俄罗斯国家图书馆藏宋刻本《管子》书影　　图2　英国国家图书馆藏明抄本《永乐大典》书影

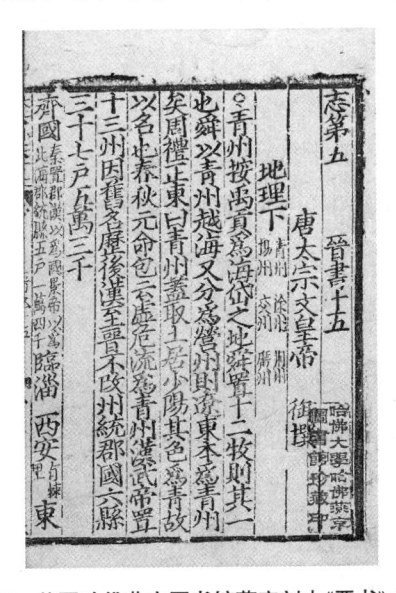

图3　美国哈佛燕京图书馆藏宋刻本《晋书》书影

《汉籍知新》征稿启事

《汉籍知新》是由山东大学国际汉学研究中心主办的综合性学术刊物,旨在弘扬中华优秀传统文化、推动中国古籍与海外汉籍的研究,探索中文古籍的保护与利用。刊物设置有"海外汉籍流布研究""海外汉籍存藏研究""汉籍与汉学研究新动态""海外珍稀本研究""海外汉学家访谈""中国书籍史研究""海外汉籍图书馆评介"等板块。

《汉籍知新》竭诚欢迎海内外从事古籍研究、中国古典文献学、书籍史研究、域外汉籍研究等领域的学者赐稿。文稿一经采用,稿费从优。

一、征稿范围

关于中国古典文献学、古籍研究、域外汉籍研究、藏书家与藏书楼研究的学术论文。

二、来稿要求

1. 来稿须是未经发表的学术论文,文责自负。来稿篇幅控制在 1 万到 1.5 万字为宜,特约文稿不在此例。要求学术观点新颖,客观审慎,论据充足,论证严密,文字通达,资料可靠,能及时反映所研究领域的最新成果。

2. 本刊使用规范简体字。标题采用宋体四号字。正文采用宋体五号字,一倍行距,A4 纸打印。按照标题、作者姓名、中英文内容摘要(200 字左右)、中英文关键词(3—5 个)、正文的顺序排列。引文一律采用页下注的形式,注释码用阿拉伯数字①②③④……表示,每页重新编号,要求引文准确,并按照"作者、译者、校注者:书名,版本,页码"的顺序注明出处,即:[朝代]或(国别)作者,书名,出版社,出版年份,页码。

3. 本刊采用匿名审稿制。来稿请投递至本刊电子信箱：hanjizhixin@163.com。于正文第一页页下注中附作者简介（姓名、出生年月、工作单位、职称职务、研究方向）、通信地址、邮编、电话、电子信箱。

三、其他

1. 编辑部有权对拟采用的稿件做适当修改。

2. 编辑部有权将刊发文稿在"全球汉籍合璧工程"相关网站、数据库、微信公众号等平台公开，如不同意，请在来稿中予以注明。

3. 本刊已许可《中国学术期刊（光盘版）》电子杂志社在中国知网及其系列数据库产品中以数字化方式复制、汇编、发行、信息网络传播本刊全文。作者著作权使用费和本刊稿酬一次性给付。所有署名作者向本刊提交文章发表之行为，即视为同意编委会上述声明。

4. 自投稿日起 3 个月内未接到用稿通知者，可自行处理。来稿不退，敬请谅解。

四、联系方式

通信地址：山东省济南市历城区山大南路 27 号山东大学中心校区国际汉学研究中心

邮政编码：250100

联系电话：86‐0531‐88363851

《汉籍知新》编委会

图书在版编目(CIP)数据

汉籍知新. 第二辑 / 聂济冬主编. -- 上海：上海古籍出版社，2024. 11. -- ISBN 978-7-5732-1379-2

Ⅰ. G256.23-53

中国国家版本馆 CIP 数据核字第 2024Z8Y966 号

汉籍知新
第二辑

聂济冬　主编

上海古籍出版社出版发行

（上海市闵行区号景路 159 弄 1-5 号 A 座 5F　邮政编码 201101）

（1）网址：www.guji.com.cn

（2）E-mail：guji1@guji.com.cn

（3）易文网网址：www.ewen.co

上海惠敦印务科技有限公司印刷

开本 787×1092　1/16　印张 19　插页 2　字数 281,000

2024 年 11 月第 1 版　2024 年 11 月第 1 次印刷

ISBN 978-7-5732-1379-2

K·3718　定价：100.00 元

如有质量问题，请与承印公司联系